AF375851

LA MORALE

DANS LA DÉMOCRATIE

Paris. — Imprimerie de E. MARTINET, rue Mignon, 2.

LA MORALE

DANS LA DÉMOCRATIE

PAR

JULES BARNI

PARIS

GERMER BAILLIÈRE, LIBRAIRE-ÉDITEUR

RUE DE L'ÉCOLE-DE-MÉDECINE, 17

Londres | **New-York**

H. Baillière, 219, Regent-street. | Baillière brothers, 440, Broadway,

MADRID, C. BAILLY-BAILLIÈRE, PLAZA DEL PRINCIPE ALFONSO, 16.

1868

AVANT-PROPOS

Il y a quelques années, un certain nombre de personnes, désireuses de voir inaugurer à Genève un enseignement populaire de la morale philosophique, m'engagèrent à consacrer à cette œuvre un de ces cours publics du soir qui se donnent chaque hiver dans la salle du Grand-Conseil. Comme j'ai toujours pensé que, de toutes les parties de la philosophie, la morale est celle qui se prête le mieux à un enseignement de ce genre, et comme je crois que là est aujourd'hui notre principale ancre de salut, j'accédai de grand cœur à la demande qui m'était faite. Seulement, pour rendre mes leçons plus directement pratiques, j'allai droit à ce que nous appelons dans l'école la *morale appliquée;* et, supposant les principes fondamentaux établis (ils le sont en effet dans la conscience de chacun), je les poursuivis dans leur application à la démocratie, c'est-à-dire à l'état actuel de la société. Je puis dire que le succès répondit pleinement à cet essai. Ces leçons populaires de morale philosophique, ces sermons laïques, comme on pourrait les appeler justement, ne furent pas suivis avec moins d'intérêt que mes précédents cours de l'Hôtel de ville : *Les Martyrs de la libre pensée* (1862), *Napoléon et son historien M. Thiers* (1863). Mais l'état de ma santé ne m'ayant pas permis de terminer, dans l'hiver de 1864, tout le cours que j'avais annoncé (je fus forcé de m'arrêter après la sixième leçon), je fis de la seconde partie de mon programme, la *morale publique*, l'objet d'un second cours l'hiver suivant (1865) (1). C'est la rédaction de ces deux cours que le présent volume offre au lecteur.

Je pourrais intituler ces leçons, suivant une expression aujourd'hui consacrée, Leçons de *morale indépendante*. J'y ai en effet posé, dès le début, le principe de l'autonomie de la morale; aussi, lorsque se fonda, en 1865, le journal qui se fit l'organe de ce principe, put-il reproduire, comme une adhésion de ma part, une partie de ma première leçon, que la *Revue des cours littéraires* avait récemment publiée. J'ai établi nettement, dans cette première leçon, que la morale est, dans ses bases, indépendante, non-seulement de tout dogme théologique, mais même de toute métaphysique, c'est-à-dire (car il faut ici bien préciser cette expression qui prête à l'équivoque) de tout système sur l'essence, l'origine et la destinée ultérieure de l'âme, sur la nature de Dieu et sur ses rapports avec le monde et avec l'humanité; et, dans toute la suite de mes leçons, je me suis montré fidèle à ce principe en écartant toute considération empruntée à l'ordre des spéculations purement métaphysiques ou transcendantes. On ne trouvera rien dans ce cours de morale qui ne soit exactement dérivé de la nature même de l'homme, telle que la conscience nous la révèle et que la règle notre raison; rien

---

(1) Quelques-unes des leçons de ce second cours ont été répétées à Fribourg, en 1866, sur l'appel de la jeunesse du *Cercle littéraire et du commerce.*

par conséquent que ne puisse admettre quiconque s'interroge lui-même, quelque opinion qu'il professe d'ailleurs en matière de religion ou de métaphysique. C'est là précisément le résultat que j'ai voulu atteindre, me proposant en cela le but poursuivi par la philosophie du xviii° siècle et par le grand moraliste qui l'a si admirablement couronnée, Immanuel Kant.

Est-ce à dire que je ne reconnaisse aucun lien entre la morale et la métaphysique? Je pense, au contraire, comme le philosophe que je viens de nommer, qu'il est nécessaire de rattacher la morale elle-même à un principe suprême où elle trouve son couronnement et sa sanction, et de l'idée duquel elle reçoit une nouvelle force. Seulement je crois qu'au lieu de dériver la morale de la métaphysique, il faut commencer par l'établir dans toute son autonomie, parce qu'en procédant ainsi on la fonde sur des bases solides, inébranlables, indépendantes de toutes les hypothèses controversées par lesquelles on peut chercher à résoudre les problèmes métaphysiques. J'ajoute d'ailleurs que, s'il est quelque lumière propre à éclairer ces obscurs et insondables problèmes (1), c'est surtout du foyer de la conscience morale qu'elle doit jaillir. Non-seulement, comme l'a dit tout récemment un vrai penseur (Laugel, *Problèmes de l'âme*, p. 162), « si le destin est obscur, le devoir est clair » ; mais à son tour le devoir projette sa clarté sur la nuit du destin.

Je ne suis pas non plus de ceux qui refusent toute salutaire influence à toutes les religions positives; je reconnais, au contraire, que si trop souvent ces religions dénaturent la

____

(1) J'expliquerai ma façon de penser sur ces problèmes dans l'Introduction que je prépare pour ma traduction, aujourd'hui imprimée, de la *Critique de la raison pure.*

morale, elles en peuvent être aussi et en sont parfois réellement de bienfaisants auxiliaires. Il y a une espèce de christianisme, celui, par exemple, d'un Channing, qui ne mérite que les sympathies des philosophes et les bénédictions du genre humain. Certes, si ce christianisme si profondément moral et si largement humain avait fleuri au temps de Voltaire, au lieu de ce catholicisme intolérant, fanatique, persécuteur, avide de richesses et de pouvoir, que ce grand défenseur de la raison et de l'humanité trouvait en face de lui, il n'aurait pas poussé son cri de guerre : « Écrasons l'infâme ! » Il est vrai que ce christianisme-là est bien rare, même de nos jours, malgré les généreux efforts du protestantisme libéral ; que l'infâme attaqué par Voltaire n'est pas encore tout à fait écrasé ; et qu'à voir tout ce qui se dit et se fait sous nos yeux au nom du Christ et au nom de Dieu, on comprend l'impopularité qui s'attache aujourd'hui aux idées religieuses. Mais que le christianisme, s'inspirant de l'esprit de l'Évangile, sauf à l'interpréter suivant l'esprit moderne, ramène l'essentiel de la religion à la morale, et la morale à la grande loi de la fraternité humaine ; qu'il fasse rentrer, comme le demandait Kant, après Loke et Rousseau, *la religion dans les limites de la raison;* qu'il prêche ainsi, sous une forme religieuse et avec l'autorité d'un livre consacré par la vénération des siècles, la morale la plus pure et la plus large ; et la philosophie ne pourra que lui être reconnaissante des services qu'il rendra à l'humanité par les moyens qui lui sont propres (1).

Je ne voudrais donc pas que les partisans de la morale in-

____

(1) J'aurai un jour, en publiant la traduction de l'ouvrage de Kant auquel je viens de faire allusion, l'occasion de traiter, avec tout le développement convenable, la grande question que je ne puis ici qu'indiquer en passant.

dépendante se montrassent trop exclusifs : ils méconnaî-
traient ainsi des aspirations indestructibles et des besoins qui
demandent leur satisfaction ; mais ils ont, en tout cas, raison
de vouloir, non-seulement affranchir la morale de tout dogme
théologique, mais encore la mettre à l'abri des controverses
métaphysiques, en la puisant directement aux sources de la
conscience, c'est-à-dire en la dérivant de la nature humaine.
Ceux qui repoussent cette méthode ne s'aperçoivent pas qu'ils
la suivent eux-mêmes dans leurs jugements moraux. Ils
jugent leurs semblables et leur propre conduite en consultant
leur conscience, indépendamment de toute opinion religieuse
ou métaphysique ; et, s'ils veulent représenter à un coupable
la faute qu'il a commise, ils ne lui demandent pas s'il est juif
ou chrétien, catholique ou protestant, matérialiste ou spiri-
tualiste, déiste ou panthéiste, mais ils font appel à sa conscience. Tout le monde fait de la morale indépendante,
comme M. Jourdain faisait de la prose, sans le savoir.

Mais il ne suffit pas de prouver la vérité théorique de la doctrine qu'on désigne sous le nom de *morale indépendante ;* il est
surtout nécessaire d'en montrer l'efficacité pratique. Or, pour
cela, il faut que les partisans de cette doctrine se fassent à eux-
mêmes, de la morale, une sorte de religion, qu'elle devienne
pour eux l'objet d'un véritable culte, qu'elle les pénètre tout
entiers. On croit souvent que tout sera fait quand on aura pu
enseigner la morale à tous les hommes sous une forme rationnelle. Ce n'est là qu'une partie de la tâche. Une claire
et nette connaissance des règles est sans doute chose fort
importante, mais il s'agit surtout de les faire passer dans les
mœurs. La science ici n'est rien sans la pratique, et la pratique exige une culture morale assidue qui n'est plus seule-

ment une affaire d'intelligence, mais qui développe en nous l'amour du bien et en fait le mobile de notre vie.

Malheureusement cette culture morale est ce qui manque le plus au sein de nos sociétés livrées à la fièvre des plaisirs ou des affaires. La réflexion, le retour sur soi-même, l'amendement intérieur, le perfectionnement moral, ce sont là les choses auxquelles on songe le moins.

Et pourtant c'est surtout à la démocratie qu'est nécessaire ce culte de la morale. Plus elle émancipe les hommes, plus il importe qu'ils apprennent à se gouverner eux-mêmes. Autrement, comme disait Fichte (*Considérations sur la Révolution française*, p. 47 de ma traduction), « ils ne sortiront des cachots du despotisme que pour s'entre-tuer avec les débris de leurs chaînes », ou, ajouterai-je, pour retomber sous le joug de nouveaux maîtres encore plus despotiques que les anciens. Je ne vois pas comment, sans morale, la démocratie pourrait éviter de devenir la proie du césarisme. J'entends beaucoup parler de l'intérêt bien entendu, et je reconnais que l'intérêt bien entendu a en général plus à perdre qu'à gagner au despotisme ; mais l'intérêt personnel, c'est toujours l'égoïsme, et l'égoïsme est de sa nature aveugle et lâche. Ce n'est pas, en tout cas, sur une telle base qu'on édifiera jamais quelque chose de grand et de solide parmi les hommes. Otez du monde le désintéressement, l'abnégation, le dévouement, le sacrifice de soi, l'héroïsme, en un mot la vertu, que vaut et que devient l'humanité ? On déplore avec raison l'abaissement des âmes et l'affaissement des caractères ; ne fermons pas les sources capables de les vivifier et de les relever.

Telles sont les idées qui ont inspiré ces leçons et que je

voudrais propager. Non-seulement la grandeur, mais le salut de la démocratie en dépendent. Il n'y aurait rien de pire pour elle que de repousser le remède, faute de vouloir reconnaître le mal ; ce serait le comble même du mal. Je ne saurais croire que la démocratie européenne en soit là ; mais il est temps qu'elle s'attache résolûment aux principes et aux mœurs qui seuls peuvent la sauver de l'abîme du césarisme.

Genève, 1er avril 1868.

JULES BARNI.

LA MORALE

DANS LA DÉMOCRATIE

PREMIÈRE PARTIE : LA MORALE PRIVÉE

PREMIÈRE LEÇON

INTRODUCTION

LA MORALE ET LA DÉMOCRATIE (1).

Un ministre du roi Louis **XVIII**, effrayé des progrès de l'esprit démocratique, que la Restauration cherchait vainement à refouler, s'écriait un jour avec amertume : « La démocratie coule à pleins bords. » Le courant que M. de Serre dénonçait en 1820 n'a fait que croître depuis ce temps : il a rompu les digues qu'on lui voulait opposer et s'est élargi de plus en plus. Et ce n'est pas seulement en France, c'est aussi en Suisse, dans ce pays si bien préparé pour le recevoir, et chez tous les peuples les plus avancés de l'Europe, que ce courant s'est répandu. Chez tous ces peuples il se fait un travail qui tend à rétablir l'égalité du droit entre tous les

---

(1) Cette leçon a déjà été publiée par la *Revue des cours littéraires de France et de l'étranger* (deuxième année, n° 21), reproduite par le *Rationaliste* de Genève (quatrième année, n° 48 et 49), par l'*Annuaire philosophique* (t. II, 7e livraison), par la *Morale indépendante* (première année, n° 2), et traduite par le journal polonais *Przyszlosc*, l'*Avenir* (Genève, 1er mai 1866).

J. BARNI.1

membres du corps social, et à restituer aux classes jusque-là déshéritées leur place légitime dans la société.

C'est là un fait nouveau dans l'histoire de l'humanité, et ce fait marque l'aurore d'un immense progrès. Il y a bien eu des démocraties dans l'antiquité : il suffit de nommer la démocratie athénienne, qui occupe le premier rang parmi elles ; mais, outre que ces démocraties sacrifiaient beaucoup trop l'individu à l'État, elles s'appuyaient sur une monstrueuse iniquité : l'esclavage.

L'esprit de la démocratie moderne repousse un tel fondement. A la vérité, il y a encore aujourd'hui dans le monde des démocraties qui prétendent maintenir l'esclavage ; mais c'est précisément cette plaie qui a causé le déchirement que nous avons vu éclater récemment entre les États-Unis d'Amérique, et la lutte engagée entre eux aura certainement pour effet l'entière abolition de cette iniquité. Il faut que la démocratie américaine soit purgée de cette souillure (1).

La démocratie européenne n'a point à s'en purifier, mais il est d'autres vices contre lesquels elle doit se prémunir si elle ne veut pas s'égarer et manquer le but qu'elle poursuit.

Il y a, en effet, démocratie et démocratie : il y a la vraie démocratie, et il y a la fausse ; il y a la bonne et il y a la mauvaise.

Il y a une soi-disant démocratie qui n'est autre chose que la tyrannie de la foule, ne reconnaissant d'autre règle que son caprice, foulant aux pieds les lois et les droits les plus sacrés, et terrifiant la société par ses violences. Ce n'est point là la démocratie, c'est la démagogie. La démocratie n'est

(1) Depuis que j'ai prononcé ces paroles (13 janvier 1864), la guerre qui déchirait les États-Unis s'est heureusement terminée, et l'esclavage y a été partout aboli ; mais il reste à le faire disparaître des autres États du Nouveau Monde. Espérons que ce dernier acte ne tardera pas à s'accomplir et qu'il coûtera moins cher que le précédent.

pas le règne de la force brutale, c'est celui du droit commun.

Il y a une autre espèce de soi-disant démocratie à laquelle (ceci est une vérité banale) la première conduit infailliblement, mais qui peut être amenée aussi par d'autres causes, et qui, en tous cas, n'est pas moins condamnable: c'est celle qui se livre à un maître, lui abandonne ou lui laisse prendre tous les pouvoirs, et se tient pour satisfaite dès que l'égalité règne au sein de la servitude. Ce n'est pas là non plus la démocratie, quoiqu'on affecte souvent de l'appeler de ce nom en y ajoutant je ne sais quelle épithète; c'est la tyrannie, c'est le despotisme, c'est le césarisme. La démocratie n'est pas l'égalité dans la servitude, mais la liberté dans l'égalité.

La démagogie et la tyrannie ne sont pas la démocratie; elles en sont les écueils. La démocratie ancienne y a souvent sombré, malgré les avertissements de ses sages; et d'éclatants exemples ont déjà montré que la démocratie moderne n'est pas elle-même à l'abri de ces dangers.

Il est encore une autre mauvaise démocratie que l'antiquité ne pouvait juger ainsi, mais que la société moderne doit repousser comme un fléau: c'est celle qui, sans tomber ni dans la démagogie, ni dans le césarisme, étouffe la liberté individuelle et les droits imprescriptibles de l'homme sous la loi de la majorité, c'est-à-dire sous le despotisme du nombre, despotisme qui, pour être légal, n'en est pas moins le despotisme. Ç'a été là, dans l'antiquité, le défaut des démocraties, et en général de toutes les constitutions politiques: elles immolaient l'individu à l'État. Tel n'est pas, ou du moins tel ne doit pas être le caractère de la démocratie moderne; sur ce point elle ne saurait accepter sans réserve la théorie du *Contrat social*. La démocratie moderne doit se fonder sur le respect du droit individuel et laisser à chacun le plein exercice de toutes ses facultés, en un mot toute sa liberté.

Je viens d'indiquer, en distinguant la bonne démocratie de

la mauvaise, les vices que doit éviter la démocratie moderne et ce qu'elle doit être si elle veut réaliser le progrès qu'annonce son avénement dans le monde. Mais elle ne pourra éviter ces vices et se montrer ce qu'elle doit être, qu'à la condition de se donner pour base des mœurs conformes à ses vrais principes, c'est-à-dire, en un mot, de s'appuyer sur la morale. Sans la morale, en effet, et sans les mœurs qu'elle exige, il n'y a pas de véritable et solide démocratie. Ceci me conduit au second des deux termes que je veux rapprocher dans cette leçon pour vous en montrer le lien. Considérons d'abord ce second terme en lui-même, comme nous avons fait le premier; nous les rapprocherons ensuite.

Qu'est-ce que la morale? C'est, comme son nom même l'indique, la *règle des mœurs*, c'est-à-dire la loi ou l'ensemble des lois d'après lesquelles *nous devons* nous conduire pour *bien agir*, pour *faire le bien*.

Cette définition, que j'ai rendue aussi simple et aussi claire que possible, suppose, d'une part, que nous nous reconnaissons soumis à une règle de ce genre, à une loi du devoir ou du bien; et, d'autre part, que nous sommes capables d'y conformer notre conduite en dépit des entraînements de nos passions ou des suggestions de notre intérêt personnel.

Or, ces deux faits nous sont attestés par la plus simple observation de nous-mêmes, et c'est sur ces deux éléments que repose notre valeur morale. Sans eux elle ne serait plus qu'une illusion, et c'est alors qu'il serait vrai de dire que l'homme n'est qu'un animal perfectionné.

Constatons d'abord le premier de ces deux faits, à savoir, que nous nous reconnaissons soumis à une loi du devoir ou du bien. C'est là un fait d'expérience intime; si ce fait est d'une tout autre nature que ceux de l'ordre physique, comme la digestion ou la circulation du sang, il n'en est pas moins patent et ne peut pas plus être nié. Il suffit de descendre en soi-même pour l'y voir briller. C'est ce que je veux montrer par un exemple familier, celui dont le grand moraliste Kant aimait à se servir.

Un dépôt m'a été confié secrètement. Il me serait fort avantageux de me l'approprier; en agissant ainsi, je n'aurais d'ailleurs aucun risque à courir, car celui qui me l'a confié est mort sans avoir révélé son secret à personne. Mais, quelque grand et sûr avantage que m'offre cette conduite, je reconnais aussitôt que je ne dois pas agir ainsi, qu'une loi sacrée *m'oblige*, comme elle obligerait dans le même cas tout autre homme, à restituer le dépôt qui m'a été confié, et qu'en me l'appropriant, je ne me conduirais pas en homme de bien, en honnête homme. Je me reconnais donc ici soumis à une loi du devoir, à une loi morale, qui, à ce titre, est nécessairement la même pour tous les hommes.

D'où me vient l'idée de cette loi, si incommode parfois, mais si impérieuse? La langue vulgaire, d'accord avec la langue philosophique, répond: De la conscience. Mais qu'est-ce au fond que la conscience, sinon la lumière de la raison, cette lumière qui, suivant la parole même de l'Évangile, illumine tout homme venant en ce monde? D'où viennent l'autorité et les caractères que j'attribue à cette loi? De son évidence rationnelle.

On allègue, à la vérité, contre l'évidence rationnelle et l'universalité des lois morales, les divergences des opinions humaines en matière de moralité: « Vérité en deçà des Pyrénées, erreur au delà », suivant le mot emprunté par Pascal à Montaigne. Mais ces divergences, trop réelles, ne portent que sur l'interprétation de ces lois, non sur leur existence même; et elles s'expliquent, soit par un défaut d'attention occasionné par quelque passion ou quelque intérêt dominant, soit en général par un défaut de culture. La raison est dans chacun de nous, et elle est en soi la même pour tous, mais il faut savoir l'interroger. C'est, suivant la parole que je rappelais tout à l'heure, une lumière qui illumine tout homme ; mais cette lumière, pour briller dans tout son éclat, a besoin d'être dégagée des nuages qui l'offusquent. Elle est donc aussi, en ce sens, le prix de nos efforts.

Le second fait, celui de notre liberté morale, n'est pas moins évident que le premier, et il suffit aussi de descendre en soi-même pour le constater de la manière la plus irréfragable.

Je reprends l'exemple dont je me suis déjà servi. Mon intérêt ou ma passion me pousse à m'approprier le dépôt qui m'a été confié ; mais mon devoir me commande de le restituer. Est-ce que je ne me sens pas le maître de résister à l'impulsion de ma passion ou de mon intérêt, et de faire ce que le devoir me commande? Et si je succombe à la tentation, est-ce que je ne sens pas qu'il dépendait pourtant de moi de résister et de vaincre? est-ce que je ne *m'impute* pas cette faute à moi-même, et par suite est-ce que je ne m'en reconnais pas justement puni par le remords qui me poursuit? Je me sens donc libre, et c'est pourquoi je me tiens pour *responsable* de ma conduite. Je n'ai pas besoin d'autre preuve de ma liberté : elle est un fait attesté par le plus clair et le plus irrécusable de tous les témoignages, le témoignage du sens intime.

Mais ici encore on allègue bien des difficultés.

Les unes sont tirées de l'observation elle-même : on montre l'homme gouverné par ses penchants, comme une marionnette par les fils qui la font mouvoir. Je réponds que les penchants, quelque puissants qu'ils soient, ne sont cependant pas tout-puissants, puisque je me sens libre de leur résister et que je leur résiste en effet. Que si par hasard ils deviennent en réalité irrésistibles, alors en effet je cesse d'être libre ; mais cela n'est pas l'état normal dans la vie de l'homme, c'est au contraire une anomalie, un désordre qui a un nom particulier, un triste nom, la *folie* ou l'*aliénation*.

Les autres viennent de certains systèmes métaphysiques qui ne peuvent se concilier avec la liberté morale de l'homme, et qui trouvent plus simple de la nier, comme, par exemple, le matérialisme de d'Holbach, ou, dans un autre ordre d'idées, le panthéisme de Spinoza, ou telle doctrine théologique sur l'omnipotence divine ou sur la prescience divine, etc. Mais un système, quelque spécieux qu'il soit d'ailleurs, ne prouve rien contre un fait. Ce n'est pas aux faits à se plier aux systèmes, c'est aux systèmes à s'accommoder aux faits. La liberté morale est un fait qu'aucune théorie métaphysique ou théologique ne saurait détruire, et dont la vérité subsiste à ce titre dans l'esprit même de ceux qui la nient par système.

Obligation morale et liberté morale, voilà donc deux points aussi solidement assurés que puisse l'être aucune vérité, car ce sont des *vérités de fait*. Pour les trouver et les fixer, il n'est besoin de recourir à aucune hypothèse transcendante, à plus forte raison à aucun principe surnaturel; il suffit de descendre en soi-même et de se reconnaître. L'observation qui les fournit n'est sans doute pas l'observation physique, mais le physique n'est pas tout l'homme, et les vérités morales que je viens de rappeler ne sont pas moins certaines que les vérités physiques les mieux établies.

Il résulte aussi de ce que je viens de dire que la morale est, dans ses bases, indépendante de toute métaphysique, c'est-à-dire de tout système sur l'âme et sur Dieu.

Quelles que soient l'origine, la nature et la destinée ulté-rieure de l'âme, qu'elle soit un principe essentiellement distinct du corps et pouvant lui survivre, ou qu'elle se confonde avec l'organisation et doive périr avec elle; dans tous les cas, la loi morale n'en conserve pas moins, aux yeux de l'homme qui consulte sa raison, toute son autorité. De même, quels que soient la nature de Dieu et ses rapports avec le monde et avec l'humanité, qu'il soit un être distinct du monde ou qu'il n'existe qu'en lui ; qu'il soit, comme on dit en termes d'école, *transcendant* ou *immanent*, l'autorité de la loi morale reste toujours la même. Je ne veux pas dire que la morale soit sans lien aucun avec la métaphysique : la raison qui nous dicte nos devoirs, a sans doute elle-même un principe supérieur, où il est légitime de rattacher la morale. Que celle-ci cherche donc son couronnement ou sa sanction dans une certaine métaphysique, rien de mieux ; mais ce n'est pas cette métaphysique qui donne à ses lois leur valeur. Bien loin de dépendre de la métaphysique, la morale nous fournit au contraire un moyen pour juger les systèmes de la métaphysique, peut-être même est-ce elle qui projette la plus sûre lumière sur ses obscurs problèmes.

A plus forte raison est-elle indépendante de tout dogme théologique et de tout culte. Sans doute les religions, en donnant aux préceptes de la morale la forme d'ordres dictés par Dieu lui-même, et en y ajoutant, au nom de Dieu, la promesse de certaines récompenses ou la menace de certains châtiments, ont pu leur communiquer une force qu'ils n'auraient pas eue sans ce secours, et elles ont été par là de puissants auxiliaires pour la morale même. Aussi voyons-nous tous les anciens législateurs recourir à cette forme, non sans doute par l'effet d'un calcul politique, comme on le croyait trop au xviii° siècle, mais en obéissant instinctivement à une nécessité de leur époque. La forme religieuse est pour la morale, comme pour tout le reste, la forme primitive de l'humanité. Mais à mesure que l'humanité grandit et que sa raison se fortifie, elle dégage les lois morales de cette enveloppe ; ou, si elle y reconnaît encore des *lois divines,* c'est parce que la raison même proclame leur autorité absolue. Un progrès s'est fait en ce sens dans l'antiquité avec l'aide des philosophes ; il s'est renouvelé dans les temps modernes par le moyen de la Réforme et de la philosophie, et il ira toujours grandissant, à mesure que l'humanité elle-même se développera. Ce progrès est d'autant plus important et nous devons d'autant plus nous efforcer de le hâter, que les religions n'ont pas été seulement pour le genre humain des instruments de moralisation, mais qu'elles ont aussi exercé et qu'elles exercent encore aujourd'hui, à beaucoup d'égards, une action malfaisante. L'exclamation du poëte latin : *Tantum religio potuit suadere malorum*, n'est-elle vraie que par rapport au paganisme, a-t-elle cessé de l'être depuis, et n'a-t-elle plus de nos jours aucune application ?

Telle est donc la morale : l'ensemble des *lois rationnelles* qui *doivent* gouverner nos mœurs, ou, en un seul mot, de nos *devoirs*. L'exposition régulière de ces devoirs constitue la *science morale ;* leur pratique désintéressée est la *moralité* même ou la *vertu ;* leur violation, l'*immoralité*, le *vice* ou le *crime*.

Je dois ajouter encore, pour compléter ces indications sommaires, que de la même source d'où dérive le devoir dérive aussi le droit : c'est parce que je suis un être raisonnable et libre, une personne en un mot, que j'ai des devoirs à remplir, et c'est pour cela aussi que j'ai des droits dont le respect constitue à son tour un devoir pour mes semblables, de même que le respect de leurs droits est un devoir pour moi. Le droit et le devoir sont ainsi corrélatifs, et à ce titre la morale les embrasse·tous deux.

Voyons maintenant quels sont les rapports de la morale ainsi déterminée avec la démocratie. Il est aisé de les déduire des idées que j'ai données de l'une et de l'autre.

Dans la démocratie, tous les hommes sont proclamés égaux, non sans doute de fortune ou de biens (c'est là une égalité impossible), mais de droits, de droits naturels d'abord, de droits civils et politiques ensuite ; et tous ces droits, ils les possèdent dans toute leur plénitude. D'où la formule : la liberté dans l'égalité. Car la liberté, c'est le droit d'exercer tous ses droits (ou ce qui constitue l'*autonomie* de la personne humaine), et l'égalité est le corollaire de ce droit individuel, qui est le même pour tous (*isonomie*).

Or, pour qu'une société d'hommes soit capable d'un tel état social, il faut que ses membres aient l'intelligence et le respect des droits inhérents à leur qualité d'hommes, c'est-à-dire qu'ils aient la connaissance et l'amour de leurs devoirs sociaux. Autrement la liberté dont ils jouissent dégénère en licence, l'égalité n'est bientôt plus qu'une commune servitude, et ainsi la société se heurte contre les écueils que j'ai signalés plus haut, la démagogie ou l'anarchie et la tyrannie, ou tout au moins l'oppression de l'individu par l'État. La démocratie a donc sa condition dans la morale. En ce sens, on peut dire que le problème démocratique se résout dans le problème moral. Supposez une société d'hommes ayant tous un parfait respect de leurs droits réciproques, et observant tous leurs devoirs les uns à l'égard des autres : le problème serait résolu. Ce n'est là, sans doute, qu'un idéal, que l'infirmité humaine ne permettra jamais à aucune société de réaliser complétement ; mais toutes doivent tendre à s'en rapprocher, et le moyen nécessaire pour cela, c'est la *culture morale*.

Je sais bien que le problème social est un problème complexe, et que d'autres éléments doivent intervenir aussi dans la constitution de la société démocratique : l'*élément économique*, dont la fonction est de pourvoir au *bien-être* des membres de la société, et l'*élément politique*, dont la fonction est de leur assurer l'ordre avec la liberté ; mais chacun de ces éléments, quoique ayant sa fonction propre, est si étroitement lié à l'élément moral, qu'il ne peut rien sans lui et qu'il a besoin de s'appuyer sur lui pour n'être pas impuissant. C'est ce que je voudrais montrer en peu de mots. Je ne fais ici d'ailleurs que poser des prolégomènes que toute la suite de ce cours développera.

Vous voulez, dirai-je aux économistes, répandre et assurer

par des institutions économiques le bien-être dans le peuple. Fort bien, je vous loue et je suis avec vous. Si l'homme ne vit pas seulement de pain, il vit de pain, et la misère, outre qu'elle est dégradante, est mauvaise conseillère, *malesuada fames*; le bien-être, au contraire, au moins un certain bien-être indispensable, rend plus aisé l'accomplissement de nos devoirs sociaux. Mais, quelle que soit l'excellence de vos moyens économiques, le bien-être lui-même ne sera jamais assuré, et tous vos efforts seront perdus, si vous n'avez pas affaire à des hommes ayant le respect d'eux-mêmes et l'habitude de leurs devoirs envers leur famille ou envers la société, mais à des individus débauchés, ivrognes, paresseux, imprévoyants, égoïstes, indifférents à tous leurs devoirs. Les économistes parlent bien de l'équilibre des intérêts, et ils ont raison de le chercher; mais cet équilibre ne sera jamais parfait et il restera toujours instable. Il faut donc que la morale vienne en aide à l'économie politique. Les institutions dont celle-ci prétend doter la démocratie ne peuvent prospérer qu'à la condition de trouver un appui dans les bonnes mœurs. De là encore la nécessité de la culture morale.

La morale est plus évidemment encore l'indispensable soutien de la politique, surtout de la politique démocratique.

Que serait un État, si bien réglée qu'en fût la constitution, où les citoyens manqueraient de tout respect pour leurs droits réciproques et n'auraient à cet égard aucun souci de leurs devoirs? Mon hypothèse se détruit sans doute d'elle-même, car cette bonne constitution que je suppose ne saurait elle-même exister dans un pareil État; mais, fût-elle possible, les lois ne seraient observées, si elles l'étaient, que par l'effet de la contrainte, ou plutôt elles ne le seraient pas. Il y a long-temps qu'on l'a dit : Que sont les lois sans les mœurs (*quid leges sine moribus*)? Il est donc vrai de dire que sans cette vertu qui réside dans le respect du droit et de la justice, les États manquent du soutien qui leur est nécessaire. En ce sens, j'applaudis aux paroles que Platon fait prononcer à Socrate dans ce dialogue où il le montre conversant avec Alcibiade sur la politique (*Le premier Alcibiade*) : « Ainsi, mon cher Alcibiade, les États, pour être heureux, n'ont besoin ni de murailles, ni de vaisseaux, ni d'arsenaux, ni d'une population nombreuse, ni de puissance *si la vertu n'y est pas...* Et si tu veux bien faire les affaires de la république, il faut que tu donnes de la vertu à ses citoyens. » — Et il ajoute que, comme on ne peut donner ce qu'on n'a pas, il faut qu'Alcibiade et tout homme qui veut s'occuper de l'État songent à acquérir pour leur propre compte la vertu qui est le soutien des États.

Cette vérité s'applique plus particulièrement aux États démocratiques, où tous les citoyens sont appelés à participer, directement ou indirectement, aux affaires publiques, à la confection des lois, au gouvernement, à l'administration de la justice. C'est là surtout qu'il importe que le sentiment et le respect du droit vivent dans les âmes et forment les mœurs publiques. Autrement, qu'arrivera-t-il ? Ou le déchaînement de la démagogie, c'est-à-dire de la force brutale, ou au moins l'oppression de la minorité par la majorité, ou dans le gouvernement lui-même, l'anarchie et bientôt le despotisme. Les institutions démocratiques ont sans doute par elles-mêmes une vertu moralisatrice : elles développent dans l'homme le sentiment de sa dignité, en faisant de lui une personne au lieu d'une chose, un citoyen au lieu d'un sujet; elles développent aussi en lui l'*esprit public*, que le despotisme a pour effet d'étouffer dans les âmes; mais encore faut-il que ces institutions soient elles-mêmes soutenues par les mœurs de ceux auxquels elles s'appliquent. Comment la liberté se maintiendra-t-elle dans l'égalité, et comment l'égalité elle-même subsistera-t-elle, si le respect de la liberté et ensemble celui de l'égalité, c'est-à-dire en somme le respect du droit commun, n'est pas la vertu des citoyens? Montesquieu a donc eu, en ce sens, parfaitement raison de dire que la vertu est le principe du gouvernement républicain, et singulièrement du gouvernement démocratique, comme la crainte est celui du gouvernement despotique, et de placer dans la perte de cette qualité essentielle la cause de la ruine des démocraties. « Le principe de la démocratie se corrompt, dit-il fort bien (*Esprit des lois*, livre **VIII**, chap. ii), non-seulement lorsque l'on perd l'esprit d'égalité, mais encore quand on prend l'esprit d'égalité extrême, et que chacun veut être égal à ceux qu'il choisit pour lui commander.... Il se forme de petits tyrans qui ont tous les vices d'un seul. Bientôt ce qui reste de liberté devient insupportable; un seul tyran s'élève, et le peuple perd tout, jusqu'aux avantages de la corruption. »

Ainsi, par quelque côté qu'on envisage la question, on arrive à ce résultat que, pour élever un édifice démocratique qui ne soit ni la démagogie, ni l'anarchie, ni la tyrannie, ni en un mot aucune espèce de despotisme, il faut construire sur un terrain moral.

N'exagérons rien pourtant. La république ou la pure démocratie ne peut se passer de certaines vertus; mais elle n'exige pas, comme on se plaît souvent à le prétendre pour la déclarer impossible, que tous les citoyens soient des anges ou des héros. Les anges ne sont pas de ce monde, les héros sont rares en tout pays; la démocratie le sait et n'en demande pas tant.

Elle sait aussi, d'ailleurs, que, si la morale et la politique sont étroitement liées, celle-ci a, par rapport à celle-là, des limites qu'elle ne saurait dépasser sans tomber dans la tyrannie et sans manquer le but même qu'elle poursuivrait. Il est vrai que la confusion de ces deux domaines, qui a été l'erreur des républiques et des philosophes de l'antiquité, s'est perpétuée jusque chez quelques-uns des écrivains les plus éminents du xviii° siècle, comme Rousseau, Mably et Montesquieu lui-même; mais elle est trop contraire à l'esprit moderne pour qu'il soit désormais bien difficile de la dissiper. On commence à comprendre aujourd'hui que la politique et la mo-

rale ne sont pas absolument identiques. Le domaine de la
politique est celui du droit, c'est-à-dire de tout ce qui peut
nous être légitimement imposé par une contrainte extérieure.
Ajoutez au règlement du droit naturel, droit antérieur et supérieur en soi à toute convention, mais qu'il faut bien fixer par
des lois positives, celui des intérêts collectifs auxquels il peut
nous convenir de pourvoir par des conventions publiques, qui
deviennent aussi des lois pour chacun de nous, et vous aurez
tout le domaine de la politique ; sa juridiction ne s'étend pas
au delà. Le reste, c'est-à-dire tout ce qui dans la morale n'est
pas *de droit,* appartient exclusivement au for intérieur, au
domaine de la conscience. Que la politique, que la démocratie
particulièrement soit intéressée à l'observation de ces devoirs
qui ne regardent que la conscience, qu'elle en favorise même
l'action, s'il est possible, par les moyens qui sont de son ressort, à la bonne heure ; mais elle n'a pas le droit de les imposer par la force dont elle dispose. Lorsqu'elle méconnaît la
limite de sa juridiction et qu'elle empiète sur le domaine propre de la morale, elle tombe dans une tyrannie insupportable ;
elle est condamnée à employer les plus détestables moyens,
l'espionnage des mœurs, l'inquisition des consciences, toutes
choses qu'il faut laisser aux régimes théocratiques ou en général aux gouvernements absolus; et elle favorise ce qu'il y a
de plus odieux au monde, l'hypocrisie. C'est ce que n'ont pas
compris les philosophes dont je parlais tout à l'heure. Ainsi
Montesquieu, pour citer le plus modéré, pensait que les lois
doivent entretenir la *frugalité* dans la démocratie. Il ne voyait
pas que des lois de ce genre sont tyranniques et qu'elles n'engendrent ordinairement qu'une fausse vertu. En cela il
s'éloignait, et sur ce même point Jean-Jacques Rousseau et
surtout Mably (un écrivain qu'on ne lit plus guère aujour-
d'hui, mais qu'on lisait beaucoup au xviii⁰ siècle) se sont
éloignés encore davantage de l'esprit moderne, qui tend à
rendre à la conscience son autonomie et sa liberté, à l'affran-

chir du joug intempérant de la politique, et à resserrer celle-ci dans les limites du droit, qui est son vrai domaine. *Illa se jactet in aula.*

Mais il ne faut pas non plus, sous prétexte d'affranchir la morale de la politique, rompre le lien qui les unit. Ce dernier danger est, il faut le reconnaître, le plus grand pour la démocratie moderne. Il n'y aurait rien de plus funeste pour l'avenir de ses institutions que de regarder la morale comme une chose politiquement indifférente, comme une chose qui ne touche en rien à la politique et ne la regarde nullement. Ce matérialisme pratique ne pourrait manquer d'être fatal à la démocratie. Il faut reconnaître au contraire, et rappeler sans cesse à ceux qui seraient disposés à l'oublier, que, quelle que soit la distinction des domaines, la morale est étroitement et inséparablement liée à la politique, à la politique démocratique surtout, que j'ai définie : la liberté dans l'égalité. En réglant la liberté par la loi du devoir, elle en assure le légitime exercice et la maintient ; et, en donnant à l'homme le respect de l'homme, elle fonde dans son cœur le sentiment et dans sa conduite la pratique de l'égalité. Toute la démocratie est là.

C'est de ces mœurs démocratiques que j'entreprends de tracer le modèle. Je veux tirer de la morale, c'est-à-dire des lois mêmes de la raison, l'exposition des vertus propres à fonder le règne de la vraie démocratie, et opposer ces vertus aux vices qui peuvent l'atteindre et la perdre. Ce n'est point ici une œuvre de spéculation ou de curiosité théorique, c'est une œuvre éminemment pratique. Les hommes ont besoin d'apprendre à connaître et à aimer leurs devoirs, cela résulte de ce que j'ai dit plus haut ; il faut donc les aider dans cette tâche en leur retraçant ces devoirs sous la forme qu'exige le progrès des esprits, c'est-à-dire sous la forme rationnelle, mais aussi sous une forme populaire, débarrassée de tout appareil scientifique, intelligible à tous. Et cela est facile ; car, de toutes les parties de la philosophie, il n'y en a pas qui se prête plus aisément à cette forme que la morale, ce besoin commun et ce commun patrimoine de l'humanité. Voilà ce que je voudrais faire à l'usage de la démocratie. Je m'éclairerai à la fois dans ce travail des lumières amassées par cette philosophie éternelle dont parle Leibnitz, et de l'expérience que nous ont apportée ces dernières années, si fécondes en enseignements. Puissé-je ne pas porter d'une main trop faible ce flambeau de la vie que nous ont transmis les générations précédentes, et puisse ce flambeau, dans mes mains ou dans d'autres plus puissantes, servir à guider nos contemporains ! Il y va du salut de la démocratie, c'est-à-dire de l'avenir de la société moderne.

DEUXIÈME LEÇON

LA MORALE DANS L'INDIVIDU.

———

Il semble que, traitant de la morale dans son rapport avec la démocratie, je devrais arriver tout de suite à la *morale sociale* et laisser de côté la *morale individuelle*. Mais comme les vertus sociales sont étroitement liées aux vertus individuelles, si étroitement qu'on ne les en détacherait pas sans péril pour elles-mêmes, j'ai pensé que je devais examiner d'abord la morale dans l'individu pour vous y montrer en quelque sorte les racines des vertus sociales. Cela m'a paru d'autant plus important que ce lien n'a pas toujours été suffisamment reconnu, et que beaucoup des écrivains du dernier siècle qui ont écrit sur la morale, même sur la morale en général (comme d'Alembert), ont singulièrement négligé la morale individuelle (1). La réaction contre la morale ascétique les entraînait ici beaucoup trop loin ; et, par suite, leur morale sociale elle-même ne reposait plus sur une base suffisamment forte. Le premier fondement de la moralité publique, c'est en effet le respect de soi-même : celui qui se respecte ne manque pas de respecter les autres, et l'amour qu'il leur porte ne court plus risque de s'égarer. Voilà ce que n'ont pas assez compris les philosophes du xviiiᵉ siècle, non pas

———

(1) Voyez mon *Histoire des idées morales et politiques en France au* xviiiᵉ *siècle*, t. II, p. 431.

tous assurément, non pas, par exemple, un Rousseau, un Turgot, un Kant, mais un trop grand nombre, Voltaire en tête. La sociabilité a progressé; mais la dignité personnelle ne s'est pas élevée dans la même proportion, et la moralité sociale elle-même en a été altérée. C'est qu'en effet sans la morale individuelle, non-seulement la morale en général est incomplète, mais la moralité sociale, par conséquent aussi la démocratie, chancelle. C'est ce que cette leçon va mettre en lumière.

Et d'abord, il est trop clair que la morale individuelle est une branche de la morale générale, et que celle-ci serait incomplète sans celle-là.

Vainement dirait-on que l'homme ne peut avoir de devoir, d'obligation envers lui-même, puisque, comme c'est envers lui qu'il serait obligé, il pourrait toujours se délier de cette obligation. Cela ne serait vrai que si le devoir était une chose arbitraire et n'avait pas son principe dans la raison : c'est elle, et non pas moi, qui m'oblige; ce n'est pas à moi, c'est à elle que j'obéis (1). Sans doute je puis m'affranchir ici de ses lois sans violer aucun droit (puisque c'est de moi qu'il s'agit), mais non sans manquer à aucun devoir. Je n'insiste pas davantage sur ce point : il ressortira assez de tout l'ensemble de cette leçon, qui doit précisément rouler sur les devoirs de l'homme envers lui-même.

Mais il y a plus, et ceci est l'objet même que je veux mettre en lumière : je ne saurais négliger les devoirs que la raison me prescrit envers ma propre personne sans ébranler en moi les fondements de la moralité sociale elle-même. Les vertus individuelles sont comme les racines des vertus sociales : des vertus de famille et des vertus publiques; cultiver les premières, c'est aussi préparer et assurer le développement des autres.

______

(1) Cf. *Éléments métaphysiques de la doctrine de la vertu*, de Kant, p. 69-71 de ma traduction, ou mon *Analyse critique de cet ouvrage*, p. xix.

C'est ce que les anciens eux-mêmes avaient parfaitement compris. Les vertus qu'ils distinguaient sous les noms de *tempérance* et de *courage*, et que, dans notre moderne langage, nous rattachons à la morale *individuelle*, ils les regardaient comme la base même des vertus publiques (1) (de la *justice*), et ils les cultivaient à ce titre.

En général tous les devoirs de la morale individuelle, toutes les vertus, par conséquent, qu'on y doit distinguer, peuvent se ramener à ces trois chefs :

1° La *culture de l'humanité* en nous, ou de ce qui fait le caractère distinctif de la nature humaine ;

2° Le *respect de la dignité humaine* en sa personne ;

3° Le *perfectionnement moral de soi-même*.

Considérons le principe, la nature et l'application de ces trois espèces de devoirs, en opposant aux vertus auxquelles elles donnent lieu les vices contraires à ces vertus, et en montrant, ce qui est mon but spécial, l'importance de ces vertus et la conséquence de ces vices par rapport à la démocratie.

I. — Le premier point est de cultiver en soi l'*humanité*. Mais qu'est-ce que cette humanité ?

On s'est beaucoup évertué, dans ces derniers temps, à chercher les ressemblances de l'homme et du singe. Ces ressemblances sont *anatomiquement* assez saillantes, quoique, même pour l'*histoire naturelle*, il y ait aussi des différences assez caractéristiques, ne fût-ce que la station droite (2) et ce visage élevé dont parle le poëte Ovide (*os homini sublime*) ; mais il n'y a là au fond rien de bien étonnant : l'homme en effet est un animal. Il y a longtemps qu'on l'a défini ainsi, ou

(1) Voyez Xénophon, *Mémoires sur Socrate*, l. V.

(2) C'est ce que reconnaît M. Vogt lui-même, auquel je faisais allusion dans les lignes précédentes. « L'homme, dit-il, dans ses *Leçons sur l'homme*, p. 74, se distingue des singes, ses parents les plus proches, d'une manière absolue par cette attitude relevée que le singe ne prend qu'en passant ou lorsqu'il y est forcé par la dressure, mais jamais comme une position qui lui soit naturelle. »

du moins qu'on a ainsi commencé sa définition. L'homme est un animal ; à ce titre il se range dans la série des animaux, dont il forme le degré le plus élevé. Mais n'est-il qu'un animal ? La vieille définition, — et je n'en connais pas de meilleure, — commence bien en disant qu'il est un animal ; mais elle ajoute quelque chose pour le distinguer des autres animaux, à savoir qu'il est doué de *raison*, attribut que la langue grecque exprimait par un mot (λόγος) désignant à la fois la raison et le langage, parce que, par une de ces vues justes et profondes dont cette admirable langue nous offre tant de preuves, les Grecs avaient compris que ce sont là deux choses connexes et comme les deux faces d'un seul et même attribut.

Tenons-nous-en à cette antique définition, aussi exacte qu'ancienne ; et, en nous attachant au second des deux éléments dont elle se compose, ou à ce que l'on appelle en termes d'école la *différence spécifique*, considérons-en particulièrement le côté moral.

Par la raison, l'homme est capable de s'élever à l'idée du *bien*, du *bien moral*, du *devoir*, par conséquent, ou de l'*obligation* ; il devient ainsi un être *moral*.

En même temps, et ceci est comme un corollaire de l'attribut qui précède, il se reconnaît capable de maîtriser·ses passions, de régler ses mœurs, de gouverner sa conduite conformément à cette obligation, à ce devoir, à ce bien, que sa raison lui fait concevoir ; et ce second attribut qui lui donne le gouvernement de lui-même achève d'en faire un être moral ou *capable de moralité*.

Voilà les *traits distinctifs* de la *nature humaine*. C'est par là que l'homme s'élève véritablement au-dessus de l'*animalité*, qu'il se distingue radicalement du singe, quelques ressemblances anatomiques qu'il y ait d'ailleurs entre le singe et lui, et qu'il forme un être à part, un véritable règne, le *règne moral*. Que l'*histoire naturelle* ou la *science anatomique* de l'homme lui refuse tant qu'elle voudra le privilége de former un règne : elle a peut-être raison à son point de vue, je n'en sais rien, je ne suis pas compétent pour décider cette question, et je vois d'ailleurs que les naturalistes eux-mêmes sont loin de s'accorder entre eux sur ce point ; mais ce que je sais bien et ce qu'il y a de sûr, c'est que l'*observation morale* lui maintient incontestablement ce privilége en constatant dans sa nature des traits qui creusent un abîme entre lui et l'animal le plus rapproché de lui.

Mais ces traits, il faut que l'homme, par la puissance de ses propres efforts, les dégage de l'animalité où ils sont enveloppés et comme enfouis. En ce sens, il ne serait pas vrai de dire, avec l'auteur de l'*Émile*, que *tout est bien sortant des mains de l'auteur des choses*, et que *tout dégénère entre les mains de l'homme ;* mais il est plus juste de dire que l'homme est appelé à se faire lui-même ; et ce nouveau trait, qui lui est exclusivement propre, pourrait servir aussi à le distinguer des animaux. Si c'était ici le lieu de parler le langage de l'école, je dirais que la raison est chez lui *en puissance* plutôt qu'*en acte ;* mais, comme je veux éviter ce langage, j'aime mieux dire, en recourant à des images populaires, mais exactes, qu'elle est comme l'étincelle cachée dans les veines du caillou : il faut l'en faire jaillir ; ou bien encore qu'elle est comme un germe qui a besoin d'être cultivé pour se développer et porter ses fruits. Il faut donc que l'homme cultive en lui la raison pour arriver à connaître ses devoirs : la vérité morale elle-même a besoin d'être conquise.

C'est encore ce que les anciens avaient parfaitement compris, en plaçant au premier rang des vertus la *sagesse* ou la *prudence*, c'est-à-dire, suivant la définition qu'en donne Cicéron, dans son livre des *Devoirs* (I, v), la recherche et la découverte de la vérité (*indagatio atque inventio veri*). Ils comprenaient que le premier point pour l'homme était de chasser de son esprit les ténèbres de l'ignorance et d'y introduire la lumière afin de connaître ce qu'il doit faire. Ce devoir leur paraissait d'autant plus important que l'humanité était alors plus voisine de la barbarie ; mais il est loin d'avoir perdu pour nous son importance. Il s'en faut, en effet, que l'ignorance soit aujourd'hui vaincue et la lumière triomphante dans le monde ; et, d'ailleurs, le travail est toujours à recommencer pour chacun de nous : s'il nous est devenu plus aisé, il reste toujours nécessaire.

Ce devoir est nécessaire dans toutes les formes de société, mais particulièrement dans la démocratie. C'est ici surtout que l'ignorance est un vice et un fléau ; c'est ici surtout qu'il importe que les hommes soient éclairés sur leurs devoirs et sur leurs droits, qu'ils connaissent la limite de ceux-ci et l'étendue de ceux-là, qu'ils aient une idée exacte et complète de la justice. La démocratie, c'est-à-dire le suffrage universel, ne va pas sans l'instruction universelle. Nous verrons plus tard quelle conséquence il faut tirer de là ; je me borne ici à poser le principe.

En dégageant en nous la *raison pratique*, nous faisons naître du même coup le sentiment de notre *liberté morale*. Cette liberté n'est-elle pas en effet la faculté que nous avons de résister aux penchants aveugles pour obéir à la loi de la raison ; et, par conséquent, ne se fait-elle pas sentir à nous dès que nous nous élevons à l'idée de cette loi? Nous reconnaissons alors en nous cet attribut par lequel nous échappons à l'empire de la fatalité animale et devenons nos propres maîtres. Et plus nous développons en nous la raison, plus nous développons aussi la conscience de cet empire de nous-mêmes, et partant le sentiment de notre dignité.

Il n'est donc pas vrai que le progrès de la science de l'homme puisse aboutir à l'assimiler à un animal ou à une machine, si par homme on n'entend pas seulement l'homme physique, qui est en effet une machine ou un animal, mais l'homme moral. A la vérité, au dernier siècle, beaucoup d'esprits, —non pas tous ni les plus grands, — tout en se proposant pour but d'émanciper l'humanité, se sont plu à représenter l'homme comme l'instrument de la fatalité ; et de nos jours cette théorie a été de nouveau accréditée par plus d'un écrivain, même par des écrivains très-distingués. Mais cette doctrine, par quelque voie qu'on y arrive et de quelque manière qu'on la soutienne, s'évanouit devant l'idée de la moralité humaine et le témoignage même du sens intime. Elle est donc moins dangereuse qu'elle ne le semble ; mais elle n'est pas cependant tout à fait sans danger. L'empire que nous exerçons sur nous-mêmes dépend naturellement de l'idée que nous nous en faisons ; que deviendra-t-il dans la pratique, si, dans la théorie, nous le tenons pour illusoire ? Quels efforts ferons-nous pour vaincre nos mauvaises passions, si nous sommes une fois bien persuadés qu'il ne dépend pas de nous d'en triompher ? Si nous croyons que le courant est irrésistible, il est tout simple que nous nous laissions aller au courant sans chercher à lutter contre lui.

C'est principalement dans la démocratie qu'une telle doctrine serait funeste si elle parvenait à se répandre. Là surtout il importe que chacun ait le sentiment de sa force morale. Dans les monarchies orientales et dans leurs copies occidentales, où les hommes sont menés, comme des troupeaux, par la crainte, on conçoit le fatalisme : il soutient le despotisme ; il est encore de mise dans ces aristocraties où il n'y a qu'un petit nombre d'individus ou de familles qui comptent pour quelque chose ; mais comment pourrait-il s'accorder avec la démocratie, où chacun doit être son propre maître et où tous sont appelés à prendre part aux affaires publiques ? Il lui serait infailliblement mortel. L'énergie individuelle, voilà le ressort de la démocratie. Sans ce ressort, elle ne saurait se conserver : le despotisme a facilement raison de ceux qui ne croient pas à leur propre liberté. C'est là un point trop évident pour qu'il soit nécessaire d'y insister davantage.

II. — Voyons maintenant ce que la raison nous commande à l'égard de nous-mêmes. Nous arrivons ici à la seconde des trois espèces de devoirs que j'ai distinguées. La première tendait à établir en nous les titres mêmes de notre dignité ; la seconde tend à les maintenir intacts, en nous enjoignant de les préserver de toute souillure. C'est ce que j'ai appelé le respect de soi-même. Il consiste précisément dans le maintien et la défense de notre dignité contre les penchants qui tendent à l'étouffer.

Décomposons ce devoir général dans ses diverses applications, sans jamais perdre de vue l'objet auquel le but même de ce cours est d'appliquer la morale : la démocratie.

Se respecter soi-même, c'est, ai-je dit, maintenir en soi la dignité humaine ; c'est, par conséquent, ne pas se laisser dominer par ses appétits inférieurs, et, de ce qui ne nous a été donné que comme un moyen, ne pas faire le but même de sa vie. De là cette vertu que les anciens désignaient sous le nom de *tempérance* (modération), qui n'exclut pas la jouissance des plaisirs physiques, qui ne la condamne pas, avec l'ascétisme, comme un péché, mais qui la met à sa place et la renferme dans de justes bornes. Cette vertu se diversifie et prend différents noms suivant la nature des objets auxquels elle s'applique, et il en est de même du vice correspondant, qui consiste à se rendre l'esclave des plaisirs du corps et des biens extérieurs.

A l'égard des plaisirs du corps, la tempérance est, suivant la nature même de ces plaisirs, soit la *sobriété*, à laquelle s'opposent la *gourmandise* et l'*ivrognerie;* soit la *chasteté*, à laquelle s'oppose l'*impudicité*.

Arrêtons-nous un instant sur ces vertus et ces vices pour en montrer l'importance et les effets par rapport à la société, particulièrement à la démocratie.

Celui qui est, suivant l'expression vulgaire, l'esclave de son ventre, celui-là, outre qu'il se ravale lui-même et dégrade en lui l'humanité, sera-t-il bien apte à remplir ses devoirs sociaux et à pratiquer les vertus civiques? Voyez ce gastronome : à la manière dont il caresse de l'œil et savoure cette volaille truffée et cette poudreuse bouteille, pensez-vous qu'il puisse être un bien ferme citoyen, un vaillant défenseur des libertés publiques, un irréconciliable ennemi de César? Non, César en aura bon marché, quand il aura passé le Rubicon, peut-être même avant qu'il l'ait passé.

Mais c'est surtout l'ivrognerie qui est la grande plaie de nos sociétés, parce qu'ici les moyens de jouissance sont à la portée de tout le monde et que ce vice a un attrait particulier pour les classes les moins heureuses, c'est-à-dire les plus nombreuses. L'homme à qui la vie est dure cherche volontiers dans la boisson l'oubli de ses peines; mais il y puise aussi l'abrutissement : il néglige pour le cabaret sa femme, ses enfants, ses vieux parents, et mauvais mari, mauvais père, mauvais fils, comment ne serait-il pas aussi un mauvais citoyen ? Il ne sait même pas ce que ce titre exige de lui. Je connais une ville de grandeur moyenne où il se consomme quatre-vingt mille petits verres d'eau-de-vie par jour; dans une autre, plus importante, mais qui ne dépasse pas cent mille âmes, il s'est débité, dans l'espace d'une année, cinq millions de litres d'eau-de-vie, outre le cidre, le vin et la bière (1). Croyez-vous que de si désastreuses habitudes ne soient pas un grand obstacle à l'établissement des institutions démocratiques dans les pays qui en sont destitués? Ne sont-elles pas aussi, dans les pays où ces institutions sont enracinées, un grand obstacle à leur jeu régulier et à leur libre développement? Vous connaissez mieux que moi, messieurs, les maux que cause ce vice dans vos petites républiques. Je vois, d'un autre côté, combien le sage démocrate Channing s'inquiétait des ravages que ce même vice faisait aux États-Unis. Il va jusqu'à demander

____

(1) Voyez J. Simon, *L'Ouvrière*, p. 136-137.

que le gouvernement interdise la vente des boissons spiri-
tueuses (1). C'est aller trop loin et entrer dans cette voie
dangereuse que j'ai déjà signalée ; ce qu'il faut, c'est ce qu'il
recommande et pratique si bien lui-même, c'est-à-dire inculquer dans les âmes par tous les moyens le sentiment de la
dignité humaine, le respect de soi-même et des devoirs qui
en dérivent.

Je viens d'indiquer l'importance de la sobriété dans la
démocratie ; celle de la chasteté n'est pas moins grande.
Certains philosophes du dernier siècle, comme Helvetius et
Diderot, ont traité bien légèrement cette vertu. Parce que l'ascétisme chrétien avait fait de la continence une fausse vertu à
laquelle il sacrifiait les devoirs de famille et de société (témoin
le jugement de Pascal (2) sur le *mariage*, qu'il regarde, avec
ses maîtres, les jansénistes de Port-Royal, comme « la plus
périlleuse et la plus basse des conditions du christianisme »), ils
ont, dans leur aveugle réaction contre cette extravagance,
livré la chasteté elle-même. Ils n'ont pas vu qu'ils dégradaient
ainsi, en croyant les affranchir, l'homme et la femme ; qu'ils
enlevaient particulièrement à celle-ci sa dignité et la sauvegarde de son bonheur en même temps que de son honneur ;
qu'ils travaillaient par là à miner les bases de la famille,
qu'il fallait au contraire s'appliquer à raffermir (comme,
dans le même temps, l'a si admirablement compris et pratiqué Jean-Jacques Rousseau, malgré les aberrations de sa
vie privée) ; qu'enfin ils ébranlaient les fondements mêmes
de cette nouvelle société politique qu'ils appelaient de leurs
vœux. Sans cette vertu, en effet, non-seulement il n'y a point

---

(1) Voyez *OEuvres sociales* de Channing, trad. Laboulaye, p. 203. — Le conseil de
Channing a été d'ailleurs mis en pratique : le 2 juin 1851 le Maine bannit du commerce tous les spiritueux, n'en permettant la vente que dans les pharmacies et
comme remède ; et l'exemple du Maine a été suivi par plusieurs États (voyez le *Journal de Genève* du 21 février 1867.)

(2) Voyez Blaise Pascal, par Victor Cousin, *Appendice, Extrait d'une lettre de
Pascal à M*^{me} *Périer.*

de dignité et de bonheur pour l'individu, particulièrement pour la femme ; mais la famille et par suite la société elle-même sont menacées. Aussi la chasteté a-t-elle été en honneur dans les républiques anciennes, à Athènes et à Rome, tant qu'elles ont été florissantes, et le déclin de cette vertu a-t-il marqué celui de ces républiques. On ne se demande pas sans effroi ce que, dans nos sociétés démocratiques, peut devenir, en l'absence de cette vertu, le sort des femmes du peuple, et, par une conséquence nécessaire, ces sociétés elles-mêmes. Il y a là un abîme de réflexions que je ne saurais épuiser, mais qui se représentera quand j'aurai à parler de la famille. Il ne s'agit encore ici que du respect de soi-même.

Ce respect de soi-même repousse encore un vice hideux, l'*avarice*, qui d'un moyen utile, l'argent et la fortune, fait un but suprême ; et il commande le *désintéressement*, ce qui ne veut pas dire le renoncement absolu aux biens extérieurs, mais un certain détachement sans lequel l'homme perd sa dignité et son indépendance morale. Le désintéressement dont je parle n'exclut pas l'*économie* : celle-ci peut être elle-même une vertu, en tant qu'elle a pour but d'assurer dans l'avenir nos moyens d'existence et notre indépendance matérielle, par suite notre indépendance morale ; et cette vertu a aussi une grande importance dans la démocratie. Ceux d'entre vous qui ont lu la *Science du bonhomme Richard*, ce livre qui devrait être le bréviaire de tous les vrais démocrates, savent quel prix Franklin attache à cette vertu ; mais l'économie n'est pas l'avarice : celle-ci est un vice dans l'individu et un fléau pour la société, particulièrement pour la société démocratique, où la circulation de la richesse est surtout nécessaire.

Il est encore un genre de désintéressement que commande le respect de soi-même : c'est le dédain des distinctions extérieures, des honneurs qui n'ont de prix que pour la vanité, ou de ce que l'on nomme les *décorations*. L'homme qui attache de l'importance à ces choses est comme un grand enfant ; et,

comme un enfant, il ne se laisse que trop mener par ces hochets. Aussi sont-ils un des grands instruments du despotisme. C'est ce que comprit fort bien l'auteur du 18 brumaire
lorsqu'il établit son institution de la *Légion d'honneur*, en
dépit de la résistance que lui opposèrent l'opinion et ce qui
restait encore d'esprit républicain dans les corps officiels (1).
Mais quand ces sortes de distinctions ne seraient pas des
moyens de corruption entre les mains du despotisme, elles
seraient toujours contraires à l'esprit d'égalité, c'est-à-dire à
l'esprit démocratique. Les républiques feront donc toujours
bien de repousser cette invention des monarchies.

Toutes les vertus que je viens de passer en revue rentrent
dans cette vertu générale que les anciens ont désignée sous
le nom de *tempérance*, et qu'ils résumaient dans cette formule : *abstiens-toi* (formule qu'il ne faut pas prendre dans
un sens absolu, mais dans celui des limites marquées par la
raison); mais il est encore un autre chœur de vertus qui ne
dérive pas moins du respect de soi-même, et qui n'a pas une
moindre importance pour la société et la démocratie. On peut
le faire rentrer dans ce que les anciens appelaient le *courage*,
la *force d'âme*, la *grandeur d'âme*, dont la formule était :
supporte. Parcourons aussi les diverses applications de cette
vertu, en les considérant dans leurs rapports avec la démocratie.

L'homme est fait pour travailler : il n'obtient rien que par
le travail. La *paresse* est donc un vice. Le travail, au contraire, noblement supporté, est une vertu. Je rattache cette
vertu au courage, parce que le travail exige un effort contre
la peine (courage et travail sont deux expressions qui vont
bien ensemble); mais il faut dire aussi que cet effort même
est la source d'un contentement intérieur où le travailleur
trouve sa récompense. Cette vertu a surtout son prix dans

____

(1) Voyez mon livre, *Napoléon et son historien M. Thiers,* p. 75.

les sociétés démocratiques, où chacun doit pourvoir lui-même à ses besoins. L'antiquité, qui avait des esclaves sur lesquels elle se déchargeait du travail manuel, ne pouvait guère tenir le travail en honneur : c'était pour elle une œuvre *servile*. Plusieurs de ses sages tentèrent cependant de l'élever à la hauteur d'une vertu. Voici comment en parlait, avant Socrate, le poëte gnomique Phocylide : « Travaille, tu dois payer ta vie par tes travaux. Le paresseux fait un vol à la société. N'as-tu pas appris de métier, va donc bêcher la terre; donne-toi de la peine, tu ne manqueras pas de travaux. Sans le travail, rien n'est facile à l'homme; le travail ajoute encore à la vertu. » Ces paroles : *Travaille, tu dois payer ta vie par tes travaux*, et celles-ci : *Le travail ajoute encore à la vertu*, devraient servir de devise à nos sociétés démocratiques. Oui, le travail est un devoir et une vertu; oui, il honore l'homme, au lieu de le rabaisser; mais il faut pourtant qu'il ne l'absorbe pas au point de lui interdire absolument toute culture d'esprit. Cela n'importe pas moins à la démocratie.

Le courage a encore d'autres occasions de s'exercer : contre la souffrance physique, qui est la condition de notre nature; contre la souffrance morale, à laquelle elle n'est pas moins condamnée; contre les disgrâces de tout genre, particulièrement celles de la vie publique (c'est peut-être là que le courage est le plus difficile à pratiquer). Dans tous ces cas, il faut que l'homme se dise à lui-même : *sois homme*. Tout le monde connaît cette parole de Sénèque : « Il n'y a pas de plus grand spectacle que celui d'un homme de cœur aux prises avec l'adversité », et tout le monde doit y applaudir; mais peut-être le stoïcisme, qui l'a inspirée, a-t-il trop exigé de l'homme. Il faut défendre à celui-ci le découragement, l'abattement, le désespoir, mais il ne faut pas lui interdire absolument les larmes : elles attestent et elles soulagent la sensibilité de son cœur. Ce mot de Virgile : *sunt lacrymæ rerum*, n'est-il pas profondément humain? Pourquoi voudrait-on que ces larmes de sympathie dont parle le poëte n'arrivassent jamais à nos yeux ?

Enfin contre la mort *sois homme*. Ou elle arrive comme le terme naturel de la vie, accepte-la, je ne dis pas sans regret, mais sans faiblesse ; ou elle est un sacrifice dont ton honneur te fait une loi, rappelle-toi alors ces paroles du poëte stoïcien :

> Summum crede nefas animam præferre pudori,
> Et propter vitam vivendi perdere causas (1).

Que les hommes soient armés de ce courage, et il n'y aura rien à craindre des entreprises du despotisme.

Je n'ai pas encore épuisé la liste des vertus que commande le devoir de se respecter soi-même et des vices qu'il proscrit. Il est une vertu qui est généralement regardée comme un devoir social, mais qui est aussi une vertu individuelle : la véracité, et particulièrement le respect de la parole jurée. D'abord il y a, comme l'a remarqué Kant (2), une sincérité envers soi-même qui est déjà un devoir : on cherche souvent à se tromper soi-même sur les mobiles de ses actions ; et, comme le dit ce grand moraliste, une fois le principe de la véracité ébranlé, le fléau de la dissimulation ne tarde pas à se répandre jusque sur nos relations avec les autres hommes. Mais même quand nous avons affaire aux autres, la sincérité est un devoir envers nous-mêmes en même temps qu'envers eux. « Le menteur, dit admirablement le même philosophe (3), est moins un homme véritable que l'apparence trompeuse d'un homme. » Que dire de celui qui ne craint pas de se parjurer pour servir ses intérêts ou satisfaire son ambition, et pour qui le serment n'est qu'un marche-pied qu'il rejette sans scrupule

---

(1) « Regarde comme l'infamie suprême de préférer la vie à l'honneur et pour sauver tes jours de sacrifier le bien qui donne du prix à la vie. » (Juvénal, trad. Eugène Despois, p. 121.)

(2) *Doctrine de la vertu*, p. 89 de ma traduction, et p. xxv de mon *Analyse critique* de cet ouvrage.

(3) *Ibid.*, p. 88.

quand il y trouve son avantage? Je ne sache point d'expression assez forte pour le flétrir. Quant au mal que de tels hommes peuvent causer à la démocratie, je n'ai pas besoin de vous en rappeler les exemples; vous les connaissez assez.

En général le respect de soi-même communique à l'homme, je ne dis pas l'*orgueil*, qui est un vice, mais une légitime *fierté*, qui n'exclut pas la modestie (dont je vais dire un mot tout à l'heure), mais qui repousse la *bassesse* ou l'esprit de *servilité*, et qui, en rendant les hommes capables de se tenir debout, place la démocratie au-dessus des atteintes du despotisme. Il y a un mot de Kant qu'il faudrait écrire sur le front de tous les courtisans: «Celui qui se fait ver peut-il se plaindre d'être écrasé? (1) »

III. — Mon troisième point était celui-ci: Travailler au perfectionnement moral de soi-même. Veiller sans cesse sur soi-même, chercher à se bien rendre compte de tous ses mobiles, s'appliquer à les élever et à les purifier toujours davantage, ne jamais croire que nous avons atteint la perfection, qui reste perpétuellement pour nous un idéal, mais travailler toujours à se rendre meilleur, voilà notre devoir sous ce rapport. Ici se place la *modestie*, qu'il faut bien distinguer de la *fausse humilité*. La première est une vertu inséparable de la conscience de notre infirmité morale, et qui est la condition même de tout progrès ultérieur: celui qui croirait avoir atteint la perfection se croirait aussi dispensé de tout nouvel effort; la seconde est un vice qui rabaisse l'homme et en fait un instrument au service d'un corps ou d'un chef (*perinde ac cadaver*), et qui par la même raison est contraire à l'esprit de la démocratie.

Le soin de l'âme, bien entendu, n'exclut point d'ailleurs celui du corps; il l'appelle au contraire. Ce n'est pas sans raison que Franklin a fait de la propreté une vertu, et c'est aussi

(1) *Doctrine de la vertu*, p. 101. « On n'écrase que les bêtes qui rampent », a dit Collé. (Voyez Bersot, *Études sur le* XVIIIe *siècle*, t. I, p. 297).

avec beaucoup de raison que les anciens qui avaient un sentiment si vif et si juste de l'harmonie de l'âme et du corps, ont
fait de la gymnastique, qui s'applique à rendre les corps
souples et robustes, une partie essentielle de l'éducation (1).
Mens sana in corpore sano, telle était leur devise ; cette devise
devrait être aussi celle de nos sociétés démocratiques (2).

Mais ne l'oublions pas non plus, le corps n'est que l'organe,
l'instrument de l'âme ; c'est l'âme, je veux dire l'ensemble de
ces facultés supérieures qui nous élèvent au-dessus des animaux, c'est cette partie de nous-mêmes (quel qu'en soit d'ailleurs le principe substantiel), qui doit être le dernier objet de
nos soins et de nos efforts ; et ceci m'amène à la conclusion de
cette leçon. Dégager, maintenir et développer toujours de plus
en plus en soi-même la dignité de la nature humaine, voilà le
premier point de la morale et voilà aussi le premier point de la
démocratie. Ainsi se fondera le *caractère*, sans lequel l'homme
n'est plus que le jouet de ses passions et tourne à tous les
vents, et sans lequel la démocratie à son tour devient la proie
de tous les vices qui dominent l'individu. Ainsi sera assuré le
règne de la liberté, de la liberté dans l'égalité, suivant la
formule que j'ai donnée de la véritable démocratie. Comme je
le disais en commençant, celui qui respecte en lui-même la
dignité humaine la respecte aussi chez les autres : il n'attente
donc point à leur liberté, de même qu'il ne leur permet pas
d'attenter à la sienne ; et, honorant en eux comme en lui le
titre d'hommes, il ne s'arroge sur eux aucun privilége contraire aux droits de l'humanité, à cette égalité, par conséquent, qui est, avec la liberté, le principe vital de la démocratie.

(1) Voyez *les Lois* de Platon, liv. VII.
(2) La **Suisse** du moins ne l'oublie pas. Au moment où j'ajoute cette note (26
juin 1867), il se célèbre, à Genève, une *fête fédérale de la gymnastique*, qui est
une véritable fête publique.

TROISIÈME LEÇON

LA MORALE DANS LA FAMILLE

Le mariage, les époux et particulièrement la femme

Nous avons vu ce que la morale exige de l'individu, et
combien les vertus qu'elle attend de lui importent à la démocratie, combien au contraire les vices opposés à ces vertus
sont particulièrement funestes à cette forme de société. Si
maintenant, au lieu de considérer la morale dans l'individu,
nous l'envisageons dans la famille, elle nous apparaîtra d'une
manière encore plus éclatante comme le fondement nécessaire d'une saine et solide démocratie. D'ailleurs, les vertus
mêmes où j'ai déjà montré les assises de la démocratie, c'est
à la famille qu'il appartient avant tout de les inculquer dans
l'individu : elles ne peuvent guère se former que par son
action; elle en doit être la première école. Quand donc je
montrais ce que doit être l'homme comme individu pour
pouvoir donner un fondement solide à la démocratie, je sup-
posais implicitement la coopération de la famille dans cette
formation de l'individu, qui n'est guère possible que par son
intervention, et c'est là précisément un des points que j'aurai
à toucher en parlant de la morale dans la famille. Mais, avant
d'envisager la famille dans son rôle éducateur et d'y montrer
le moyen d'atteindre le but que j'ai d'abord indiqué, il faut
la considérer dans sa constitution même, et, en relevant, soit

es vertus qu'exige cette constitution, soit les vices qu'elle repousse, faire voir de quelle manière ces vertus et ces vices intéressent et affectent la démocratie.

Cicéron, dans ce traité *des Devoirs* où il a résumé avec tant d'éloquence tout le travail de la morale antique, appelle la famille le principe de la cité et comme la pépinière de la république (*principium urbis et quasi seminarium reipublicæ*, l. I, c. XVII); c'est elle en effet qui forme le premier et le plus étroit lien de toute société humaine (*arctior colligatio*, ibid.), et l'on peut affirmer, ce que l'analyse qui va suivre mettra en évidence, que du respect de ce lien et des obligations qu'il impose dépend le bien de la cité, particulièrement de la cité démocratique et de l'humanité tout entière. Or la famille elle-même a son principe dans le mariage; elle n'existe que par lui.

L'homme et la femme ont besoin l'un de l'autre pour se compléter et se reproduire. De là l'attrait qui les entraîne l'un vers l'autre. C'est ce qu'exprime Platon (dans le *Banquet*) sous une image poétique en les représentant comme deux parties d'un même être, qui, séparées, cherchent à se réunir. L'attrait qui les pousse l'un vers l'autre est tout ensemble physique, esthétique et moral, c'est-à-dire qu'il dérive à la fois du besoin des sens, du sentiment du beau et de la sympathie des cœurs. Tel est le triple fil dont est tissé ce sentiment complexe qu'on appelle l'*amour*. La recherche exclusive du plaisir en dehors de l'amour est toujours pour l'homme et pour la femme une dégradation; aussi la langue flétrit-elle sous le nom de *libertinage* ce rapprochement des sexes formé uniquement en vue du plaisir des sens et qui se dissipe avec lui. Mais l'amour ne suffit pas encore pour moraliser leur union; c'est qu'il la laisse sous l'empire du caprice et qu'il expose à l'abandon les enfants qui peuvent en résulter. La langue a aussi un mot dégradant pour flétrir cette espèce de liaison qui s'affranchit de toute obligation positive. De quelque voile brillant que puisse se couvrir l'union des sexes dans l'humanité, cette union n'est réellement morale que dans le mariage. Ici l'homme et la femme s'engageant solennellement devant la société, qu'ils prennent pour témoin et pour garant de leur engagement, à vivre désormais l'un pour l'autre et à élever en commun les enfants auxquels ils donneront le jour, assurent leur dignité réciproque et sauvegardent l'avenir des fruits de leur union. Tel est en effet le double but du mariage : d'une part, en ramenant l'union de l'homme et de la femme à la règle morale, il la soustrait à l'empire de la bestialité et du caprice, empire également dégradant pour l'un et pour l'autre, mais particulièrement funeste à la femme ; et, d'autre part, il assure aux enfants les soins auxquels ils ont droit. Aussi le mariage accompagne-t-il le premier pas de l'humanité vers la civilisation. Les poëtes ou les philosophes de l'antiquité, quand ils chantaient ou décrivaient les commencements de la civilisation, sous quelque nom qu'ils la désignassent, ne manquaient pas de mettre le mariage en première ligne. «C'est toi, s'écrie Cicéron (dans une éloquente invocation à la philosophie (1), qui sera tout à fait exacte si on l'applique en général à la civilisation), c'est toi qui as enfanté les villes, qui as appelé les hommes épars à vivre en société, qui les as unis entre eux, d'abord par le lien du domicile, ensuite par celui du mariage (*conjugiis*).» L'établissement de ce lien est en effet le signe de l'élévation des hommes aux idées morales. Le relâchement ou le mépris du lien conjugal est au contraire l'accompagnement et la marque de la décadence des sociétés. On peut mesurer l'état moral et présager l'avenir d'un peuple par le cas qu'il fait du mariage.

On ne saurait nier que dans l'antiquité la sainteté du mariage n'ait été reconnue ; vous savez jusqu'où fut poussé à Rome, — je ne parle pas de la Rome des Césars, mais de celle

(1) *Tusculanes*, liv. V, chap. II.

de la République, — le respect du lien conjugal. «On ne craignait pas alors, dit l'historien Valère-Maxime (1), les regards d'un corrupteur pour la femme d'autrui; mais une pudeur mutuelle donnait au regard et à l'aspect un caractère de sainteté.» Mais, il faut le dire aussi, malgré ce respect du lien conjugal qui régna chez les anciens dans les beaux temps, une énorme lacune subsista parmi eux dans les idées et les mœurs relatives aux rapports de l'homme et de la femme. Alors même que le respect de la femme mariée et de la jeune fille destinée à devenir à son tour une chaste matrone était de rigueur, la pureté des mœurs n'était guère prescrite en dehors de ce cercle. «Il est permis, disent Plaute et le vieux Caton, d'aller par la voie publique; il est seulement défendu de passer par les fonds qui sont fermés (2).» L'esclavage, sur lequel reposait la cité antique, ouvrait d'ailleurs la plus large carrière au libertinage. Ce n'est pas que les philosophes de l'antiquité ne se soient élevés à l'idée de la chasteté absolue dans le rapport des sexes en dehors du mariage; les stoïciens enseignaient que la pureté pour l'homme est de n'abuser de la pudeur de personne et de se priver des plaisirs naturels tant qu'ils ne sont pas consacrés par le saint engagement du mariage. «Quiconque», dit l'un d'entre eux, un philosophe exilé par Néron, parce que ses leçons excitaient l'enthousiasme de la jeunesse (Tacite, *Annales*, XV, 71), Musonius Rufus, «quiconque désire ne pas être un voluptueux, un efféminé, ni un homme pervers, ne doit regarder comme des amours permis que ceux du mariage (3).» Sénèque et Épictète tiennent le même langage. Mais ces idées se développèrent assez tard, et elles ne furent jamais très-répandues dans la société antique. A cet égard, le christianisme (il serait très-injuste de le contester) a exercé une

---

(1) Voyez *Histoire des idées et des théories morales dans l'antiquité*, par J. Denis, t. II, p. 137.
(2) *Ibid*, p. 134.
(3) *Ibid.*

heureuse influence sur l'humanité, bien qu'aussi, pour tout dire, dans sa réaction contre le libertinage payen, il ait souvent dépassé le but. En prêchant, comme les stoïciens, mais avec une plus grande puissance, la chasteté, non-seulement dans le mariage, mais hors du mariage, et en faisant de cette institution la règle absolue de l'union des sexes, il a fortement concouru à purifier les idées et les mœurs relativement aux rapports de l'homme et de la femme, et à relever la condition de celle-ci, non-seulement dans la famille, mais dans la société.

Mais, en dépit de ses enseignements et malgré le progrès qui lui est dû, il s'en faut que le lien du mariage soit dans nos sociétés modernes, qui se piquent d'une si haute civilisation, aussi honoré qu'il devrait l'être. Quelles sont les causes qui détournent une aussi nombreuse partie de nos contemporains de ce devoir imposé par la loi morale à l'union des sexes? Il faut avoir le courage de dévoiler nos plaies, afin d'y chercher le remède.

Une première cause, c'est la dépravation même qui résulte de la misère. Le défaut de culture morale qui est la conséquence de ce fléau, et cette autre conséquence déplorable, la promiscuité qu'entraîne l'exiguïté du logement (une seule chambre, quelquefois même un seul lit pour toute une famille) chassent la pudeur et accoutument à regarder les rapports sexuels comme chose moralement indifférente. La fille se donne sans scrupule au compagnon qui lui plaît, ou se vend sans honte à l'homme qui veut la payer. Que de *filles-mères* ne voit-on pas parmi les classes pauvres! Et que de filles qui se prostituent au premier venu pour quelque argent! La dépravation résultant de la misère les a façonnées tout exprès pour ce vice, et la misère elle-même les y pousse. C'est elle qui recrute en grande partie les hideuses phalanges de la prostitution (1).

(1) « Parent-Duchatelet atteste que sur trois mille créatures perdues, trente-cinq seulement avaient un état qui pouvait les nourrir, et que quatorze cents avaient été

Ce n'est pas toujours la misère, d'ailleurs, même parmi les classes pauvres, qui conduit au libertinage ; c'est aussi un certain goût d'indépendance illégitime provenant d'ordinaire d'un manque d'éducation morale : on vit ensemble, mais en se réservant de se quitter, dès que cela ne conviendra plus, pour former une autre liaison ou vivre seul. Et les enfants? Ils deviennent ce qu'ils peuvent.

C'est encore, chez les femmes, l'amour de la parure ou du luxe, non réglé par le principe moral. Combien de filles se sont perdues par là !

Mais, s'il y a des filles qui se vendent, c'est qu'il y a des hommes pour les acheter ; et si la misère est, comme je l'ai rappelé, une cause de dépravation, la richesse en est une aussi, quand elle n'est pas relevée par des principes moraux, car elle donne aux hommes les moyens de satisfaire tous leurs caprices. Combien de fils de famille, au lieu de profiter de leur fortune pour faire le bonheur d'une jeune fille digne d'être aimée, l'emploient à payer les charmes de viles créatures, et, à la place du bien qu'ils pourraient faire, encouragent et entretiennent l'immoralité !

Voilà le mal. Je n'ai fait que l'indiquer et en signaler les principales causes. Que faire à cela? Il doit y avoir une réponse à cette question. Je veux l'indiquer aussi. Combattre la misère et par là rendre la vie aux sentiments moraux qu'elle étouffe ; éveiller et raviver chez tous l'idée de la dignité, de la sainteté du mariage ; rappeler la femme au respect d'elle-même et l'homme au respect de la femme, particulièrement l'homme riche au respect de la femme pauvre, et pour cela flétrir plus sévèrement le corrupteur que la victime, tandis que c'est aujourd'hui le contraire qui a lieu ; voilà la tâche à poursuivre, et cette tâche est d'autant plus essentielle dans la

precipitées dans cet horrible vice par la misère ! Une d'elles, quand elle s'y résolut, n'avait pas mangé depuis trois jours ! » Voyez Legouvé, *Histoire morale des femmes*, p. 322.

démocratie que celle-ci, ayant besoin de s'appuyer sur le principe de la dignité humaine, souffre davantage de tous les outrages faits à ce principe. D'ailleurs, n'est-ce pas en général la fille du peuple, c'est-à-dire la classe même que la démocratie doit s'appliquer à relever, qui sert de proie au libertinage; et par conséquent ce vice ne la touche-t-il pas tout particulièrement? Enfin, le progrès économique des sociétés démocratiques, en répartissant sur un plus grand nombre d'individus la richesse, qui, dans les sociétés aristocratiques, est le privilége d'un petit nombre de familles, met aussi à la portée d'un plus grand nombre les moyens de satisfaire leurs fantaisies, et par conséquent a besoin de trouver un plus large contre-poids dans la moralité populaire.

C'est malheureusement ce que n'ont pas compris certains écrivains du dernier siècle, qui voulaient travailler à l'émancipation de l'humanité, et certains réformateurs de notre temps qui se sont proposé pour but d'améliorer le sort du peuple. Parce que la pudeur est un sentiment qui a besoin d'être développé par l'éducation, et parce que le mariage est une institution garantie par la société civile et consacrée par la religion, les écrivains du xviiie siècle auxquels je fais allusion ont pensé que c'étaient là des choses de convention; et ils n'ont pas vu qu'en croyant ramener sur ce point l'humanité à la nature, ils la ramenaient à l'animalité. Ce n'est pas ainsi que Rousseau entendit le *retour à la nature* : il s'est éloquemment élevé contre ces sophismes et contre la corruption dont ils étaient d'ailleurs l'effet plutôt que la cause; et il a entrepris de relever dans les âmes l'idée de la sainteté du mariage (1). Dans notre siècle, certains réformateurs ont cru que le meilleur moyen de remédier aux débordements des passions, c'était de donner à celles-ci un libre cours : ils ont inventé la *papillonne* ou l'*alternante* et la *femme libre*. Pour supprimer

____

(1) Voyez mon *Histoire des idées morales et politiques en France au* xviiie *siècle,* t. II, p. 187 et suiv.

le désordre dans la société, Fourrier ne trouve rien de mieux que d'effacer la limite qui jusqu'ici l'a séparé de la règle; il ne s'aperçoit pas qu'universaliser le vice n'est pas le détruire. « La liberté amoureuse, écrit-il dans sa *Théorie des quatre mouvements*, transforme en vertus la plupart de nos vices, comme elle transforme en vices la plupart de nos gentillesses. On en établit divers grades dans les unions amoureuses». Je vous fais grâce de ces grades, qui permettent à chaque femme d'avoir plusieurs maris de divers degrés, et à chaque homme d'avoir plusieurs femmes, de divers degrés aussi, et qui constituent ce que l'auteur de ce beau système appelle des *ménages progressifs;* je me borne à rapporter cette naïve remarque, que « cette liberté, en ouvrant la carrière aux plaisirs, l'ouvre de même aux mœurs qui en font le charme. » Je ne pense pas d'ailleurs que des théories dont l'immoralité s'accuse si franchement aient jamais exercé une grande influence, ni qu'elles aient jamais pu être un danger public, comme on a tant affecté de le croire en 1848. Là n'est pas le principe du mal; il est dans les causes que j'ai signalées tout à l'heure. Mais ce qu'il importe de remarquer, c'est que ces sortes de théories vont précisément contre le but que poursuivent leurs auteurs : ils veulent relever la condition de la femme dans la société, et ils commencent par la dégrader. Je continue.

La même loi qui exige que l'homme et la femme élèvent leur liaison à la dignité du mariage, exige aussi que cette union, une fois contractée, soit respectée par eux-mêmes comme une chose sacrée. Ce respect réciproque du lien conjugal est l'essence même du mariage, et le devoir est le même de part et d'autre. Les conséquences de l'adultère peuvent être plus graves chez la femme, mais ce ne sont pas seulement les conséquences possibles d'un acte qui en font la faute. Il faut que le mari puisse compter sur la fidélité de sa femme : comme le dit très-bien Jean-Jacques Rousseau (*Émile*, liv. V),

« S'il est un état affreux au monde, c'est celui d'un malheureux père qui, sans confiance en sa femme, n'ose se livrer aux plus doux sentiments de son cœur, qui doute en embrassant son enfant s'il n'embrasse point l'enfant d'un autre, le gage de son déshonneur, le ravisseur du bien de ses propres enfants » ; cela est juste, mais il faut aussi que la femme puisse compter sur la fidélité de son mari : si l'état du mari dont vient de parler Rousseau est affreux, est-ce que celui de la femme qui se voit payée de son amour et de sa vertu par la trahison, et qui perd la confiance et l'estime dont elle entourait son mari, est-ce que cet état n'est pas tout aussi affreux, et Rousseau a-t-il raison d'établir une différence dans la rigidité des devoirs relatifs des deux sexes ? Non, l'infidélité du mari n'est pas, aux yeux de la morale, moins coupable que celle de la femme ; peut-être même l'est-elle souvent davantage.

La fidélité réciproque est donc la loi même du mariage ; d'où vient que cette loi est si souvent violée ?

Une des principales causes réside dans la manière même dont se font les mariages, je veux dire dans l'indifférence à l'endroit des *conditions morales* de cette union. Il s'agit de faire en quelque sorte de deux personnes une seule, de former de deux parties diverses un tout moral où elles se complètent réciproquement ; il semble donc que la première chose à rechercher, ce soit la sympathie des âmes et des caractères ; mais c'est justement la dernière dont on s'occupe. Les considérations de rang et de fortune dominent tout le reste. Je ne dis pas que cela soit universellement ainsi ; je dis que cela est trop souvent ainsi.

Vous savez ce qu'était devenu le mariage dans la société aristocratique du dernier siècle, sous le règne de la monarchie absolue. L'adultère était à la mode dans ce monde-là ; chacun allait de son côté, et, s'il y avait encore quelque fidélité dans les rapports des sexes, elle était pour l'amant ou pour la maîtresse. Ainsi une grande dame que Rousseau a rendue célèbre, Mme d'Houdetot, se montra toute sa vie fidèle à son amant, Saint-Lambert, pendant que son mari, M. d'Houdetot, restait fidèle à la dame qu'il aimait, ce qui lui faisait dire: « Nous avions, Mme d'Houdetot et moi, la vocation de la fidélité; seulement il y avait un malentendu. » Il y avait en effet un malentendu entre eux, et ceci nous révèle en général la cause du désordre que je signale. Leur mariage n'avait été qu'un *mariage de convenance* : Mme d'Houdetot avait été mariée « presque sans s'en apercevoir » (selon l'expression de Mme d'Epinay), mais suivant les convenances voulues, à un homme qui, sans l'aimer, — il en aimait une autre — l'épousa suivant ces mêmes convenances. Et c'est ainsi que se faisaient ordinairement les mariages aristocratiques : on n'avait égard qu'au rang et à la fortune, sans se soucier du reste. Le mariage était arrêté d'avance d'après les convenances extérieures, sans même que les futurs époux se connussent : la jeune fille sortait du couvent pour épouser le mari qu'on lui avait choisi ; et le mari, gardant sa maîtresse ou ne tardant pas à en prendre une nouvelle, donnait à sa femme un exemple bientôt suivi. Joignez à cela les sophismes d'une mauvaise philosophie alors trop répandue dans la société, et joignez-y encore, outre l'action générale des institutions régnantes, les exemples même qui descendaient du trône (les solennels adultères d'un Louis XIV et d'un Louis XV), et vous ne serez pas étonnés du désordre dont les mémoires et les écrits de ce temps nous retracent le scandaleux tableau. Turgot s'étonnait au contraire que le nombre des mauvais ménages ne fût pas encore plus considérable, et il en concluait qu'il fallait que l'homme eût une bonté naturelle au-dessus de toutes les mauvaises institutions (1).

De nos jours, dans la société telle que l'a faite la Révolution française, les considérations de naissance ou de rang jouent

_____

(1) Voyez *Turgot*, par Dupont de Nemours, p. 419.

un moindre rôle ; il y a là un progrès dans le sens démocratique, et ce progrès ne fera que croître à mesure que la société, en se démocratisant toujours davantage, rapprochera de plus en plus les rangs autrefois si profondément séparés ; mais la considération de la fortune, de la *dot* et de ce que l'on appelle si odieusement les *espérances*, domine trop souvent les considérations morales. Trop souvent le mariage est une *affaire d'argent*. Un épicurien de ma connaissance, resté vieux garçon, avait coutume de demander quand on lui annonçait le mariage de quelque camarade : «Dans quel prix se marie-t-il ?» C'est ici surtout que se fait sentir l'un des fléaux de notre époque, l'un des plus grands dangers qui menacent la démocratie, je veux dire la prédominance des intérêts matériels, la préoccupation exclusive du bien-être, l'amour désordonné du luxe, le désir effréné de briller, en un mot le culte du veau d'or. Le mariage lui-même, le plus grand et le plus délicat des actes de la vie, est devenu un moyen de satisfaire ce goût dominant : on met l'argent en première ligne ; le reste, c'est-à-dire l'essentiel, l'esprit, le cœur, la figure même, ce miroir de l'âme, tout ce qui peut exciter et entretenir l'amour et assurer le bonheur dans le mariage, tout cela est regardé comme chose accessoire et volontiers sacrifié. Aussi suis-je à mon tour étonné que, de la façon dont les hommes se marient, ils ne fassent pas plus souvent encore mauvais ménage.

Il est vrai que cette préoccupation de la *dot* et des *espérances* chez les hommes a en quelque sorte sa raison d'être dans la manière même dont les femmes sont élevées ; il semble qu'on s'évertue à développer en elles, au lieu des qualités solides, les qualités frivoles, ou même de véritables vices, tels que le goût de l'oisiveté et l'amour du luxe. Avec des femmes élevées ainsi, la dot, une forte dot, est indispensable si même elle est suffisante ; car ce n'est pas tout à fait un paradoxe que cette parole de Michelet dans son livre du *Peuple* (p. 298) : «Voulez-vous vous ruiner? épousez une femme riche. » Elles-mêmes, par l'effet d'une telle éducation, refoulant dans leur cœur les sentiments les plus naturels, les plus doux et les plus élevés, cherchent moins dans leur mari les qualités qui rendent un homme digne d'être aimé que les avantages de la fortune. Un poëte populaire, sur le compte duquel j'aurais d'ailleurs beaucoup de réserves à faire, si c'était ici le lieu, Béranger a très-heureusement exprimé dans une petite pièce ce travers de notre temps. Elle est intitulée *Le rêve de nos jeunes filles*. Ce rêve-là n'est certainement pas celui de toutes nos jeunes filles, mais c'est certainement celui d'un trop grand nombre. Je veux vous le redire à ce titre.

Le poëte représente une jeune fille dormant à l'heure de midi sur les coussins de son boudoir, et il se demande..., mais laissons-lui la parole :

> Un songe vient du bout de l'aile
> Effleurer ce lac endormi.
> Quel sentiment s'éveille en elle?
> Son corps se soulève à demi.
>
> . . . .
>
> Peut-être aux pieds de cette Laure
> Un nouveau Pétrarque a chanté.
> Fière du chantre qui l'adore,
> Elle embellit sa pauvreté.
>
> Peut-être au ciel s'envole-t-elle?
> Du ciel son âge a souvenir.
> Au toit natal c'est l'hirondelle
> Que le printemps voit revenir.
>
> Ma dormeuse enfin se réveille.
> Son cœur bat à rompre un lacet.
> — Que murmurait à ton oreille
> Le bon ange qui te berçait?
>
> — Le sort me faisait ses largesses.
> De bonheur je poussais un cri
> Dans l'enivrement des richesses
> Que m'apportait.... un vieux mari.

Devant ce rêve du jeune âge,
Adieu nos rêves d'avenir !
L'enfant en remontre au vieux sage ;
L'or aujourd'hui vient tout ternir.

Le remède au mal que je viens de signaler, il est dans la main des mères : il ne s'agit que de relever l'éducation morale de la jeune fille et de la préparer par là à son rôle de femme. Alors, même pauvre, elle sera une richesse pour son mari, tandis qu'aujourd'hui, même riche, elle est souvent pour lui une cause d'embarras dans la maison, et, faut-il ajouter encore, un mauvais génie dans la vie publique, une conseillère de lâches résolutions. Je reviendrai sur ce dernier point.

Voyons maintenant quel est le rôle de la femme comme épouse. Il faut le décrire pour compléter l'idée que j'ai commencé à esquisser du mariage et des vertus conjugales. Ce rôle s'exprime d'un mot : elle doit être la compagne de son mari ; mais il faut bien comprendre la portée de ce mot.

Elle est son égale en tant que personne morale, douée comme lui d'intelligence, et capable comme lui de moralité. A cet égard les mœurs et la législation, même dans les pays démocratiques, ont encore plus d'un progrès à faire. La démocratie repousse la *femme libre* dont je parlais tout à l'heure, mais elle doit émanciper la femme de toute tutelle dégradante, et, au lieu de la traiter en mineure, la rétablir sur le pied d'égalité auquel elle a droit et sans lequel le mariage, gardant toujours l'empreinte de l'antique servitude, n'est pas tout ce qu'il doit être. Les hommes ont beau dire que

« Du côté de la barbe est la toute-puissance ; »

c'est là la *raison du plus fort*, mais la raison du plus fort, quoi qu'en dise le bon la Fontaine, n'est pas toujours la meilleure.

Mais, si je repousse la souveraineté qu'on veut réserver à l'homme, et si je réclame pour la femme l'égalité dans la communauté, je reconnais que, comme elle a ses qualités propres, elle a aussi sa fonction propre dans cette communauté.

La première partie de cette fonction, c'est, — je vais prononcer un mot bien prosaïque, mais qui exprime une chose bien essentielle, — c'est le soin du *ménage*. Cette chose si essentielle n'exclut pas d'ailleurs une certaine poésie. Oui, il y a une poésie du ménage. J'en prends à témoin les plus grands poëtes, depuis le chantre de l'âge héroïque qui représentait la fille du généreux Alcinoüs, Nausicaa, allant laver ses vêtements au bord du fleuve sur le conseil de Minerve (la déesse de la sagesse), jusqu'à l'auteur de *Werther* qui nous montre son héroïne Charlotte distribuant à ses jeunes frères des tartines de beurre ; et je puis même invoquer le témoignage des meilleurs philosophes, depuis Socrate jusqu'à Rousseau. Eux aussi se sont plu à célébrer cette poésie. Voyez, par exemple, comment Xénophon, dans le traité qu'il a consacré à *L'art du ménage* (*L'économique*), ou à ce qu'Étienne de la Boëtie, dans la traduction qu'il en a faite, appelle d'un mot la *ménasgerie*, voyez comment le disciple de Socrate fait parler son maître, racontant les leçons du sage Ischomachus à sa femme : « La belle chose à voir que des chaussures bien rangées de suite et selon leur espèce ; la belle chose que des vêtements séparés suivant leur usage ; la belle chose que des couvertures ; la belle chose que des vases d'airain ; la belle chose que des ustensiles de table ; la belle chose, enfin, malgré le ridicule qu'y trouverait un écervelé et non point un homme grave, la belle chose, dis-je, que de voir des marmites rangées avec intelligence et avec symétrie ! Oui, tous les objets sans exception, grâce à la symétrie, paraissent plus beaux encore quand ils sont disposés avec ordre. Tous ces ustensiles semblent former un chœur...(1). »

Cette poésie du ménage était en quelque sorte naturelle

---

(1) *Xénophon*, trad. Talbot, t. I, p. 164.

chez un peuple artiste comme le peuple grec, qui portait l'amour du beau dans les détails les plus vulgaires de la vie, et pour qui tout était art; mais il n'est pas besoin de remonter jusqu'aux anciens pour en retrouver la trace. Elle n'est pas devenue tout à fait étrangère à nos sociétés prosaïques, et vous pouvez la voir s'épanouir même parmi nos paysans, si peu artistes d'ailleurs. Entrez, par exemple, dans la maison d'une fermière de Normandie : voyez comme tout est propre et bien rangé ; voyez sur ce buffet si bien poli, ces assiettes, ces plats, ces pots de faïence ou d'étain, tous ces vases de divers genres, si brillants qu'on pourrait s'y mirer, et disposés avec tant de symétrie que, suivant l'expression de Xénophon, ils semblent former un chœur, et dites s'il n'y a pas là un genre de beauté qui, tout en charmant les yeux, inspire de la sympathie pour la femme qui tient si bien sa maison.

Bien tenir sa maison, c'est là en effet une fonction qui, sous une forme ou sous une autre, convient à toute femme. Les soins du ménage ne peuvent faire rougir qu'une sotte ou une fille mal élevée. Un de mes amis demandait un jour à une jeune personne, placée à table entre nous deux, si c'était elle qui avait fait un certain gâteau qu'il trouvait délicieux : « Je ne me mêle pas de ces choses-là », répondit la demoiselle d'un ton piqué. Ce n'est pas sans doute une vertu que de savoir faire des gâteaux, mais c'est en général une chose précieuse, même pour une demoiselle riche, que de s'entendre au ménage et de savoir au moins le diriger. Si la demoiselle dont je parle avait lu et goûté la *Ménasgerie* de Xénophon, elle n'eût pas été offensée de la question qui lui était adressée.

Mais je m'empresse d'ajouter que je ne veux pas borner là le rôle de la femme. Je n'accorderai pas à la sagesse de nos aïeux, citée par le Chrysale de Molière (*Les femmes savantes*, acte II, scène VII)

> Qu'une femme en sait toujours assez
> Quand la capacité de son esprit se hausse
> A connaître un pourpoint d'avec un haut-de-chausse ;

je veux au contraire que son esprit, suivant la belle expression du même personnage de Molière, *ait des clartés de tout ;* je veux qu'elle l'ait assez cultivé pour être en état de lire autre chose que des romans et de s'instruire elle-même toujours davantage, pour rendre sa conversation intéressante à son mari, enfin pour pouvoir à son tour diriger l'éducation de ses enfants.

On se défie beaucoup trop d'ordinaire de l'intelligence de la femme. Elle se distingue sans doute de celle de l'homme : j'accorde, en mettant à part les exceptions, qu'elle a, en général, moins d'étendue, de suite et d'impartialité (1), et qu'elle est, par là même, moins capable de s'appliquer aux sciences abstraites, comme les mathématiques, la métaphysique, la logique, etc., ou aux questions générales, comme celles de haute politique ; mais les sciences naturelles, mais l'histoire et la géographie, mais la morale pratique, mais les langues, mais la littérature, tout cela, enseigné comme il convient aux femmes, c'est-à-dire d'une manière propre à les intéresser et à les toucher (ce qui est, il est vrai, un art délicat et rare par conséquent), tout cela n'est pas au-dessus de leur sphère ; elles y montrent même souvent plus de facilité que les hommes. On se défie trop, je le répète, de l'intelligence des femmes, et c'est pour cela qu'on fait d'elles des créatures insignifiantes pour leurs maris, lesquels se voient ainsi souvent forcés, suivant l'expression de Rousseau, de se renfermer avec eux-mêmes. J'ajoute qu'on les rend aussi par là incapables de remplir dans la société bien des fonctions qui leur conviendraient admirablement, mais que jusqu'ici l'égoïsme des hommes s'est exclusivement réservées ; c'est là un point sur lequel nous aurons à revenir.

La culture de l'esprit n'exclut pas, d'ailleurs, quand elle est solide, le développement des qualités du cœur, et il faut

(1) Voyez Paul Janet, *La famille*, p. 32.

convenir que c'est surtout par là que la femme doit briller : là est son vrai trésor. Mais il ne suffit pas qu'elle ait le cœur bon, compatissant, charitable ; il faut aussi qu'elle l'ait élevé et fier, de telle sorte qu'elle puisse soutenir son mari dans l'adversité et dans les disgrâces de la vie, et qu'elle soit la première à l'encourager aux mâles résolutions. Malheureusement l'éducation qu'elles reçoivent les rendent souvent impropres à ce rôle : combien j'ai vu de filles d'Ève pousser leur mari à manger la pomme !

J'ai dit ce que doit être la femme comme *épouse ;* j'essayerai, dans la prochaine leçon, de tracer son rôle dans la famille en montrant en elle la *mère*, la première *institutrice* de ses enfants ; j'indiquerai plus tard son rôle dans la république. Quand elle saura s'élever à la hauteur de ce triple rôle, elle obtiendra le respect et plus aisément la fidélité de son mari ; celui-ci sera moins tenté d'aller chercher chez d'autres femmes ou parmi d'indignes créatures une distraction à l'insipidité du commerce d'une servante vulgaire ou d'une brillante poupée.

Rappelons-le en finissant : l'avenir de la démocratie est attaché à la sainteté du lien conjugal et au respect des lois du mariage. C'est donc là que nous devons porter nos efforts, et pour cela il est deux moyens qu'il convient surtout à une société démocratique (je ne dis pas pour cela à l'*État*) d'employer : l'un indirect, qui consiste à travailler autant que possible à l'*amélioration physique* du sort de la femme, en cherchant à l'arracher à la misère, à la retenir à la maison, à lui confier toutes les fonctions auxquelles elle est propre ; l'autre, direct, qui réside dans la *culture morale,* laquelle relèvera à la fois l'homme et la femme et les rendra capables de comprendre et de pratiquer dans toute son étendue la vertu conjugale. Je me borne ici à signaler ces moyens ; le développement s'en présentera en son lieu dans la suite de ce cours.

QUATRIÈME LEÇON

LA MORALE DANS LA FAMILLE (SUITE)

Les enfants. — Les domestiques.

Je n'ai encore parlé que du mariage, des époux et particulièrement de la femme comme épouse ; maintenant, pour
compléter l'étude que nous avons entreprise sur la morale de
la famille dans ses rapports avec la démocratie, il faut parler
des enfants, dont le soin forme précisément l'une des deux
grandes fins du mariage. Quels sont les devoirs des époux à
leur égard, ou des époux comme *parents* ? Voilà ce qu'il nous
faut d'abord examiner, en considérant, suivant le but même
de ce cours, l'observation ou l'omission de ces devoirs par
rapport à la démocratie.

Élever en commun les enfants, c'est là, ai-je dit, l'une des
grandes fins du mariage : il est précisément destiné à assurer
aux fruits de l'union de l'homme et de la femme les soins qu'ils
exigent pour ne pas périr et pour se développer ; c'est là,
par conséquent, une de ses grandes lois ; mais il faut bien
comprendre toute l'étendue de cette loi ou des devoirs qu'elle
prescrit.

Et d'abord, que veut dire cette expression *élever*, appliquée
à la nature humaine ? Elle ne signifie pas seulement donner à
l'enfant les *soins matériels* sans lesquels la vie physique s'étein-
drait en lui ou ne se développerait pas convenablement ; mais

elle signifie aussi et surtout lui donner les *soins moraux*, la culture morale, laquelle ne va pas sans une certaine culture intellectuelle, en un mot l'*éducation*, sans laquelle il resterait en quelque sorte à l'état d'enfance. Il faut faire de cet enfant un *être moral*, une *personne* digne de ce nom, c'est là le devoir absolu des parents. Par conséquent, donner à la petite créature qu'ils ont mise au monde la nourriture et les soins que réclame son corps ne suffit pas ; il faut qu'ils s'appliquent aussi à cultiver son âme, c'est-à-dire à développer ses facultés intellectuelles et morales. Que s'ils peuvent se faire aider dans cette tâche, ils ne doivent pas s'en décharger sur d'autres ; car c'est d'abord et surtout à la famille qu'elle appartient.

Malheureusement dans notre société (ce n'est pas là d'ailleurs un vice nouveau) le devoir que je rappelle ici est trop souvent négligé.

Ce vice tient, chez une grande partie de nos contemporains, à une cause dont j'ai déjà indiqué l'effet sur le mariage lui-même, je veux dire à la misère et à la dégradation morale qu'elle engendre. Comment un père et une mère, que l'indigence a retenus ou plongés dans cette dégradation, donneront-ils à leurs enfants une éducation morale dont ils n'ont pas même l'idée ? ils se tiennent pour trop heureux s'ils peuvent leur procurer un morceau de pain, et se croient quittes envers eux à ce prix.

D'autres, qui ne peuvent être rangés parmi les indigents, mais qui n'ont d'autre ressource que leur travail quotidien, bornent trop souvent l'éducation de leurs enfants à l'*apprentissage :* ceux-là se croient quittes envers eux, quand ils leur ont fait apprendre un *métier* qui les mette en état de gagner leur vie. C'est quelque chose, mais ce n'est pas tout. Les dures nécessités de la vie sont sans doute, chez ceux dont je parle ici, un obstacle à la culture intellectuelle et morale des enfants; mais il y a un autre obstacle: c'est l'incurie.

D'autres (je parle maintenant des classes aisées, des familles riches ou qui travaillent à le devenir) négligent leurs devoirs à l'égard de l'éducation de leurs enfants, par deux raisons : l'une, qui agit plus particulièrement sur les hommes, la poursuite de la fortune, la fièvre des affaires ou la recherche des honneurs ; l'autre, qui agit plus particulièrement sur les femmes, mais qui a aussi son influence sur les hommes : la dissipation de la vie mondaine, de cette vie si vide et si fausse où tant de gens cherchent le bonheur, mais où ils ne trouvent que l'étourdissement. Ces deux causes, qui tiennent elles-mêmes au mal que j'ai signalé comme un des fléaux de notre temps et comme un danger redoutable, si l'on n'y prend garde, pour la démocratie, le culte des intérêts matériels, l'amour du luxe et de la parure ; ces deux causes, dis-je, rendent ceux qui s'en laissent envahir indifférents à l'endroit des idées morales et du développement de ces idées dans l'âme de leurs enfants. Au lieu d'élever, de former soi-même ses enfants comme il convient, ce qui exigerait qu'on se laissât un peu moins absorber par ses occupations extérieures ou par ses plaisirs, on remet ce soin à des mains étrangères.

C'est ce même vice que déplorait déjà, au temps de l'empire romain, l'auteur du *Dialogue des orateurs*. « Autrefois, disait-il (chap. XXVIII, § 29), le fils né d'une mère chaste n'était point élevé dans la maison d'une nourrice qu'on achetait, mais dans le sein et entre les bras de sa mère, qui mettait sa principale gloire à veiller sur son intérieur et à se dévouer à ses enfants. Aujourd'hui, l'enfant vient à peine de naître, qu'il est confié à une esclave grecque, à laquelle on adjoint un autre esclave, quel qu'il soit, et c'est ordinairement le plus méprisable, celui qui ne peut remplir aucun emploi sérieux. » Voilà ce qu'était devenu le soin des enfants dans les grandes familles romaines à l'époque des Césars. Au XVIIIe siècle, dans ces familles aristocratiques dont je rappelais l'autre jour les mœurs conjugales, on n'avait pas d'esclaves sur qui l'on pût se débarrasser de ce soin ; mais on remettait ses fils à des précepteurs ordinairement fort ignorants et que l'on ne traitait guère autrement que des domestiques, et ses filles à des gouvernantes encore moins éclairées et qu'on ne traitait pas mieux ; ou bien on les ensevelissait dans des couvents, d'où elles ne sortaient, quand elles en sortaient, que pour épouser l'homme qui leur avait été choisi et entrer de plain-pied dans un monde auquel elles n'étaient nullement préparées. Le mal que je déplore n'est donc pas nouveau ; mais, comme beaucoup d'autres vices de l'ancienne aristocratie, il s'est étendu en se répandant dans la bourgeoisie. Les couvents, supprimés en France par un décret de l'Assemblée nationale du 13 février 1790, mais rétablis par le premier Empire et devenus, sous le second, plus nombreux qu'avant la Révolution (1), ou des pensionnats qui ne valent guère mieux, servent encore à débarrasser un grand nombre de parents du soin d'élever leurs filles ; et les colléges leur rendent le même triste service pour leurs fils. Ils se croient quittes, ceux-là, en payant des frais de pension et en amassant de l'argent pour les enfants qu'ils ont exilés de leur maison ; mais ils sont coupables en négligeant le premier et le plus important de tous les devoirs.

Je viens de parler des colléges. Les États qui offrent aux parents des internats, comme ces casernes d'enfants que l'auteur du 18 brumaire substitua aux écoles centrales créées par la Révolution, et qui n'ont pas péri avec lui, ces États encouragent par là le vice que je signale. On dira que, si l'État n'entretenait pas de colléges d'internes, les familles recourraient aux pensions particulières, qui valent encore beaucoup moins ; mais au moins l'État ne se ferait point le complice de la faute des familles. Il s'agirait d'ailleurs de savoir

(1) Voyez *Les Congrégations religieuses*, enquête par Charles Sauvestre. Paris, 1867.

s'il ne serait pas possible de former, surtout en l'absence de la concurrence de l'État, des pensions particulières où les enfants seraient mieux élevés que dans les colléges ; et c'est ce dont je ne doute pas pour ma part. Que l'État fasse faire des cours qui répandent et élèvent l'instruction, à la bonne heure ; mais il n'est pas apte à donner autre chose que l'instruction, ou l'éducation qui résulte de l'instruction elle-même ; l'*éducation* proprement dite est l'affaire et doit être l'œuvre de la famille. Je reconnais qu'il peut y avoir des cas où les parents se trouvent forcés de se séparer de leurs enfants et de confier à d'autres le soin de les élever. Il n'y a pas de règle sans exception ; je suis donc prêt à admettre toutes les exceptions nécessaires, mais à condition que les exceptions ne deviendront pas la règle même. La règle, c'est d'élever soi-même ses enfants, sans doute avec le concours de maîtres publics ou particuliers, mais sans abandonner à d'autres le soin de leur culture morale, c'est-à-dire l'essence même de l'éducation.

Mais il est un point dont il faut en même temps se bien pénétrer : c'est que cette éducation morale, qui doit être l'œuvre propre des parents, ne doit pas consister seulement à enseigner aux enfants, même sous la forme qui convient à leur âge, les *préceptes de la morale*, mais aussi et surtout à leur inculquer des *habitudes morales*. Aristote, qui fut un des plus grands moralistes en même temps qu'un des plus grands philosophes de l'antiquité, Aristote a défini la vertu elle-même une habitude : elle est, suivant les termes excellents par lesquels il explique sa définition (*Morale à Nico-maque*, II, V), « cette manière d'être morale qui rend un homme bon, qui en fait un homme de bien, et en vertu de laquelle il saura bien accomplir l'œuvre qui lui est propre ». A la vérité, un autre grand moraliste, Kant, repousse cette définition, que « la vertu est une habitude d'agir conformément au devoir », parce que la vertu, sous peine de perdre son caractère moral, ne doit pas être quelque chose de mécanique; mais il ajoute ceci : « Ce n'est point dans l'habitude d'agir, mais dans celle de se déterminer à agir par la seule idée de la loi morale qu'il faut chercher la vertu (1); » et il reconnaît ainsi à son tour que la vertu peut être une habitude. Sans doute, la vertu ne doit pas être quelque chose de mécanique : elle perdrait alors, comme le remarque Kant, son caractère de force morale (*virtus*); mais il faut aussi, comme Kant le reconnaît lui-même, que l'usage de cette force nous devienne en quelque sorte familier, de manière à nous rendre toujours plus facile et plus sûr l'accomplissement du bien; et ainsi la pensée de Kant peut parfaitement se concilier avec celle d'Aristote. Mais, si la vertu est une habitude, il importe que cette habitude soit acquise de bonne heure. J'ajouterai même que les bonnes habitudes, dussent-elles être, comme le veut la nature elle-même, un peu mécaniques à l'origine, n'en seraient pas moins un excellent fonds à établir d'abord pour y cultiver ensuite la vertu (elles-mêmes deviendront plus tard des vertus à leur tour en prenant un caractère moral), et que, par conséquent, il faut s'appliquer à les inculquer aux enfants sans craindre le *mécanisme*, qui est de leur âge. Il suit de là que le premier effort de l'éducation doit être, non d'exposer aux enfants des préceptes, des maximes, surtout des maximes, des préceptes abstraits qu'ils ne comprendraient pas, mais de faire naître en eux et d'y développer les bonnes habitudes, les *habitudes morales*.

C'est ce que Turgot exprimait parfaitement dans une lettre adressée à l'auteur des *Lettres péruviennes*, Mme de Graffigny, où il critiquait avec beaucoup de justesse le système d'éducation morale alors et depuis pratiqué, et, dix ans avant l'*Émile* de Rousseau (1751) exposait des idées et parlait en des termes qui semblent empruntés à cet auteur. L'une des

---

(1) Voyez *Doctrine de la vertu*, p. 56 de ma traduction. — Cf. p. xv de mon *Analyse critique* de cet ouvrage.

raisons qui expliquent, selon lui, l'impuissance de l'éducation, dont la force devrait être si grande, « c'est que l'on se contente de donner des règles, quand il faudrait faire naître des habitudes ». Il explique ainsi sa pensée : « On a grand soin de dire à un enfant qu'il faut être juste, tempérant, vertueux; et a-t-il la moindre idée de la vertu? Ne dites pas à votre fils : soyez vertueux, mais faites-lui trouver du plaisir à l'être; *développez dans son cœur le germe des sentiments que la nature y a mis.* » Ne croiriez-vous pas entendre Rousseau lui-même? Turgot ne nie pas, d'ailleurs, la nécessité des idées abstraites et générales; mais il ne pense pas qu'elles soient à leur place dans l'éducation ordinaire : il veut qu'elles viennent aux enfants comme elles sont venues aux hommes, par degrés et en s'élevant depuis les idées sensibles jusqu'à elles. Je suis de cet avis; et, si j'admets qu'on fasse intervenir les règles dans l'éducation des enfants, c'est à la condition qu'à côté du précepte on place en quelque sorte, sous leurs yeux, l'exemple et l'application, ou mieux encore qu'on les conduise de l'exemple et de l'application à la règle. C'est de cette manière seulement qu'ils arriveront à comprendre cette règle, et qu'ils apprendront à la pratiquer.

Mais pour cela deux conditions sont encore nécessaires.

La première et la plus importante, c'est que les parents donnent eux-mêmes à leurs enfants le modèle des vertus qu'ils veulent leur inculquer. Autrement les plus belles paroles, même illustrées par les plus beaux exemples, étant contredites par la conduite des parents, ou ne seront pas comprises, ou n'auront aucune action : les enfants ne manqueront pas de remarquer cette contradiction, et ils feront fi, comme de vains discours, des leçons qu'on voudra leur donner. Si, au contraire, les actions viennent confirmer les paroles, elles leur donneront un sens aux yeux de l'enfant et elles auront sur lui une réelle influence. Vous savez d'ailleurs combien les enfants sont portés à l'imitation; aussi leur moralité future dépend-elle le plus souvent de celle de leurs parents : c'est sur le modèle de celle-ci que se forme celle-là. De là ces vertus qui semblent se transmettre de père en fils, et de là aussi ces vices en quelque sorte héréditaires. Il y a des familles où se perpétue de génération en génération comme une atmosphère de vertu ; dans d'autres, au contraire, l'atmosphère du vice altère, si je puis parler ainsi, les organes moraux de ceux qui ont le malheur de naître dans ce milieu, comme l'air insalubre de certaines régions vicie les organes physiques de leurs habitants. Il faut donc que les parents prêchent d'exemple ; c'est là le premier point. C'est encore ce que Turgot avait parfaitement exprimé, en regrettant que ce point ne fût pas mieux pratiqué : « Le gros de la morale, disait-il à ce sujet, est assez connu des hommes ; mais toutes les délicatesses de la vertu sont ignorées du grand nombre ; ainsi la plupart des pères donnent sans le savoir et même sans le vouloir de très-mauvais exemples à leurs enfants. » La famille ne sera une véritable école de morale pour les enfants qu'à la condition de l'être d'abord pour les parents.

Un autre point important pour développer chez les enfants les habitudes morales, c'est, tout en leur donnant soi-même l'exemple, de les mettre à leur tour à portée de pratiquer, dans la mesure où cela convient à leur âge, les vertus qu'on veut leur inculquer. C'est aussi ce que Turgot avait bien compris : «Mettez-le dans les occasions d'être vrai, libéral, compatissant ; comptez sur le cœur de l'homme ; *laissez ces semences précieuses de la vertu s'épanouir à l'air qui les environne.*» Ici encore on croirait entendre Rousseau. Celui-ci, de son côté, pose en principe que les leçons morales qu'on veut donner aux enfants doivent être plutôt en actions qu'en discours, parce que les enfants oublient aisément ce qu'ils ont dit ou ce qu'on leur a dit, mais non pas ce qu'ils ont fait ou ce qu'on leur a fait (1). Seulement il oublie parfois que,

(1) Cf. mon *Histoire des idées morales et politiques en France au* xviii° *siècle,* t. II, p. 164.

dans l'éducation de l'enfant, il ne doit rien y avoir d'apprêté et d'artificiel, mais que tout doit se présenter comme de soi-même et naturellement. Aussi je n'aime pas ces petites scènes qu'il arrange à l'usage de son élève et où il fait intervenir tantôt le jardinier de la maison, tantôt un joueur de gobelets, afin d'en tirer des leçons indirectes; car, comme l'a très-bien dit M. Villemain, dans son *Tableau de la littérature au* XVIIIe *siècle* (24e leçon), « ne sait-on pas que les enfants ont un mer-veilleux instinct pour démêler les petites ruses qu'on leur fait, et voir si l'on agit sérieusement avec eux? Quand ils surpren-nent l'artifice, c'est bien alors que l'éducation est perdue, et Rousseau, dans son plan, est toujours à côté de ce danger. »

Maintenant quel doit être le caractère de l'éducation morale pour répondre à l'esprit de la démocratie, c'est-à-dire à l'es-prit de justice et d'humanité? A cet égard il y a beaucoup à tirer de Jean-Jacques Rousseau, tout en se mettant en garde contre certaines exagérations.

Il faut d'abord s'appliquer à développer dans l'âme des enfants ces *vertus individuelles* sans lesquelles j'ai montré qu'il n'y a pas pour l'homme de dignité et que la démocratie manque de base. Il faut faire comprendre aux enfants que leur *valeur* est toute en eux-mêmes, et que si elle ne dépend plus, comme dans les sociétés aristocratiques, de la naissance et du rang, elle ne dépend pas davantage de la fortune, soit de celle qu'ont acquise leurs parents, soit de celle qu'ils pourront ac-quérir eux-mêmes; que cette fortune en effet n'a de mérite que par la manière dont on l'acquiert et par l'usage qu'on en fait, et que c'est là par conséquent ce qui doit être leur premier souci. Ceci est un point capital dans une société où la fortune tend à usurper la considération qui s'attachait naguère à la naissance et au rang, et a créé un orgueil bien plus odieux que celui de la noblesse, l'orgueil de l'argent; où, d'une part, la facilité de s'enrichir sans travailler, au moyen des jeux de bourse et de toutes sortes de spéculations, et de l'autre, les jouissances que procure la richesse, luxe, luxure, plaisirs mondains, excitent de si nombreuses et si ardentes convoitises, où enfin le culte du veau d'or dégrade tant d'âmes. Prémunissez vos enfants contre ces vices en relevant chez eux, par vos propres exemples, en même temps que par vos leçons, le sentiment de la dignité humaine, qui ne repousse pas la richesse, le luxe et les plaisirs, mais qui les met à leur place et n'en fait pas le but même de la vie. *Sursum corda*, telle devrait être la devise de l'éducation.

En second lieu, développez en eux les *vertus de famille*. Inspirez-leur, quant au présent, le *respect* et l'*amour* pour vous, et, à cet effet, rendez-vous respectables à la fois et aimables pour eux : vous conquerrez ainsi leur estime et leur confiance ; puis l'amour et le dévouement entre eux : quoi de plus beau et de plus salutaire que l'union des frères et des sœurs ! quoi de plus odieux, au contraire, et de plus funeste que leur discorde ! « Famille, » s'écrie justement Saint-Lambert dans son *Catéchisme philosophique*, où il y a sans doute beaucoup à reprendre, mais aussi quelque chose à prendre, « famille, vous êtes un tout qu'on affaiblit quand on le divise ; que vos cœurs soient unis, afin que vos père et mère puissent se dire à leur dernière heure : aucun ne sera sans appui. » Préparez-les en outre aux vertus qu'ils auront à pratiquer un jour comme époux et comme parents, et dont ils trouvent en vous l'exemple dès à présent ; et par cette éducation resserrez autant qu'il est possible les liens de famille qui tendent si fort à se relâcher. Outre les causes que j'ai déjà eu occasion d'indiquer, comme chez les uns la misère ou au moins l'absorption de l'éducation par l'apprentissage, chez les autres, l'amour toujours croissant du lucre et du luxe, et en général le progrès de l'indifférence morale, outre ces causes, l'esprit même de liberté que développe la démocratie, a pour effet, quand il n'est pas guidé par l'esprit de moralité, de concourir au relâchement des liens de

la famille. Il faut donc prévenir autant que possible ce funeste abus. C'est précisément d'ailleurs dans la société démocratique qu'il importe le plus de resserrer les liens de la famille. Car moins cette société a de liens hiérarchiques, plus il est nécessaire que ceux de la famille aient de force et forment un noyau compacte qui empêche la société de se résoudre en poussière.

Enfin inculquez à vos enfants les *vertus sociales* qui achèveront d'en faire des hommes et en feront du même coup des citoyens : d'abord le respect des droits d'autrui, ou l'*amour de la justice*, c'est-à-dire précisément le sentiment auquel le cœur des enfants est le plus enclin (rien ne les révolte plus aisément que l'injustice dont ils sont les victimes ou les témoins) ; puis l'*amour de l'humanité*, ou, pour employer une expression . moins abstraite et qui convienne mieux à cet âge, l'*amour des hommes*, ce que la langue chrétienne appelle la *charité* ou ce que la langue philosophique du xviii° siècle a nommé la *bienfaisance* (les mots importent peu, pourvu que la chose y soit). Ces vertus ne seront elles-mêmes complètes que si vous développez en eux l'*esprit d'égalité* et l'*esprit de fraternité*, qui, avec l'*esprit de liberté*, sont précisément les principes vitaux de la vraie démocratie. Accoutumez donc votre enfant à ne pas mépriser les autres enfants ou les hommes moins bien vêtus et moins heureux que lui, mais à les respecter et à les aimer comme ses égaux et comme ses frères dans la grande famille humaine. « Faites en sorte, dit admirablement Rousseau, qu'il ne se place dans aucune classe, mais qu'il se retrouve dans toutes. » Ainsi l'éducation sera vraiment démocratique : elle exclura toute idée de supériorité qui ne se fonde pas sur le mérite personnel et la délicatesse des sentiments, et elle fera les hommes que réclame la démocratie.

J'ai parlé jusqu'ici d'une manière générale du rôle des parents dans l'éducation de leurs enfants ; mais quelle doit être au juste la part du père et celle de la mère dans cette éducation ? Le père et la mère se partageront-ils les enfants, le père se chargeant exclusivement de l'éducation des fils, et la mère de celle des filles ? Il faut reconnaître que la première convient plus particulièrement au père, et la seconde à la mère ; aussi n'y a-t-il guère de plus grande infortune pour une jeune fille que de perdre sa mère : c'est un malheur irréparable et dont elle se ressentira toute sa vie, et ce n'est guère un moins grand malheur pour un jeune homme que de perdre son père. Mais s'il est vrai que la fille réclame surtout les soins et les conseils de la mère, et le fils ceux du père, il ne l'est pas moins que l'éducation, pour être parfaite, doit être l'œuvre commune de l'un et de l'autre. Non-seulement il est bon que la mère vienne tempérer la sévérité et la rudesse du père, et le père, l'excessive indulgence ou la faiblesse naturelle de la mère ; mais la fille a beaucoup à gagner aux leçons de son père, et le fils à celles de sa mère. Ce que fait la nature elle-même en transmettant au fils quelque chose de la figure et du caractère de la mère, et à la fille quelque chose du caractère et de la figure du père, une sage éducation le doit faire aussi. La mère communiquera au fils quelque chose de la délicatesse féminine ; le père communiquera à la fille quelque chose de l'énergie virile, et ainsi se formera un heureux mélange qui, sans faire perdre à chaque sexe son caractère essentiel, en tempérera les excès ou en corrigera les défauts. Et ce mélange influera lui-même heureusement sur la société démocratique, qui ne doit être ni efféminée, ni grossière.

Je n'aurais pas complétement achevé cette étude sur la morale dans la famille, si je ne parlais des *domestiques*, qui, comme leur nom l'indique, font aussi partie de la maison, et dont la présence dans la famille impose à celle-ci de nouveaux devoirs. La transformation démocratique de la société a d'ailleurs amené dans les mœurs sur ce point des changements dont il importe d'étudier les effets, et elle soulève des problèmes qu'il faut examiner.

Je ne parle pas de l'*esclavage,* parce que la seule règle morale qu'on puisse invoquer ici, c'est de l'abolir comme un attentat à l'humanité. Il ne suffit pas de dire, comme certains philosophes de l'antiquité (Socrate, Platon, Cicéron), qu'il faut traiter les esclaves avec douceur, ni avec les docteurs chrétiens qu'il faut les aimer comme des frères; mais il faut dire avec les stoïciens et avec les philosophes du XVIII° siècle : *Il ne doit point y avoir d'esclaves.*

L'esclavage est en effet un *crime de lèse-humanité :* un homme ne peut être possédé et traité comme une chose ou comme un animal. Ni le droit de conquête, ni l'infériorité de la race ne sauraient justifier l'esclavage : le droit de conquête n'est pas un droit, et l'infériorité de la race n'empêche pas les nègres d'être des créatures humaines. C'est là une vérité si éclatante qu'on s'étonne que de nos jours, au milieu du XIX° siècle, il puisse y avoir encore des esclaves dans le monde civilisé et sur une terre démocratique. Mais patience, il n'est pas besoin d'être un grand prophète pour prédire que ce siècle ne finira pas avant que cette grande iniquité ait disparu de la terre. Un peuple, *un grand peuple qui se relève,* suivant le titre d'un généreux ouvrage récemment publié en faveur de l'affranchissement des esclaves, lutte en ce moment (1) pour faire disparaître cette barbarie, et il ne mettra point bas les armes qu'elle n'ait été effacée. Il en a malheureusement coûté la rupture des États-Unis, et il en coûte tous les jours des flots de sang : c'est là l'expiation de l'iniquité et la condition du progrès; mais le progrès s'accomplira. Il est déjà en partie accompli, à la grande confusion des partisans de l'esclavage (2); ce qui reste à faire ne tardera pas à sui-

(1) 23 janvier 1864.

(2) « Des hommes qui étaient esclaves au commencement de la rébellion, disait le message du président Lincoln du 8 décembre 1863, cent mille sont maintenant au service militaire des États-Unis; la moitié porte le fusil dans les rangs. Après l'épreuve il est difficile de dire qu'ils ne sont pas aussi bons soldats que les autres. Aucune insurrection d'esclaves, aucune tendance à la violence ou à la cruauté n'a signalé ces mesures d'émancipation et d'armement des noirs. »

vrc (1). On peut le dire en toute certitude : la cause est désormais gagnée.

Je ne parle pas non plus du *servage*, qui existait encore tout près de vous au temps de Voltaire (vous savez les efforts qu'il fit pour l'abolir dans le pays de Gex) (2), mais qui, depuis la Révolution française, n'a plus subsisté que chez des peuples encore enfoncés dans la barbarie du moyen âge, et dont, chez ces peuples mêmes, les derniers vestiges auront bientôt disparu. C'est encore là une cause gagnée; nous n'avons pas besoin de nous y arrêter. Passons donc à la *domesticité* telle qu'elle existe chez nous.

La domesticité, de nos jours, résulte d'un contrat librement consenti de part et d'autre, et de part et d'autre pouvant être à chaque instant résilié. Le domestique s'engage à faire, moyennant un salaire, le logement, la nourriture, etc., soit tout l'ouvrage d'une maison, soit une partie de cet ouvrage, et il est tenu, aux termes mêmes de ce contrat, d'obéir à son maître pour tout ce qui est de son service; mais aussi son maître est tenu de remplir les engagements qu'il a contractés envers lui. Chacun d'eux, d'ailleurs, reste libre de quitter l'autre : si le maître peut toujours congédier le serviteur, le serviteur peut aussi quitter le maître, quand bon lui semble. La liberté, c'est-à-dire le premier des droits de l'homme, est donc ici sauvegardée.

Mais, pour que la morale soit pleinement satisfaite, il ne suffit pas que le droit strict soit observé. Or, il y a bien à dire sur la conduite réciproque des maîtres et des domestiques, et les mœurs sont ici beaucoup moins démocratiques que les lois.

Le domestique n'est plus, légalement, la chose du maître;

(1) Cette facile prédiction s'est réalisée depuis dans ce qu'on est heureux de pouvoir nommer de nouveau les États-Unis, et le reste de l'Amérique ne tardera pas sans doute à suivre l'exemple donné par le Nord.

(2) Voyez mon *Histoire des idées morales et politiques en France au* xviii° *siècle*, t. I, p. 338.

mais combien de maîtres abusent de leur position à l'égard de leurs domestiques, en les accablant de leurs exigences, en manquant aux égards qui leur sont dus, en permettant à leurs enfants d'y manquer. « Je vois, disait Turgot (Lettre à Mme de Graffigny), que partout la première leçon qu'on donne aux enfants, c'est de mépriser les domestiques; les parents regardent cela comme une vertu. » Les choses ont peut-être un peu changé depuis, grâce au progrès de l'esprit démocratique; mais si nos domestiques sont moins méprisés et moins malmenés que ne l'étaient les valets de l'ancien régime, sont-ils généralement respectés et traités comme ils doivent l'être? Et dès lors les maîtres sont-ils fondés à se plaindre, soit de la mauvaise humeur, soit du défaut d'attachement de leurs serviteurs? Voulez-vous avoir de bons domestiques, respectez-les et faites-les respecter par vos enfants, témoignez-leur des égards, soyez pour eux non pas faibles, mais bons et indulgents : « Vous avez traité avec des hommes, dit très-bien Saint-Lambert, vous avez dû compter qu'ils auraient des défauts. Votre indulgence est une condition tacite du traité. » Vous ne serez peut-être pas toujours bien servis pour cela; mais vous aurez grande chance de l'être, et en tout cas vous aurez fait votre devoir. Je voudrais, — peut-être allez-vous me trouver bien exigeant, mais ce n'est pas moi, c'est la vertu qui parle, — je voudrais, dis-je en répétant ses leçons, que dès qu'on admet une personne étrangère sous son toit, on la traitât comme étant de la maison; qu'on lui donnât un logement et une nourriture convenables, ce qui n'a pas toujours lieu; qu'on lui laissât toute la liberté compatible avec les besoins du service et les bonnes mœurs; qu'on l'entourât de bons conseils; qu'on cherchât même à l'instruire et à lui assurer un meilleur sort. Est-ce là une vertu fantastique? Je vois qu'elle a été admirablement pratiquée par l'un des plus grands maîtres de la philosophie moderne. « Sa maison, dit son biographe Baillet, était une école de vertu et de doctrine pour ses domestiques ; et le maître, non content de les rendre savants et gens de bien, se chargeait encore de faire leur fortune et de leur procurer de bons établissements. C'est pourquoi il y avait toujours beaucoup d'empressement à se mettre à son service, et nous voyons que, lorsqu'il était en Hollande, on allait à Paris implorer le crédit du père Mersenne pour obtenir une place parmi ses valets comme une condition fort heureuse. De son côté, il les traitait avec une indulgence et une douceur qui les assujettissait par amour. » Il est curieux de rapprocher cette conduite du philosophe de celle de ce soi-disant représentant de la Révolution française qui, jusque sur le rocher désert où il expiait les crimes de son orgueil, traitait ses domestiques à la manière d'un monarque asiatique : « A Briars, raconte l'auteur du *Mémorial de Sainte-Hélène*, Marchand (un des principaux domestiques de Napoléon) et les deux autres valets de chambre ont constamment couché par terre en travers de la porte de l'Empereur, si bien que quand je sortais tard, il me fallait leur marcher sur le corps. » Malheureusement, c'est plutôt l'exemple de Napoléon que celui de Descartes, qui, toute proportion gardée, excite l'émulation de nos contemporains.

D'un autre côté, il faut aussi le reconnaître, les domestiques sont loin d'être ce qu'ils doivent être : cela ne tient pas seulement aux torts de leurs maîtres, mais à leur mauvaise éducation et à une fâcheuse interprétation des idées démocratiques, je veux dire des principes de liberté et d'égalité.

Il y a là sans doute un mal (je vois qu'on s'en plaint beaucoup dans les familles, et il est vrai que les plaintes sont réciproques); mais à côté de ce mal, qui vient des mœurs et qu'il faut corriger par les mœurs, il y a un progrès à constater et à encourager : «Dans la démocratie, comme le remarque M. de Tocqueville (1), l'état de domesticité n'a plus rien qui dégrade

____

(1) *De la démocratie en Amérique*, t. II, troisième partie, chap. V.

parce qu'il est librement choisi, *passagèrement adopté*, que l'opinion publique ne le flétrit point et qu'il ne crée aucune inégalité permanente entre le serviteur et le maître. » Si donc on ne peut plus guère espérer de revoir ces anciens serviteurs qui faisaient partie intégrante de la famille, en revanche, la race des *laquais* a disparu ou tend à disparaître. Le mot même de *domestique* ne répond plus d'une manière parfaitement exacte à la nature des fonctions qu'il désigne chez nous; aussi, aux États-Unis, le remplace-t-on par une expression mieux appropriée, celle de *gens à aider* (1).

Maintenant faut-il souhaiter, avec certains philosophes contemporains, que la domesticité elle-même, telle qu'elle existe actuellement, disparaisse à son tour pour faire place au *service à la tâche?* C'est, selon ces philosophes (2), une condition encore trop voisine de la servitude que celle d'une personne au service d'un maître auquel appartiennent tout son temps et toutes ses actions; et il ne faut pas compter que cet état de choses remplisse désormais un long avenir. Il y a là sans doute encore une transformation à désirer, et cette transformation résultera de l'amélioration du sort des dernières classes de la société. Mais, en attendant que ce progrès se réalise, la domesticité elle-même peut être bienfaisante, si elle n'est pour ceux qui sont contraints de s'y livrer qu'un emploi passager, non un état; si, par conséquent, elle est surtout exercée par des jeunes gens ou des jeunes filles forcés de quitter la maison paternelle pour gagner leur vie et se former, et si ceux qui les emploient leur tiennent lieu de famille jusqu'à un certain point, comme je le demandais tout à l'heure. Elle ne sera pas même un mal pour des gens plus âgés à qui les circonstances n'auront pas permis de se faire un autre état, si leurs maîtres se montrent envers eux ce qu'ils doivent être.

(1) Adolphe Garnier, *Morale sociale*, p. 187.
(2) *Ibid.*

C'est surtout à vous, démocrates, qu'il appartient ici de donner l'exemple, à vous qui vous déclarez les représentants du principe de l'égalité humaine; il dépend de vous de faire, par votre conduite à l'égard de vos domestiques, que la domesticité devienne elle-même un moyen de progrès démocratique.

CINQUIÈME LEÇON

LA MORALE DANS L'ATELIER.

Mesdames, Messieurs,

Après avoir examiné les devoirs de l'homme envers lui-même et à l'égard de la famille dans leur rapport avec la démocratie, il faut maintenant le replacer dans la société générale dont il fait nécessairement partie, en même temps qu'il fait partie de la famille, pour montrer quels sont les devoirs qui dérivent pour lui de ce nouveau lien, le lien social en général, et comment à leur tour ces nouveaux devoirs, les vertus qu'ils appellent et les vices qu'ils repoussent, intéressent la démocratie.

Or, parmi les relations qui réunissent particulièrement les hommes dans le sein de la société générale, il y a d'abord celles qu'établit entre eux la *nécessité du travail*, qui est la loi de l'humanité sur cette terre. J'ai déjà touché cette espèce de relations, quand, à propos de la famille, j'ai parlé des domestiques : il y a là, en effet, une sorte de rapports qui sort déjà du cercle de la famille proprement dite, et rentre dans le cercle plus général dont je veux parler ici. Ce cercle comprend les relations que le travail détermine entre les hommes, soit comme *ouvriers*, soit comme *patrons*, soit en général comme *travailleurs*. Quels sont donc les devoirs et les vertus qui doivent présider à ces rapports, et les vices qu'il en faut écarter, ou quelles sont les mœurs que la morale réclame soit des ouvriers, soit des patrons, soit en général des travailleurs? Voilà ce que je dois rechercher maintenant en envisageant ces mœurs dans leur relation avec la démocratie ; et c'est là ce que je désigne sous ce titre : *la morale dans l'atelier*. Ce mot d'atelier ne signifie proprement, il est vrai, que « le lieu où travaillent un certain nombre d'ouvriers (*Dictionnaire de Littré*) » ; mais il peut très-bien s'appliquer aux rapports mêmes que je viens d'indiquer et c'est en ce sens que je l'emploie ici. Je n'ai pas besoin de vous montrer l'importance pour la démocratie de la question qui va nous occuper : elle saute aux yeux.

Constatons d'abord le progrès qui s'est opéré, au moins chez les peuples qui marchent à la tête de la civilisation, dans la condition civile de l'ouvrier, industriel ou agricole, et qui finira bien par se propager aussi chez les autres.

Dans l'antiquité, ceux que nous nommons aujourd'hui des *ouvriers* étaient pour la plupart *esclaves*, c'est-à-dire la propriété de maîtres usant arbitrairement de leurs forces, s'attribuant exclusivement les fruits de leur travail, et les revendant eux-mêmes quand il leur convenait de s'en débarrasser ; ainsi que Caton l'Ancien voulait qu'on fît à l'égard des vieux esclaves, comme des vieilles ferrailles (*De re rustica*). On ne peut pas dire malheureusement que l'esclavage ait disparu avec l'antiquité, puisqu'il s'est maintenu en France même jusqu'au xiiie siècle, que les Européens l'ont rétabli en Amérique à l'égard des nègres dès le commencement du xvie siècle et qu'il y existe encore aujourd'hui. Mais ce n'est plus là qu'une exception qui ne tardera pas à disparaître de tout le sol de l'Amérique, comme il a disparu depuis longtemps de celui de l'Europe.

Le servage avait, il est vrai, remplacé en Europe l'esclavage. Le *serf* n'était plus tout à fait une *chose* au même titre que l'esclave ; il était pourtant lié à la terre (*glebæ addictus*), attaché à la glèbe comme les arbres qui l'ombragent (1), et

____

(1) Voyez Monteil, *Histoire des Français des divers États*, t. I, p. 108.

appartenait avec elle au seigneur qui la possédait. Cette institution du moyen âge a duré en France jusqu'à la fin du xviii° siècle, et en d'autres pays jusqu'à nos jours. Elle vient d'être enfin abolie en Russie, où elle .était encore vivace, et l'on peut dire que partout aujourd'hui, au moins en Europe, le travailleur a reconquis sa *personnalité*.

Il n'a pas seulement arraché sa personnalité à l'esclavage et au servage; il a conquis aussi en général la *liberté du travail*.

Sous le régime qui existait encore en France et dans presque toute l'Europe à la fin du dernier siècle, et que la Révolution française a détruit, le droit de travailler, ce droit naturel de l'homme, n'était pas reconnu : on le regardait comme un droit domanial ou régalien que les sujets devaient acheter au prince qui voulait bien le vendre. Racheté, il restait à l'état de propriété exclusive : le travail n'était libre qu'entre les mains de ceux qui l'avaient acquis, et c'est ainsi que certaines corporations avaient seules le droit d'exercer tel ou tel métier, comme celui de charpentier, ou de brasseur, ou d'horloger, etc. On ne pouvait donc exercer le même métier qu'à la condition de faire partie de la corporation qui en avait le monopole; et l'on ne pouvait entrer dans cette corporation privilégiée, soit comme apprenti, soit comme maître, que si l'on était reçu par ceux-là mêmes qui exerçaient ce monopole, ou par ceux d'entre eux qui étaient chargés de ce soin (*jurandes*), et qu'après avoir rempli certaines conditions qui rendaient l'apprentissage fort onéreux et la *maîtrise* presque inaccessible aux ouvriers. Ajoutez à cela que les femmes étaient exclues de la plupart des corporations. «L'esprit de monopole qui a présidé à la confection de ces statuts, disait Turgot dans le préambule de l'édit de 1776 qui abolit les jurandes et les maîtrises, cet esprit de monopole a été poussé jusqu'à exclure les femmes des métiers les plus convenables à leur sexe, tels que la broderie qu'elles ne peuvent exercer pour leur propre compte. »

Je viens de rappeler l'édit par lequel Turgot abolit le système des corporations, ce système qui, comme le déclarait le préambule de cet édit, « introduisait l'inégalité jusque dans la propriété la plus sacrée et la plus imprescriptible, le droit de travailler ». Après la disgrâce de ce grand homme d'État, disgrâce que Voltaire avait si spirituellement prédite en ces termes : « Ce ministre fera tant de bien qu'il finira par avoir tout le monde contre lui, » le régime des jurandes et des maîtrises, dont l'abolition avait en effet soulevé tout le monde contre Turgot, fut rétabli; et il ne fut définitivement supprimé que par la Constituante (décret du 13 février 1791).

Aujourd'hui, sauf certaines réformes, capitales il est vrai, qui restent encore à introduire dans la législation pour achever d'affranchir le travail de toute entrave, le droit de travailler n'est plus contesté au travailleur, et ce droit, il l'exerce librement.

Avec la liberté, le travail a repris aussi sa dignité.

Dans l'antiquité, comme il était en général la fonction des *esclaves*, il passait pour dégradant. Il avait encore quelque chose d'avilissant au moyen âge, où il était exclusivement l'œuvre des *serfs* et des *roturiers*, taillables et corvéables à merci. De nos jours, étant redevenu ce qu'il doit être, une *œuvre d'hommes libres,* il n'est plus méprisé, mais il est au contraire en honneur : on honore l'ouvrier laborieux qui vit de son travail et en fait vivre sa famille.

Bien plus, au moins chez les peuples qui sont entrés à pleines voiles dans le courant démocratique, comme en France et en Suisse, le travailleur a été admis à l'égalité, non-seulement du *droit civil*, mais du *droit politique:* il est aujourd'hui *citoyen* au même titre que ses patrons et les propriétaires; il a, comme eux, droit de suffrage dans les affaires publiques ; il participe au droit commun dans toute sa plénitude.

Malheureusement, la condition matérielle de l'ouvrier n'a pas suivi dans la même proportion sa condition civile et politique. Il faut même reconnaître qu'elle souffre souvent de ce qui doit précisément servir à l'améliorer, de la liberté du travail et des progrès de l'industrie. Par suite, sans parler des autres causes, la moralité de l'ouvrier ne s'est pas élevée autant que l'espéraient les économistes du xviii° siècle et que l'exigent les principes démocratiques.

Il faut donc, sans attenter au principe de la *liberté du travail et de l'industrie*, qui est aussi un principe démocratique, mais en le développant au contraire, chercher tous les moyens possibles d'améliorer la condition matérielle de l'ouvrier et de relever sa moralité. Là est le grand problème pour la société démocratique, c'est-à-dire pour la société moderne. Ce problème rentre à la fois dans l'économie politique, dans la politique et dans la morale ; c'est par son côté moral que je dois l'envisager dans ce cours, mais le côté moral est si étroitement uni ici au côté économique et au côté politique que je ne pourrai guère le traiter sans toucher les deux autres ; seulement je ne les toucherai qu'autant que cela sera nécessaire au but que je poursuis.

La première chose, c'est de travailler à restaurer la famille chez les ouvriers. La famille est essentiellement salutaire : non-seulement elle est pour l'enfant une école de morale indispensable, mais elle développe dans l'homme le sentiment du devoir en donnant à sa vie un objet différent de lui-même, qu'il s'identifie à lui-même ; par là aussi elle le sauve de l'ennui, des vagues tristesses, du désespoir, et même elle répand sur son existence un charme qu'aucun autre ne saurait remplacer. Aussi la famille est-elle bonne pour tout le monde, mais elle l'est particulièrement pour les classes ouvrières. Qui a plus besoin des enseignements de la famille que l'enfant de l'ouvrier ! Comment réparerait-il lui-même plus tard les vices de son éducation ? Et à qui les influences morales, les douceurs et les encouragements de la famille sont-ils plus nécessaires qu'à celui qui est condamné au plus rude labeur? Malheureusement c'est précisément chez ceux à qui le foyer domestique serait le plus précieux qu'il fait le plus souvent défaut ou qu'il est le plus altéré. Le développement même de l'industrie, qui a eu pour effet de substituer les grandes fabriques aux petits métiers à domicile, a concouru à la dissolution ou à l'altération de la famille chez les ouvriers, soit en les disputant à leur sol natal pour les attirer au sein des grandes villes, soit, dans les villes mêmes où ils sont nés, en les enlevant du matin au soir à leur foyer, soit surtout en arrachant à la maison les femmes et les enfants.

La vie de fabrique, jointe à tant d'autres causes que j'ai signalées dans les précédentes leçons, tue la vie de famille. Ce mal a été si éloquemment décrit par M. Jules Simon dans son livre de l'*Ouvrière* que je ne saurais mieux faire que de lui en emprunter le tableau.

« Dans un ménage d'ouvriers, dit-il dans la préface de cet ouvrage, le père, la mère sont absents, chacun de leur côté, quatorze heures par jour. Donc il n'y a plus de famille. Au lieu de cette vie cachée, abritée, pudique, entourée de chères affections, et qui est si nécessaire à son bonheur et au nôtre même, la femme vit sous la domination d'un contre-maître, au milieu de compagnes d'une moralité douteuse, en contact perpétuel avec des hommes, séparée de son mari et de ses enfants. Ne pouvant plus allaiter son enfant, elle l'abandonne à une nourrice mal payée, souvent même à une gardeuse qui le nourrit de quelques soupes. De là une mortalité effrayante, des habitudes morbides parmi les enfants qui survivent, une dégénérescence croissante de la race, l'absence complète d'éducation morale. Les enfants de trois ou quatre ans errent au hasard dans des ruelles fétides, poursuivis par la faim et le froid. Quand, à sept heures du soir, le père, la mère et les enfants se retrouvent dans l'unique chambre qui leur sert d'asile, le père et la mère, fatigués par le travail, et les enfants par le vagabondage, qu'y a-t-il de prêt pour les recevoir? La chambre a été vide toute la journée ; personne n'a vaqué aux soins les plus élémentaires de la propreté ; le foyer est mort ; la mère épuisée n'a plus la force de préparer des aliments ; tous les vêtements tombent en lambeaux : voilà la famille telle que les manufactures nous l'ont faite. Il ne faut pas trop s'étonner si le père, au sortir de l'atelier où sa fatigue est quelquefois extrême, rentre avec dégoût dans cette chambre étroite, malpropre, privée d'air, où l'attendent un repas mal préparé, des enfants à demi-sauvages, une femme qui lui est devenue presque étrangère, puisqu'elle n'habite plus la maison, et n'y rentre que pour prendre à la hâte un peu de repos entre deux journées de travail. S'il cède aux séductions du cabaret, ses profits s'y engouffrent, sa santé s'y détruit ; et le résultat produit est celui-ci, qu'on croirait à peine possible : le paupérisme au milieu d'une industrie qui prospère. »

Pour compléter ce tableau, il est encore un trait à ajouter, que M. Jules Simon ne rappelle pas ici, mais qu'il n'a pas manqué d'indiquer dans le corps de son ouvrage : c'est l'abus du travail des enfants dans les manufactures (1). M. Blanqui, dans son célèbre rapport sur le sort *des classes ouvrières en France pendant l'année* 1848, le signalait déjà lui-même comme l'un des plus scandaleux abus du régime manufacturier. « L'atelier, disait-il, fait partout une guerre sourde et incessante à l'école, et l'on est sûr de trouver au service du manufacturier l'enfant qui manque à l'appel de l'instituteur. Cette fatale règle ne souffre nulle part d'exception. » — « Il est facile, ajoutait-il, de penser à quelles funestes influences se trouvent ainsi exposés des enfants sans défense contre les rigueurs du travail et contre la perversité de l'exemple. Leur corps et leur âme sont attaqués à la fois. Misère et dénûment au foyer domestique, fatigue et démoralisation dans l'atelier, voilà ce qui les attend. » — Faut-il s'étonner après cela de la précoce

(1) M. Jules Simon en a fait tout récemment l'objet d'un livre spécial : *l'Ouvrier de huit ans.* Paris, 1867.

dépravation des ouvrières? M. Jules Simon en a aussi tracé un tableau qui n'a rien d'exagéré.

« De toutes jeunes filles, dit-il (deuxième partie, chap. III), sont entassées dans un atelier avec des enfants ou des femmes d'un certain âge, la plupart sans moralité. Qui veille sur elles? Un contre-maître, chargé seulement de diriger et d'activer leur travail; le res... ne le regarde pas. Si la fillette est jolie et le contre-maître libertin, il abuse, pour la mettre à mal, de l'autorité qu'il a sur elle. Le patron ferme les yeux, pourvu qu'il ne se passe rien de compromettant à l'intérieur de l'atelier. Les jeunes ouvrières qui ne retrouvent le soir qu'un père abruti par l'ivresse, une mère sans conduite et sans principes, ont-elles une chance, une seule, d'échapper à la corruption? Loin de surveiller leurs filles et de leur enseigner les lois de l'honnêteté, il y a des mères qui leur conseillent de chercher un amant, parce qu'elles espèrent tirer de là pour elles-mêmes quelque honteux profit. Si l'affaire tarde trop, on leur fait des reproches : « Tu ne feras donc rien pour les tiens? » Ces jeunes filles ont des enfants à seize ans, même plus tôt. M. Villermé assure qu'à Reims, elles s'offrent dès l'âge de douze ans. Reims a été longtemps la grande pourvoyeuse des maisons de prostitution parisiennes. A Saint-Quentin, on parle des plus grands désordres sur le ton de la plaisanterie. On dit des jeunes filles un peu coquettes qui s'attifent le soir pour plaire aux bourgeois en sortant de l'atelier, qu'elles vont faire leur cinquième quart de journée, on les appelle des *cinq-quarts*. A Lille, dans les maisons les plus honnêtes, on préfère une fille-mère : un mari, une famille sont un embarras pour les maîtres! On n'en est pas moins austère et moins digne pour son propre compte. La pauvre fille, qui n'a jamais entendu parler du devoir, qui est entourée de mauvais exemples, que ses compagnes d'atelier raillent impitoyablement jusqu'à ce qu'elle ait trouvé un amant comme les autres, ne se défend pas, croit à peine mal faire. Sa faute est pour elle à l'atelier un sujet d'orgueil. Quand son amant est généreux et peut lui donner quelque bagatelle, elle étale le dimanche ses brillantes toilettes, pour exciter l'envie et l'émulation de toutes les autres. »

Comment combattre un mal tel que celui dont les trop véridiques tableaux que je viens de mettre sous vos yeux vous ont retracé les affligeants effets ? Comment ramener l'ouvrier à la vie de famille ?

Le premier moyen, — c'est l'économie politique elle-même qui nous fournit celui-là, — est de lui offrir, au plus bas prix possible, à un prix en harmonie avec son salaire, un *logement convenable*.

Cela, comme je vais vous en fournir des preuves, n'est pas impraticable ; cela même commence à se pratiquer ; mais il n'y a pas longtemps qu'on s'en est avisé, et il s'en faut que l'exemple donné soit généralement suivi.

Si ceux qui n'ont pas habité ou visité des villes manufacturières, et vu, de leurs propres yeux, dans ces villes, les logements des ouvriers, veulent avoir une idée de ce qu'étaient ces logements en France à l'époque où éclata la Révolution de février, et de ce qu'ils y sont encore aujourd'hui, qu'ils lisent les deux ouvrages que je viens de citer : le *Rapport* de M. Blanqui, et l'*Ouvrière* de M. Jules Simon.

« Oui, disait M. Blanqui, il existe à Rouen, et nous en verrons bientôt de plus terribles à Lille, des repaires mal à propos honorés du nom d'habitations, où l'espèce humaine respire un air vicié qui tue au lieu de faire vivre, qui attaque les enfants sur le sein de leur mère, et qui les conduit à une décrépitude précoce, au travers des maladies les plus tristes, les scrofules, les rhumatismes, la phthisie pulmonaire. Les pauvres enfants qui échappent au vice dans ces mortelles demeures, finissent par tomber dans l'imbécillité. Quand ils parviennent à vingt ans, on n'en trouve pas dix sur cent capables de devenir soldats : la misère, les privations, le froid,

le mauvais air, le mauvais exemple, les ont amaigris, atro-
phiés, corrompus, démoralisés..... On n'entre dans ces maisons que par des allées basses, étroites et obscures, où souvent
un homme ne peut tenir debout. Les allées servent de lit à
un ruisseau fétide chargé des eaux grasses et des immondices
de toute espèce qui pleuvent de tous les étages, et qui séjour-
nent, dans de petites cours mal pavées, en flaques pestilen-
tielles. On y monte par des escaliers en spirale, sans garde-fous,
sans lumière, hérissés d'aspérités produites par des ordures
pétrifiées; et on aborde ainsi de sinistres réduits, bas, mal
fermés, mal ouverts, et presque toujours dépourvus de meubles et d'ustensiles de ménage. Le foyer domestique des malheureux habitants de ces réduits se compose d'une litière de
paille effondrée, sans draps ni couvertures; et leur vaisselle
consiste en un pot de bois ou de grès écorné, qui sert à tous
les usages. Les enfants plus jeunes couchent sur un sac de
cendres; le reste de la famille se plonge pêle-mêle, père
et enfants, frères et sœurs, dans cette litière indescriptible
comme les mystères qu'elle recouvre. Il faut que personne
en France n'ignore qu'il existe des milliers d'hommes parmi
nous dans une situation pire que l'état sauvage, car les sauvages ont de l'air, et les habitants du quartier Saint-Vivien
n'en ont pas. »

Voilà le spectacle que la ville de Rouen offrait à **M.** Blanqui
en 1848. Il en trouva un plus horrible encore dans une autre
grande ville de France, à Lille.

« Une portion considérable de la population manufacturière de cette ville habite dans des caves situées à deux ou trois
mètres au-dessous du sol et sans communication avec les maisons dont elles font partie : ces caves ne reçoivent d'air et de
jour que par la porte de l'escalier qui y conduit et qui donne
sur la rue; leur étendue est rarement de deux mètres à deux
mètres et demi de hauteur sur cinq mètres de côté, et il y en
a une infinité qui ont des proportions beaucoup moindres.

C'est un spectacle vraiment effrayant que celui de ces ombres humaines, dont la tête arrive à peine à la hauteur de nos pieds, quand le demi-jour qui les éclaire permet de les apercevoir du haut de la rue. Mais nulle plume ne saurait décrire avec une exacte vérité, pour qui s'est hasardé à y descendre, l'épouvantable aspect de ces asiles, capables de faire envier aux hommes les repaires des hôtes de nos forêts..... Le quartier Saint-Sauveur n'est pas le seul où il existe des caves; mais c'est celui où il en existe le plus, et dans lequel toutes les combinaisons semblent avoir été réunies pour l'insalubrité. C'est une suite d'îlots séparés par des ruelles sombres et étroites, aboutissant à de petites cours connues sous le nom de *courettes*, servant tout à la fois d'égoûts et de dépôts d'immondices, où règne une humidité constante en toute saison. Les fenêtres des habitations et les portes des caves s'ouvrent sur ces passages infects, au fond desquels une grille repose horizontalement sur des puisards qui servent de latrines publiques le jour et la nuit. Les habitations de la communauté sont distribuées tout autour de ces foyers pestilentiels, dont la misère locale s'applaudit de tirer un petit revenu. A mesure qu'on pénètre dans l'enceinte des *courettes*, une population étrange d'enfants étiolés, bossus, contrefaits, d'un aspect pâle et terreux, se presse autour des visiteurs, et leur demande l'aumône. La plupart de ces infortunés sont presque nus, et les mieux partagés sont couverts de haillons. Mais ceux-là, du moins, respirent à l'air libre ; et c'est seulement au fond des caves que l'on peut juger du supplice de ceux que leur âge ou la rigueur de la saison ne permet pas de faire sortir. Le plus souvent, ils couchent tous sur la terre nue, sur des débris de paille de colza, sur des fanes de pommes de terre desséchées, sur du sable... Le gouffre où ils végètent est entièrement dépourvu de meubles ; et ce n'est qu'aux plus fortunés qu'il est donné de posséder un poêle flamand, une chaise de bois et quelques ustensiles de ménage. « Je ne suis pas riche, moi, » nous disait une vieille femme en nous montrant sa voisine étendue sur l'aire humide de la cave, « mais j'ai une botte de paille, Dieu merci!.. »

Depuis que ces lignes ont été écrites, un grand nombre de ces caves ont été comblées (plus de trois mille sur trois mille six cents, dit **M. Jules Simon**, dans l'*Ouvrière*, p. 155); mais il en subsiste encore (*Ibid.*, p. 157) qui servent de logement à toute une famille, et où couchent pêle-mêle, père, mère, enfants, sans souci des mœurs ; et d'ailleurs les *courettes* décrites par **M. Blanqui** sont toujours là et ne valent guère mieux, et dans les autres villes de fabrique, Roubaix, Saint-Quentin, etc., les logements d'ouvriers ne sont pas moins insalubres et moins contraires à la décence. « Toutes les villes industrielles, dit **M. Jules Simon**, qui en a fait une étude particulière, offrent le même spectacle.»

Voilà ce que sont trop souvent les logements des ouvriers : la santé et les mœurs en souffrent également. Si l'on veut ramener chez eux l'esprit de famille, il faut commencer par améliorer leurs habitations. On a déjà fait, sous l'impulsion de la révolution de 1848, quelque chose en ce sens. Il est vrai qu'on s'est souvent trompé sur les moyens : on a construit pour les travailleurs, sous le nom de *cités ouvrières*, des espèces de casernes dont ils n'ont pas voulu, et avec raison. Mais d'autres cités ont été construites sur un meilleur plan, et ont su attirer et captiver les ouvriers. **M. Jules Simon** cite, entre autres, comme modèle, celle de Mulhouse. La description qu'il en fait est un tableau qu'on est heureux de pouvoir opposer à celui de ces tristes demeures qui déshonorent trop souvent les villes manufacturières, et elle est vraiment engageante. J'en citerai quelques traits.

«Il y a deux sortes de maisons dans la cité ouvrière de Mulhouse. Les unes sont isolées de tous les côtés au milieu d'un jardin, les autres sont alignées côte à côte comme les maisons d'une rue ordinaire ; une de ces dernières est aménagée pour servir de logement garni aux célibataires. Chacune de ces maisons isolées est divisée, par des murs de refend, en

quatre logements parfaitement semblables, qui se louent ou
se vendent séparément. Tous les logements affectés à l'habitation d'un ménage ont la même dimension, et ne diffèrent
que par quelques détails insignifiants de distribution intérieure. Les arrangements qui dépendent des locataires sont
en général bien entendus et ne manquent pas d'une certaine
élégance. En voyant ces planchers bien cirés, ces rideaux bien
blancs aux fenêtres, ces jolis papiers, ces meubles solides et
bien entretenus, on se rappelle involontairement les miséra-
bles logements de la Kattenbach, à Thann... Les jardins sont
bien cultivés. Les ouvriers, en revenant de la fabrique, ne se
trouvent pas trop fatigués pour faire un peu de jardinage. Ce
travail en plein air les délasse. C'est une émulation entre eux
à qui aura les plus belles fleurs. Ils se prennent de passion
pour leurs légumes et leurs plates-bandes. »

Voilà un grand bien accompli; il ne reste plus qu'à le gé-
néraliser.

Ce soin revient d'abord aux chefs de fabrique, et plusieurs
ont en effet donné à cet égard un exemple que les autres
devraient suivre. Ils concourront ainsi à l'amélioration du
sort des ouvriers et cela sans s'imposer à eux-mêmes de
grands sacrifices, puisqu'ils peuvent s'indemniser de leurs
dépenses en retenant le prix du loyer sur le salaire qu'ils
ont à payer. A défaut des fabricants, dont les fonds ne sont
pas toujours disponibles, les logements d'ouvriers pourraient
être bâtis par des personnes riches, soit isolées, soit réunies
en société. « Ces personnes », dit un homme qui a lui-même
donné l'exemple en faisant construire à Paris des maisons
ouvrières qui méritent d'être citées à côté de celles de Mulhouse, M. de Madre (1), « ces personnes retireraient des capitaux qu'elles y emploieraient un intérêt beaucoup plus élevé
que celui qu'elles trouvent dans l'achat des biens ruraux;

____

(1) *Des ouvriers et des moyens d'améliorer leur condition dans les villes.* Paris,
Hachette, 1863.

elles n'auraient pas plus à craindre des souffrances et de l'insolvabilité des ouvriers qu'elles n'ont à craindre des épizooties, de la grêle et des pertes de toute nature qui jettent bien souvent dans la détresse un fermier qu'elles ne peuvent pas expulser, bien qu'il ne paye pas ou paye mal. Elles pourraient être humaines sans toucher à leur nécessaire et sans cesser de recevoir de leurs capitaux un rendement légitime, soit en accordant crédit aux ouvriers pendant les jours de chômage, soit en faisant des remises aux plus nécessiteux. Ces remises n'auraient jamais besoin d'être importantes pour produire de grands adoucissements, et pour soutenir dans le sentiment de la dignité et de l'honneur des malheureux que dégrade moralement un déménagement furtif ou public sans le payement de leurs dettes. »

Des logements convenables et à bon marché, comme ceux dont je viens de parler, rattacheraient les ouvriers à la vie de famille, et, en les fixant chez eux, à leurs heures de loisir, par l'agrément de leur habitation, et même, quand cela est possible, par la culture de leur jardin, comme à Mulhouse, les préserveraient de la fréquentation du cabaret et de ses désastreuses conséquences.

On peut faire plus encore que de mettre à la portée des ouvriers des logements convenables, c'est de leur faciliter les moyens de devenir eux-mêmes propriétaires de ces habitations. C'est aussi ce que l'on a déjà fait dans certaines villes industrielles, à Mulhouse, par exemple, à Amiens, etc.

A la vérité, plusieurs causes s'opposent à ce nouveau progrès : 1° l'insuffisance du salaire de l'ouvrier ; 2° son incurie ; 3° certaines dispositions législatives sur l'acquisition des immeubles, les partages et les licitations. D'après ces dispositions, on ne peut vendre, au nom d'enfants mineurs, un lot d'immeuble de cent francs sans plusieurs jugements et des frais qui s'élèvent à des centaines de francs (Cf. de Madre, p. 94).

Cette dernière cause peut être supprimée ou atténuée par

une réforme démocratique de la législation, qui dégrèverait l'acquisition des maisons d'ouvriers des droits de mutation et faciliterait la transmission des capitaux qu'elles représentent; la première dépend de *lois économiques* qui ne peuvent être l'objet direct d'aucune législation; mais la seconde, qui est un *mal moral*, peut être combattue par des *moyens moraux*. Si l'on réussit à inspirer à l'ouvrier le désir de devenir le propriétaire de la maison qu'il habite, ce désir sera pour lui un nouvel encouragement à l'épargne ; une fois propriétaire, il sera, comme le paysan, attaché au sol qui lui appartiendra, et il échappera encore plus aisément aux tentations du cabaret.

Mais qu'il devienne propriétaire ou qu'il reste simple locataire, une grande amélioration aura été apportée dans son sort et dans celui de sa femme et de ses enfants : non-seulement leur santé en profitera, mais la pudeur et les bonnes mœurs s'en trouveront mieux, et puis la présence du mari et du père à la maison aux heures de loisir sera un bienfait pour tous. Ce seraient déjà là de grands points obtenus.

Les moyens que j'ai indiqués jusqu'ici pour arriver à cet heureux résultat dépendent surtout des patrons et des capitalistes. Mais il en est un qui vaudrait mieux encore : ce serait que les ouvriers pourvussent eux-mêmes à leurs habitations, comme à tous les autres besoins de leur vie, à l'aide de ces *associations coopératives* aux débuts desquelles nous assistons en ce moment, et qui ont pour but de les soustraire au joug du patronage et à ce que l'on a nommé, non sans raison, la tyrannie du capital.

Là aussi serait sans doute le meilleur moyen *économique* de réaliser un autre bien, non moins désirable que le premier, et sans lequel, même dans le logement le plus convenable, la vie de famille ne sera jamais complétement restaurée chez les travailleurs : je veux dire la présence assurée de la femme au foyer domestique. Il faudrait en effet, pour que ce but pût être atteint, qu'il fût possible à la femme de rester à la maison pour vaquer aux soins du ménage et s'occuper des enfants, ou que, si elle est forcée de travailler afin d'ajouter quelque chose au mince salaire de son mari, elle ne se livrât qu'à des travaux qu'elle pût faire chez elle, comme les travaux d'aiguille, etc.

Un économiste célèbre, à la suite d'une enquête où il avait vu de près la situation des ménages d'ouvriers, proposait d'interdire aux femmes l'entrée des manufactures (voy. Jules Simon, *l'Ouvrière*, p. 305). Mais recourir à un tel moyen serait attenter à la liberté individuelle, et enlever aux ménages d'ouvriers ou aux femmes seules des ressources souvent indispensables. C'est par d'autres moyens, par des moyens libres, que ce résultat pourra être obtenu. Ces moyens sont de deux sortes : il en est de *nature économique*, et il en est de *nature morale*, et les uns et les autres doivent se soutenir réciproquement. C'est à la vérité la *loi économique* de la libre concurrence et par suite de la production au meilleur marché possible qui a attiré les femmes dans les manufactures ; mais n'est-il pas possible de contre-balancer les effets de cette loi par des moyens également conformes aux principes économiques, mais plus en harmonie avec le rôle de la femme ? Et le plus important de ces moyens, les ouvriers ne pourraient-ils pas le trouver dans ces sociétés *coopératives* dont je viens de parler, en les constituant de telle sorte que leurs femmes fussent dispensées d'aller travailler au dehors, ou même affranchies de tout labeur autre que celui de la maison ? Mais, tout en poursuivant l'application de ce moyen et en général de tous ceux que peut fournir l'ordre économique, il faut travailler par les moyens moraux à faire pénétrer dans toutes les classes de la société cette idée, que la vraie place de la femme, de toute femme, de la femme de l'ouvrier plus encore que de toute autre, est au foyer domestique. Sans doute, cette idée ne pourra se réaliser qu'à la faveur d'un meilleur système économique; mais il n'est pas douteux non plus que, si elle était une fois bien enracinée dans les esprits, elle ne contribuât elle-même puissamment à la création de ce système.

En attendant, — et ceci est du devoir le plus strict, — il faut que les patrons veillent à ce que, dans leurs fabriques, les lois de la décence soient rigoureusement observées, et à ce que les fabriques ne deviennent pas pour les ouvrières des écoles de dépravation.

Quant aux enfants, on a imaginé divers moyens pour remédier au mal que leur fait la vie manufacturière. On a institué des *crèches*, où les enfants en bas âge reçoivent les soins que leurs mères ne peuvent leur donner. En présence du mal existant, c'est quelque chose; mais il vaudrait encore mieux travailler à extirper le mal lui-même. D'un autre côté, la loi, au moins dans certains pays, cherche à protéger les enfants en ne permettant de les employer dans les manufactures qu'à un certain âge, pendant un certain nombre d'heures seulement, et à la condition qu'ils fréquentent en même temps une école. Tout cela peut être bon, mais sera parfaitement insuffisant si les manufacturiers ne sont que des *industriels*, et si les parents eux-mêmes ne comprennent pas leurs devoirs envers leurs enfants : les uns et les autres éluderont la loi autant que possible, comme il arrive aujourd'hui. Il faut donc que les idées et les mœurs viennent ici en aide à la loi. A cet égard, certains fabricants ont donné un exemple qui devrait être suivi, en instituant eux-mêmes des écoles à l'usage des enfants qu'ils emploient, ou même de leurs ouvriers adultes.

J'ai insisté sur la nécessité de travailler à relever chez les ouvriers la vie de famille à laquelle la vie de fabrique porte de si profondes atteintes, et j'ai indiqué les principaux moyens à employer en vue de ce but. A son tour, la vie de famille, restaurée et prise au sérieux, contribuera à développer dans l'ouvrier les qualités dont il a surtout besoin :

D'abord l'*amour du travail*.

Celui qui ne travaille pas seulement pour lui-même, mais pour une compagne et des enfants, ou pour venir en aide à de vieux parents, celui-là travaille avec plus d'ardeur et de profit. La *paresse* peut entrer dans le logis d'un célibataire ; elle n'entrera jamais dans celui d'un bon père et d'un bon mari, ou d'un bon fils.

Je dirai la même chose de l'*ivrognerie* et de la *prodigalité*. Ces vices, si funestes à l'ouvrier, l'amour de la famille est surtout propre à les chasser pour mettre à leur place la *tempérance* et l'*économie*. C'est un puissant stimulant à la sobriété et à l'épargne que le souci d'un avenir qui n'est pas seulement le sien propre, mais celui de sa femme et de ses enfants.

Ainsi l'ouvrier se sentira plus encouragé à faire ce qu'il doit faire en tout cas, c'est-à-dire à épargner quelque chose sur son salaire, si mince qu'il soit, afin de pouvoir, soit au moyen des *caisses d'épargne*, soit à l'aide des *sociétés de secours mutuels* ou de toute autre *institution de prévoyance*, soit enfin par l'action des *sociétés coopératives*, se mettre à l'abri et en même temps préserver sa famille des funestes effets du chômage, de la maladie et de la vieillesse, ces trois fléaux du travailleur.

Je voudrais que le temps me permît de vous montrer en détail tout ce que les ouvriers peuvent faire pour assurer eux-mêmes leur avenir et celui de leur femme et de leurs enfants, au moyen de l'épargne et de l'association, et, à défaut du système coopératif, les services que de leur côté leurs patrons peuvent leur rendre à cet égard, s'ils sont vraiment humains et réellement démocrates. Je ne puis ici qu'indiquer toutes ces choses ; mais je voudrais au moins en bien faire ressortir l'importance et la portée.

On s'est beaucoup préoccupé, dans notre siècle, du sort des ouvriers, et l'on a cherché les moyens de les affranchir de ce que l'on a nommé, souvent avec exagération, mais, comme je le disais tout à l'heure, non sans raison, la *tyrannie du capital*, et de les arracher à cet état subordonné et précaire qu'on appelle le *prolétariat*.

Malheureusement, on s'est heurté contre un écueil redoutable, je veux dire contre ce *socialisme gouvernemental* qui, en chargeant l'État d'organiser le travail afin d'assurer à chacun les ressources nécessaires, étoufferait dans les individus toute activité et toute prévoyance, et par suite pousserait la société tout entière à sa ruine, en même temps qu'elle la condamnerait au despotisme le plus absolu et le plus intolérable.

La solution du problème n'est pas de faire que les ouvriers travaillent *pour le compte de l'État*, mais qu'ils puissent arriver aisément à travailler *pour leur propre compte*, individuellement ou collectivement, et, en tout cas, à se prémunir contre les trois fléaux que j'ai nommés tout à l'heure : le chômage, la maladie et la vieillesse.

Or, pour cela que faut-il? Deux choses. L'*énergie individuelle*, qui est la première condition de toute œuvre prospère (rien ne peut remplacer l'effort de l'individu), et l'*association*, qui, centuplant les forces individuelles, leur rend possible ce qu'elles ne pourraient pas par elles seules et enfante des miracles. L'esprit d'association enté sur l'énergie individuelle, voilà, en deux mots, le grand principe qui doit servir ici de levier.

Que les ouvriers s'associent donc, en vertu de leur libre initiative, soit pour s'assurer des secours en cas de malheur (*sociétés de secours mutuels*), soit afin de se procurer les moyens de travailler individuellement pour leur propre compte (*banques ouvrières, associations coopératives de crédit*), soit pour exploiter collectivement une industrie (*associations coopératives de production*), etc. Un grand progrès en ce sens s'est fait et se poursuit en Allemagne, en Belgique, en Italie, en

Suisse, en France même, malgré les entraves de la législation régnante. Que ce progrès se propage, qu'il pénètre de plus en plus dans les classes ouvrières, qu'il y gagne jusqu'aux couches les plus profondes ; alors ce que l'on nomme le *problème social*, ce problème qui a égaré tant de généreux esprits et causé tant de folles terreurs, sera enfin résolu, et la démocratie n'aura plus à craindre les entreprises du despotisme : elle pourra élever sûrement son édifice sur la base de la liberté politique.

Mais pour que ce progrès lui-même, qui n'est pas seulement un progrès politique, ni un progrès économique, mais un progrès moral, — et, à vrai dire (j'ajoute ceci à l'adresse des politiques ou des économistes à courte vue), il n'y a pas de vrai et solide progrès politique, ni de vrai et solide progrès économique sans un progrès moral correspondant, — pour que, dis-je, ce progrès puisse se réaliser, et avec lui tous ceux que j'ai réclamés dans cette leçon, une autre condition encore est nécessaire, une condition fondamentale : la *diffusion de l'instruction populaire*. Il ne suffit pas d'introduire l'air extérieur et la lumière du soleil dans l'habitation de l'ouvrier ; il y faut faire pénétrer aussi l'air et la lumière de la science par le moyen de l'instruction donnée aux enfants des deux sexes, et continuée aux adultes. A cet égard certains pays, pénétrés du véritable esprit démocratique, offrent le plus noble exemple. Tout récemment, dans une des plus grandes villes de la Belgique, dans une de ces villes qui, malgré la forme monarchique du gouvernement central, sont de véritables républiques, à Gand, j'ai vu défiler en bon ordre, proprement vêtus, la joie au front, plusieurs milliers d'enfants des écoles du peuple. Cette procession scolaire se faisait en présence du congrès des sciences sociales réuni dans cette ville (1) : il y avait là des hommes éminents venus de divers pays, particu-

(1) 14 septembre 1863.

lièrement de France ; les larmes, je puis le dire, étaient dans tous les yeux. Genève, le jour de la fête des *promotions*, offre le même glorieux et touchant spectacle. En consacrant un quart de son budget à l'instruction de ses enfants, la république ne croit pas trop faire, et elle a raison : on ne fera jamais trop pour l'instruction du peuple. Qu'elle persiste dans cette voie, qu'elle l'élargisse même encore, et que cet exemple soit suivi par tous les peuples qui aspirent à fonder une libre démocratie. Que partout, à côté de la demeure de l'ouvrier, s'élèvent, soit aux frais de la commune, soit à ceux de l'État, soit à ceux des particuliers (peu importe, pourvu que la chose se fasse), des écoles populaires, des salles de cours ou de lectures publiques, et, à côté de ces écoles et de ces salles, des bibliothèques populaires, où l'enfant, et non-seulement l'enfant, mais l'ouvrier lui-même, acquière ou développe les connaissances nécessaires à l'homme, en première ligne celle de ses devoirs et de ses droits, celle, par conséquent , des lois morales qui doivent régler tous les rapports sociaux, et celle aussi des lois économiques de la société. En dehors de là, qu'attendre des ouvriers, sinon une indifférence stupide, ou la violence et la révolte ? Par là, au contraire, ils acquerront le désir et le moyen de travailler eux-mêmes, sans désordre, à leur propre amélioration. Que le mot de Gœthe mourant : « Plus de lumière, encore plus de lumière ! » devienne celui de la société moderne, si elle veut vivre de la vie de la liberté. Oui, plus de lumière, toujours plus de lumière ! voilà ce qui ouvrira une ère nouvelle à l'humanité. Trop longtemps on l'a laissée croupir dans l'ignorance et dans les préjugés ; chassons l'ignorance, dissipons les préjugés, tous les préjugés, les *préjugés religieux*, — je ne dis pas l'esprit religieux qui relève la nature humaine et la soutient, je dis les préjugés d'église qui l'oppriment et la déchirent, et qui, après avoir produit tant de persécutions et de guerres, sont encore aujourd'hui un si grand obstacle au progrès dans presque toute l'Europe,—les *préjugés politiques*, qui entravent le libre essor des individus et des peuples, les *préjugés économiques*, qui les égarent en des voies funestes ; dissipons tous ces préjugés, nous rendrons l'homme à lui-même et nous assurerons l'avenir de la démocratie.

SIXIÈME LEÇON

Mesdames, Messieurs,

A la question que j'ai traitée dans la dernière leçon sous
ce titre : *La morale dans l'atelier*, j'ai cru devoir ajouter
dans mon programme, comme objet d'une leçon spéciale,
cette nouvelle question : *La morale devant la misère*. Cette
question est étroitement liée à la première, car malheureusement la misère n'est que trop voisine de l'atelier ; aussi en
voulant vous entretenir de la morale dans l'atelier, ai-je été
déjà conduit à vous parler de la misère. Mais je n'en ai parlé
en quelque sorte qu'incidemment ; il faut reprendre aujour-
d'hui ce sujet pour le traiter à part comme il convient, en
mettant la morale en face de la misère et en lui demandant
ses enseignements sur ce point.

La société moderne, même dans les pays les plus civilisés
et qui se montrent le plus justement fiers de leurs progrès,
comme la France, l'Angleterre, l'Allemagne, l'Italie, la Belgique, la Suisse, présente un affligeant contraste : tandis
qu'un certain nombre d'individus vivent dans l'abondance,
regorgent de superflu, nagent dans les délices (ces vives
expressions n'ont rien d'exagéré), un plus grand nombre
n'ont pas même le nécessaire, soit que le travail leur manque,
soit que le salaire qu'ils retirent de leur labeur soit insuffisant
pour les nourrir ou pour subvenir aux besoins de leur famille, soit que le malheur (la maladie, les infirmités de la

vieillesse) les ait frappés, soit enfin que le vice (la paresse, l'ivrognerie, etc.) ou seulement l'imprévoyance ait été l'instrument de leur misère.

Le mal que j'indique n'est pas nouveau. A vrai dire, il y a eu dans tous les temps, en plus ou moins grand nombre, des *riches* et des *pauvres*, je veux dire, car le mot pauvre est relatif, des *indigents*.

Les préceptes que l'on trouve dans la Bible à l'égard des pauvres, comme celui qui prescrivait aux Juifs de ne point cultiver leur terre, leurs vignes ou leurs plants d'olivier la septième année, afin que ceux qui sont pauvres trouvent de quoi manger (*Exode*, 23, 11), ou celui de ne pas ramasser les épis restés dans le champ, mais de les laisser pour les pauvres (*Lévitique*, 23, 22), le *Psaume de David* (40) qui proclame « heureux celui qui a l'intelligence sur le pauvre et l'indigent », et tant de maximes relatives à l'aumône que renferment le livre de *Tobie*, l'*Ecclésiastique*, etc. ; enfin l'insistance avec laquelle les *Évangiles*, les *Actes des Apôtres* et les *Épîtres* prêchent l'aumône, tout cela atteste combien était grand, chez les Juifs (pour ne pas remonter plus haut), le mal de la misère.

Elle existait aussi dans l'antiquité grecque et romaine.

Le poëte gnomique Phocylide, qui vivait vers la fin du VI° siècle avant Jésus-Christ, insiste à plusieurs reprises sur le devoir de secourir les pauvres, et témoigne par là de l'existence du mal à cette époque : « Ne rebute point le pauvre », dit-il (VI). — « Donne, dit-il encore (XVI), donne à l'instant au malheureux ; ne lui dis pas de revenir le lendemain, et souviens-toi que c'est à pleines mains qu'il faut donner à l'indigent. »

Mais, dans la société grecque et dans la société romaine, au moins pendant les beaux jours de la République, le fléau de l'indigence resta toujours renfermé dans un cercle assez étroit, ce qui explique pourquoi la morale antique est si sobre de préceptes à l'endroit des pauvres. C'est que l'esclavage, et avec l'esclavage, le patronat, chez les Romains, arrêtaient le développement de ce fléau. L'esclave était assuré de sa subsistance : le maître dont il était la propriété, et qui était par là intéressé à le conserver, pourvoyait à ses besoins et le sauvait au moins de la misère. D'un autre côté, les affranchis ou les hommes libres, en devenant les clients de quelque riche patron, trouvaient dans ce patronage un abri contre l'indigence. Ainsi ce fléau était refoulé par la constitution même de la société antique.

Au moyen âge, le servage produisit, chez ceux auxquels il s'appliqua, c'est-à-dire chez les travailleurs agricoles, le même effet que l'esclavage qu'il avait remplacé. Le serf, attaché à la glèbe, était au moins nourri par la glèbe. D'un autre côté, les corporations de métiers et les confréries (politiques ou religieuses) assuraient, sinon le bien-être, au moins des moyens d'existence à ceux qui en faisaient partie ; ceux-là n'avaient pas à craindre la misère. Mais aussi à cette époque, d'une part, la barbarie générale de la société (confiscation de la propriété territoriale par un petit nombre de seigneurs, guerres continuelles, enfance de l'industrie) et, d'autre part, l'encouragement donné à la mendicité par l'abus de l'aumône et par la glorification même de cet état (je reviendrai sur ce point), développent l'indigence sur une très-vaste échelle. Les pauvres pullulaient en France et ailleurs dans ces temps-là.

« Comme s'il n'y avait pas assez de pauvres en France, dit ce pauvre du xv° siècle que fait parler Monteil dans son *Histoire des Français des divers états* (t. II, p. 10), il nous en est venu de la Grèce, qui, parce qu'ils parlent grec avec aussi peu de peine que les pauvres de France parlent français, sont reçus dans les meilleures maisons et assis aux meilleures tables. Je ne sais trop si encore même ils ne quêtent pas et ne font pas valoir les anciennes indulgences accordées par les papes à ceux qui donneraient de l'argent pour secourir leur ville prise depuis près de cinquante ans ; ce serait d'ailleurs bien digne de mendiants grecs. Il nous est venu encore, les uns disent d'Égypte, les autres de Bohême, de grandes troupes de mendiants appelés bohémiens, qui, malgré leur nom, se rencontrent plus souvent en Champagne ou en Gascogne que dans leur prétendu pays. »

Au XVII° siècle, sous le règne du Grand Roi, si l'on perce cette brillante surface que présentent la cour et la noblesse, on trouve *deux millions de pauvres*, sur lesquels il y avait au moins *cinq cent mille* mendiants. D'après le témoignage de Vauban (*Préface au projet d'une dîme royale*), sur dix Français, il y en avait un qui manquait positivement de pain, cinq qui n'en avaient pas suffisamment, et trois dont la position était fort gênée.

Ce n'est donc pas un mal nouveau que le règne de la misère dans une portion considérable de la société ; mais il faut reconnaître que les causes mêmes qui semblaient devoir la chasser, la liberté du travail et le développement de l'industrie, en engendrant une concurrence acharnée qui produit elle-même l'avilissement des salaires, et en substituant les machines à la main d'œuvre et les grandes fabriques aux petits ateliers, ont donné à ce fléau un développement et un caractère tout nouveau qui l'ont fait désigner sous le nom nouveau aussi de *paupérisme*. Le paupérisme, c'est la misère sévissant en masse parmi les travailleurs qu'attire et qu'emploie l'industrie, et devenant, en quelque sorte, l'état endémique de la population ouvrière agglomérée dans les grands centres manufacturiers.

Transportons-nous dans un de ces centres industriels, si nombreux en Angleterre, en France, en Belgique, etc. En voyant s'élever toutes ces hautes cheminées d'où s'échappent des flots de noire fumée, en entendant le bruit des machines à vapeur et des métiers qu'elles mettent en mouvement, en

contemplant toute cette activité de tant de bras réunis, on
est tenté de croire qu'une si vaste et si ardente industrie doit
répandre une certaine aisance parmi les nombreux ouvriers
qui se sont groupés autour de ces manufactures pour vivre
du travail qu'elles leur fournissent. Mais c'est le contraire qui
a lieu. Chaque fabricant cherchant à produire au plus bas
prix possible pour vendre le meilleur marché possible (c'est
la condition même de la concurrence), et, d'un autre côté,
l'offre des bras ne manquant jamais, mais augmentant toujours, le salaire du travailleur tombe si bas qu'il suffit à
peine ou ne suffit plus du tout à ses besoins et à ceux de sa
famille. Ajoutez à cela que le prix de son loyer et des denrées
nécessaires à sa subsistance s'élève souvent en raison d'une
des causes qui font baisser celui de son travail, en raison de
l'accroissement de la population ouvrière. Et notez que je
parle ici, non des années de disette, mais des temps ordinaires.
L'insuffisance du salaire met déjà l'ouvrier sur la pente de la
misère ; que maintenant il lui survienne quelque maladie
qui l'empêche de travailler, et le voilà réduit à l'indigence. Il
ne s'agit encore là que d'un mal restreint : si tous y sont
exposés, tous n'en sont pas atteints ; mais que, soit par l'effet
de la surabondance des produits, soit par celui de la rareté
des matières premières (comme il est arrivé récemment pour le
coton par suite de la guerre d'Amérique), soit par toute autre
cause, l'industrie vienne à languir, que les manufactures ne
fournissent plus la même quantité de travail ou s'arrêtent (et
ces sortes de crises ne sont, comme on sait, que trop fré-
quentes), et voilà, non plus quelques individus ou quelques
familles, mais toute une population plongée à la fois dans la
misère par ce chômage général, voilà en un mot le *paupérisme* né avec l'affreux cortége qu'il traîne à sa suite.

Ce cortége, ai-je besoin de vous dire de quoi il se compose ? Les maladies les plus tristes, une mortalité effrayante
des enfants, la décrépitude des individus, l'abâtardissement

de la race, voilà pour le physique ; la démoralisation, l'extinction de la pudeur et de la vie de famille, l'ivrognerie, l'abrutissement, la mendicité ou l'habitude de l'assistance, voilà pour le moral.

Il ne faut pas, comme on l'a fait quelquefois, s'exagérer le mal au point de donner à cet égard la préférence au passé sur le présent. Il y a bien là quelque chose de nouveau, je veux dire la concentration de la misère sur certains points déterminés où elle atteint des classes entières de population, et où elle devient, par le fait même de cette agglomération, plus grave encore que lorsqu'elle était disséminée sur toute la surface du pays ; mais il suffit de se rappeler les chiffres que j'ai cités tout à l'heure d'après Vauban, pour se convaincre que la misère a plutôt perdu du terrain qu'elle n'en a gagné, au moins en France : si elle est aujourd'hui plus saillante, plus grave même là où elle est agglomérée, elle est en revanche moins générale. Que l'on se rappelle, d'un autre côté, la peinture que Labruyère faisait des paysans au temps de Louis XIV : « L'on voit, disait cet écrivain, qui joignait au génie du style l'exactitude de l'observation, l'on voit certains animaux farouches, des mâles et des femelles, répandus dans la campagne, noirs, livides, et tout brûlés du soleil, attachés à la terre qu'ils fouillent et qu'ils remuent avec une opiniâtreté invincible : ils ont comme une voix articulée, et quand ils se lèvent sur leurs pieds, ils montrent une face humaine, et en effet ils sont des hommes. Ils se retirent la nuit dans des tanières où ils vivent de pain noir, d'eau et de racines. Ils épargnent aux autres hommes la peine de semer, de labourer et de recueillir pour vivre, et méritent ainsi de ne pas manquer de ce pain qu'ils ont semé. » Que l'on rapproche de ce tableau l'état des paysans que nous voyons aujourd'hui en France, et que l'on dise si de ce côté le passé vaut mieux que le présent. Mais s'il ne faut pas grossir le mal au delà de ses véritables proportions, il ne faut non plus fermer les yeux pour ne pas le voir. Il faut au contraire avoir le courage d'en sonder toute la profondeur. Oui, il y a là un mal affligeant pour l'humanité et menaçant pour l'avenir de la démocratie. Quelle honte en effet pour nos sociétés, si fières de leur civilisation, et quel danger pour la liberté politique, que ces masses de prolétaires à chaque instant exposés à tomber dans la plus profonde misère ou qui y sont déjà plongés et y contractent les vices qu'elle engendre ! Aussi la question de l'*extinction du paupérisme* est-elle l'une des questions capitales de notre temps.

Mais comment résoudre cette question ?

Si je consulte d'abord, sur les moyens de combattre et de détruire le paupérisme, le grand ouvrage où les économistes les plus éminents de notre temps ont exposé les principes de leur science, le *Dictionnaire de l'économie politique*, je lis, à l'article Paupérisme, rédigé par le savant professeur de l'école polytechnique de Zurich, M. Cherbuliez, que « la solution du problème du paupérisme n'appartient pas proprement à l'économie politique (p. 337) », que « l'économie politique ne fournit guère sur la question du paupérisme que des enseignements négatifs », et que « c'est donc ailleurs qu'il faut chercher le remède au paupérisme ». Ainsi, tout en reconnaissant que « le paupérisme actuel a été précisément le produit d'un immense progrès économique », l'économie politique, celle du moins que professe M. Cherbuliez, s'avoue impuissante à guérir par elle-même le mal dont elle fait remonter la cause à l'application de ses propres principes. Nous voilà bien avancés !

D'autres économistes prétendent que le mal est venu de ce que les principes du *laisser faire* et du *laisser passer* enseignés par l'économie politique n'ont pas encore été appliqués dans toute leur étendue, que l'interdiction du libre échange a été le grand obstacle à la diffusion du bien-être, et que l'établissement du libre échange sera le grand remède au paupérisme ; mais il est permis de douter que ce moyen soit suffisant pour détruire la misère : il contribuera certainement, comme l'a déjà fait la liberté de l'industrie établie jusqu'ici, à accroître en général la somme de l'aisance dans la société, mais il produira aussi pour sa part les mêmes effets que le système de concurrence industrielle dont il n'est que la généralisation. Le libre échange pourra bien fournir les moyens d'atténuer plus aisément ces effets, mais il ne concourra pas moins nécessairement à les produire.

Faut-il abandonner pour cela les principes de l'économie politique et chercher la solution du problème dans l'organisation du travail par l'État, comme l'ont fait certains esprits, en France et ailleurs ? Non, les principes du *laisser faire* et du *laisser passer* dérivent eux-mêmes d'un principe inviolable, d'un droit imprescriptible, celui de la liberté individuelle, et ils doivent être aussi à ce titre ceux de toute libre démocratie. L'économie politique peut bien être, et elle est en effet insuffisante par elle-même : aussi doit-on chercher à la compléter par des moyens qui ne sont plus de son ressort ; mais le système qu'on lui oppose est inadmissible. J'ai déjà eu occasion de le juger : en deux mots, il livre infailliblement la société au despotisme et à la ruine. Ce n'est donc pas là qu'il faut chercher la solution du problème.

Quant à ceux qui, sans adopter le système de l'organisation du travail par l'État, ont réclamé le *droit au travail*, ils se sont montrés en cela peu conséquents ; car le droit au travail implique nécessairement l'organisation du travail par l'État. Comment en effet l'État pourra-t-il assurer à chacun du travail et justement le travail qui convient à chacun, s'il n'organise et ne règle lui-même le travail en général. D'ailleurs, indépendamment de cette conséquence, ou, si l'on n'admet pas cette conséquence extrême, des embarras inextricables que le droit au travail susciterait à l'État, il aurait nécessairement pour effet de détruire ou de paralyser dans

7

l'individu les qualités les plus essentielles et les plus précieuses à lui-même et à la société : l'énergie personnelle et l'esprit de prévoyance. Ce n'est donc pas là non plus qu'il faut chercher la solution du problème.

D'autres, tout en repoussant le droit au travail parce qu'il implique l'organisation du travail par l'État ou qu'il crée tout au moins à la société civile des embarras inextricables, veulent que l'on reconnaisse le droit à l'assistance. Mais d'abord c'est là un droit équivoque ; car, comme je l'ai dit ailleurs (1), s'il est juste que l'État force certains de ses membres à venir au secours des autres, ce ne peut être qu'autant que ceux-ci ne souffrent pas par leur faute ; il ne le serait pas que ceux qui, à force de travail et d'ordre, sont parvenus à amasser quelque chose, fussent contraints de nourrir ceux que la paresse ou la dissipation a plongés dans la misère. Or comment faire le départ entre ceux que le malheur ou leur propre faute a précipités dans l'indigence ? En tout cas, il y a ici un très-grand danger : celui de favoriser la paresse et le désordre en assurant à tous un refuge contre la misère qui en est trop souvent la suite.

Cette dernière observation s'applique en général à *l'assistance publique, légale, officielle*, même le droit à l'assistance mis de côté. Par cela même que l'assistance devient une institution publique, quelque chose de fixe et d'assuré, elle a nécessairement pour effet, tout en soulageant le mal, de l'entretenir, au lieu de l'extirper. Aussi les économistes la condamnent-ils en principe. Elle a encore un autre effet : c'est de décourager la *charité privée,* ce qui est doublement fâcheux, d'abord pour les pauvres qu'elle prive des secours privés qu'ils ne manqueraient pas d'obtenir et qui vaudraient mieux pour eux que ceux de la charité légale, et ensuite pour l'État, sur qui la charge de les soutenir pèse plus lourdement. Je ne dis pas qu'il faille la supprimer absolument ; je crois

---

1 *Analyse critique de la doctrine du droit,* p. CLXXXVII.

au contraire qu'elle est nécessaire dans une certaine mesure, aussi longtemps du moins que l'initiative individuelle et l'esprit d'association n'auront pas pris leur véritable essor, surtout dans ces temps de disette ou dans ces grandes crises industrielles où l'assistance publique devient un devoir impérieux, auquel l'État a le droit de contraindre les particuliers, s'ils ne le remplissent pas suffisamment, en disant comme disait Turgot en 1770, pendant la disette qui sévissait sur la *généralité* dont il était l'intendant : « Le soulagement de ceux qui souffrent est le devoir de tous et l'affaire de tous; » mais, dans tous les cas, l'assistance publique doit être dirigée de telle sorte qu'elle ne produise pas les deux effets que j'ai signalés tout à l'heure : d'une part, l'encouragement à la paresse ou à l'imprévoyance, et, d'autre part, le découragement de la charité privée.

La charité privée elle-même n'est pas sans danger, et demande à être pratiquée avec l'intelligence des vrais intérêts de ceux qu'elle tend à secourir.

C'est assurément une grande et belle vertu que la charité à l'égard des pauvres ; mais, mal dirigée, elle a pour effet d'encourager la paresse, l'imprévoyance, la mendicité, et d'entretenir ainsi à son tour le mal qu'elle veut soulager. En ce sens cette sentence que le poëte païen Plaute mettait dans la bouche d'un de ses personnages est juste en sa brutalité : « Celui qui donne à un mendiant de quoi manger ou de quoi boire lui rend un mauvais service ; car il perd ainsi ce qu'il lui donne et il ne fait que lui rendre la vie plus misérable. » A cet égard, il faut bien le reconnaître, l'influence chrétienne n'a pas toujours été salutaire : en prêchant l'*aumône* sans y mettre un correctif suffisant, elle a développé la *mendicité;* elle a été plus loin encore : elle a fait de la mendicité elle-même une sorte de vertu. Voyez en effet ce qui est arrivé sous cette influence dans l'empire romain et au moyen âge. Le nombre des mendiants s'accrut dans de telles proportions que les empereurs romains et plus tard les rois de France ou d'autres pays durent prendre les mesures les plus sévères pour réprimer un tel fléau. Au milieu du quatorzième siècle (1334), une ordonnance du roi Jean obligeait tous les *oiseux*, *truands* ou mendiants valides à prendre du travail ou à sortir de Paris dans les trois jours, sous peine de prison pour la première fois, du pilori pour la seconde, de la marque au fer chaud et du bannissement pour la troisième. Des ordonnances du même genre furent renouvelées de siècle en siècle, mais sans parvenir à supprimer ni même à diminuer le mal : c'est qu'il y avait contradiction entre les idées régnantes et les lois portées pour en corriger les effets. Dans le temps même où ces lois si sévères étaient promulguées contre les mendiants, l'Église renfermait des *ordres* dont les membres faisaient profession de ne subsister que des aumônes des fidèles et qu'on appelait pour cette raison les *ordres mendiants;* et la mendicité, proscrite par certaines ordonnances draconiennes, était consacrée par d'autres. Ainsi Louis XI instituait à Paris une *place de pauvre* au chapitre abbatial de Saint-Martin. L'acte de fondation parle avec sollicitude de la nourriture de ce pauvre, de son entretien, de son vêtement mi-parti de blanc et de rouge. Ce même acte lui donne une place aux processions paroissiales. La place de mendiant à la porte des églises était extrêmement recherchée : « Lorsque, dit ce pauvre du quinzième siècle que fait parler Monteil (T. II), et qui avait obtenu cette faveur à force de protections, lorsque je cesserai de donner de l'eau bénite et qu'on en donnera à ma bière, il y aura des brigues, des cabales pour obtenir ma place. Tout le corps des pauvres se soulèvera. »

En général la mendicité était devenue un *métier*, bien plus, un *art*. Écoutez encore ici ce même pauvre racontant son histoire :

« Je ne connaissais pas encore tous les dons que mon camarade possédait. Un soir que nous n'avions rien de mieux à faire, il m'apprit à me donner les apparences d'un grand nombre de maladies. Ses leçons me furent, je dois le dire, assez profitables, quoique je sois toujours demeuré bien au-dessous de mon maître. Il m'apprit aussi à composer des ulcères avec de la glu, de la farine et du sang. Je lui en vis figurer sur ses bras et sur ses jambes de fort beaux. Quand il voulait, il faisait aussi le démoniaque. C'était à faire mourir de rire ceux qui savaient qu'il jouait ce rôle, à faire mourir de peur ceux qui ne le savaient pas. Toutefois il n'usait plus de cette ressource ; je lui en demandai la raison. Il me donna d'abord quelques méchantes défaites ; mais, lorsque je fus dans son intime confidence, il m'avoua qu'un vieux curé, après les premiers tremblements, les premières contorsions, au moment où les cris, les convulsions commençaient, dit aux assistants : « Mes frères, voilà un démon qu'il faut chas-« ser, non pas avec la croix, mais avec le bâton de la croix. » Aussitôt, ajouta mon camarade, les sacristains et les clercs d'exorciser mes côtes si fort et si longtemps qu'elles ne me conseillent plus désormais un pareil gagne-pain. »

Aujourd'hui la mendicité a disparu ou presque entièrement disparu en France, mais elle continue de fleurir dans une partie de l'Europe. Et voyez quelle est encore à cet égard la force des préjugés : il y a quelques années, dans le duché de Modène, une ordonnance, rendue sous l'empire de l'influence cléricale, contenait les deux articles suivants : « Art. 1ᵉʳ. L'aumône étant enseignée et commandée par l'Évangile à tout bon disciple du Christ, toutes les mesures adoptées contre la mendicité sont rapportées comme contraires à l'esprit et à la lettre de l'Évangile. — Art. 2. En conséquence, la *profession de mendiant* est déclarée libre. »

Mais la profession de mendiant fût-elle abolie, la charité publique ou privée continuera toujours de produire de fâcheux effets tant qu'elle ne sera pas convenablement dirigée.

Il importe donc de rechercher comment elle doit être exercée pour remédier autant que possible au mal, au lieu de l'entretenir et de l'aggraver. Les règles que je vais indiquer s'appliquent plus particulièrement à la charité privée, mais la charité publique peut elle-même en faire son profit à quelques égards. Je suis bien éloigné d'ailleurs de prétendre qu'il n'y ait pas ici d'autre remède à pratiquer : je crois au contraire qu'il y en a d'autres, et d'excellents, que j'indiquerai tout à l'heure; mais aussi longtemps que l'application de ceux-ci n'aura pas extirpé le mal, la charité privée ou publique restera nécessaire. Seulement, comme, avec les meilleures intentions du monde, elle peut produire de déplorables effets, il faut la mettre en garde contre ce danger et lui retracer la route à suivre.

Sa première règle doit être de ne pas s'appliquer seulement à soulager la misère, mais de travailler à la détruire. Il faut aller sans doute au plus pressé : la faim ne peut attendre; mais, tout en pourvoyant aux besoins urgents de celui qui souffre, il faut s'efforcer de le tirer de sa misère et de l'empêcher d'y retomber. Pour cela on cherchera à lui procurer un travail qui le fasse vivre et le relève lui-même à ses propres yeux. Si on ne lui trouve pas de travail, ou si celui qu'on lui procure est insuffisant, on l'aidera plutôt sous la forme d'un prêt que sous celle d'une aumône, sauf à lui faire plus tard la remise de ce qu'on lui aura donné ainsi. Cette conduite aura un double avantage : d'abord, d'épargner une humiliation à celui qu'on secourra (pour peu qu'il soit encore sensible à ce genre d'humiliation); ensuite et surtout, de l'empêcher de se faire de l'assistance une habitude. Dès qu'il parviendra à gagner quelque argent, on le poussera à en épargner quelque chose en vue de la maladie ou du chômage, et on lui facilitera les moyens de placer avantageusement ses épargnes. En un mot, on s'appliquera à stimuler et à développer en lui l'activité et la dignité personnelles par toutes les combinaisons que suggérera l'esprit de charité bien entendu ou le véritable esprit de fraternité.

Mais, pour que la charité ainsi comprise soit vraiment féconde, il faut qu'au lieu de rester isolée, elle multiplie ses forces par le moyen de l'association. Autrement, n'exerçant son action que sur quelques points détachés et agissant sans suite, comme sans accord, elle ne produirait qu'un petit bien dans un si grand mal.

Il y a bien des associations de ce genre ; mais 1° elles ne sont pas suffisamment nombreuses ; 2° elles obéissent souvent à des préjugés qui étouffent en elles le véritable esprit de charité : c'est, par exemple, le défaut de certaines sociétés religieuses, de s'enquérir de la croyance particulière de ceux qu'elles secourent et de se servir du bien qu'elles font comme d'un instrument de prosélytisme ; 3° enfin elles oublient trop souvent la règle que j'ai indiquée tout à l'heure : elles soulagent la misère, mais elles ne travaillent pas à la détruire. Il faut donc et que ces sociétés se multiplient : elles ne seront jamais trop nombreuses en face d'un mal si étendu ; et qu'elles se dégagent des préjugés religieux qui pèsent sur elles, pour embrasser l'esprit de charité dans toute sa largeur ; et qu'elles se rappellent aussi que la charité ne doit pas être seulement (passez-moi ce mot) *subventive*, mais *préventive*. Déjà l'on commence à entrer dans cette nouvelle voie ; mais combien ne reste-t-il pas encore de progrès à faire en ce sens ?

Mais le plus grand progrès,— j'arrive ici au moyen que j'ai annoncé plus haut, et en cela même je ne fais que revenir au principe vital que j'ai déjà invoqué dans ma dernière leçon,— le plus grand progrès, ce serait que les ouvriers cherchassent eux-mêmes dans l'association le moyen de prévenir la misère, de manière à rendre inutile la charité extérieure.

L'association, voilà en général quel doit être le grand levier de nos modernes sociétés. La démocratie, là où elle a triomphé, a détruit les anciens corps (compagnies, confréries, corporations), parce qu'ils représentaient des priviléges contraires à l'esprit de liberté et d'égalité; mais, si l'on ne met rien à la place, que restera-t-il, sinon des grains de poussière disséminés à travers l'espace et par là même impuissants? Sans doute l'individu subsiste, à moins cependant qu'il ne soit lui-même absorbé par l'État, contre lequel, sans l'esprit d'association que je préconise, il se trouvera nécessairement sans défense; mais, même ce danger écarté, si l'individu est en effet le principe de toute activité, il n'acquerra à son tour toute sa puissance d'action qu'à la condition de s'agréger à d'autres individus et de former avec eux un corps, un groupe compacte et solidaire. Il faut donc, comme je le disais dans ma dernière leçon, enter sur la liberté et l'énergie individuelles l'esprit d'association et de solidarité. Là est le secret de la conciliation de ce que l'on a nommé dans ces derniers temps l'*individualisme* et le *socialisme;* là est la solution de ce que l'on appelle le *problème social.*

Là est en particulier l'instrument du salut pour les ouvriers, et cet instrument est entre leurs mains. Par là en effet ils pourront, avec ou sans aide, mais pourvu qu'on ne les entrave pas, non-seulement se sauver de la misère qui les tue ou les menace, mais encore s'élever eux-mêmes du rang d'ouvriers à celui de maîtres, je veux dire de leurs propres maîtres, et se soustraire ainsi à la dégradation du *paupérisme* ou même à la dépendance du *prolétariat.*

Le progrès commence aussi à se faire en ce sens : témoin ce grand mouvement de sociétés de secours mutuels ou mieux encore d'associations *coopératives* que j'ai déjà eu occasion de vous signaler.

Mais, pour que ce nouveau progrès, qui est comme le miracle de l'esprit de libre association, puisse se développer sur la plus vaste échelle, une condition fondamentale est nécessaire, et ici je suis ramené à ce que j'ai déjà dit à la fin de ma dernière leçon. Ma conclusion sera donc aujourd'hui la même que la dernière fois. Ne me reprochez pas cette monotonie, elle m'est imposée par mon sujet : l'instruction populaire, voilà en effet le premier et le dernier mot de toute leçon sur la morale dans la démocratie. Oui, la condition essentielle du développement de ce progrès au début duquel nous assistons et dont la portée est immense, c'est la diffusion dans tous les rangs du peuple de l'instruction, c'est-à-dire de la lumière qui dissipe dans l'homme la nuit de l'animalité, développe en lui le sentiment de sa dignité et de ses devoirs comme de ses droits, et lui fournit ou lui suggère les moyens de se sauver lui-même.

DEUXIÈME PARTIE : LA MORALE PUBLIQUE

SEPTIÈME LEÇON

LA MORALE DANS L'ÉTAT.

I

LES CITOYENS

Mesdames, Messieurs,

Après avoir montré dans la *morale privée* les premières
bases de la démocratie, il faut, en appliquant directement
la morale à la politique, montrer dans la *morale publique*,
je veux dire dans l'ensemble des devoirs et des vertus que
la morale nous prescrit par rapport à cette forme nécessaire
de la société humaine qu'on appelle la société civile ou politique, ou d'un seul mot l'*État,* les conditions essentielles de
toute vraie et solide démocratie. Je pénètre ici dans le cœur
même de mon sujet, puisque ce n'est plus seulement de devoirs et de vertus privés qu'il va être question, mais de
devoirs et de vertus publics, c'est-à-dire de l'essence même
de l'État démocratique.

Mais, avant d'entreprendre l'analyse de ces devoirs et de
ces vertus, il est nécessaire de bien fixer l'idée que nous
devons nous faire de l'*État* en général et particulièrement
de l'*État démocratique*. Il n'y a pas d'idée qui ait été plus

pervertie et dont on ait plus abusé que celle de l'État et celle même de la démocratie, et il n'y en a pas qu'il importe davantage de ramener à son principe rationnel. Ce sera là notre première tâche.

Chaque homme, par cela seul qu'il est une *libre personne*, a le droit d'user librement de toutes ses facultés, à la condition de ne pas porter atteinte à la même liberté chez les autres hommes. Ce droit primordial, ou, ce qui revient au même, les droits particuliers dans lesquels il se décompose, comme le droit de penser, de parler, d'écrire, ou celui de travailler librement, sont des *droits naturels*, inhérents à notre libre personnalité. De plus, en exerçant ces droits naturels, chaque homme peut en *acquérir* d'autres, comme celui de *propriété*, qui, dérivant des premiers, sont respectables au même titre. C'est dans le respect réciproque de tous ces droits, *naturels* ou *acquis*, que consiste la justice, au sens strict de ce mot.

Mais que deviendraient ces droits et par conséquent la justice en l'absence de toute *garantie commune*, c'est-à-dire dans ce que l'on a appelé l'*état de nature*? Ils seraient à la merci de la violence. Les conflits qu'ils ne peuvent manquer de susciter, par cela même qu'ils se limitent réciproquement, dégénéreraient infailliblement en luttes où triompherait la force, non la justice; et les convoitises qu'ils exciteraient se donneraient toute carrière, dès qu'elles auraient cette force brutale à leur disposition : le plus faible deviendrait ainsi la proie du plus fort; les loups mangeraient les agneaux. On l'a dit avec raison : l'état de nature est nécessairement un état de guerre et d'oppression.

Or la société civile ou politique (je prends ici ces deux épithètes comme synonymes) a précisément pour but de faire cesser ou d'empêcher ce désordre, en garantissant, au moyen d'une *force commune* ou d'une *puissance publique* agissant d'après des *lois publiques*, les droits de chacun contre toute violence, soit au dedans, soit au dehors. Assurer ainsi la jouissance de ces droits et faire régner par là la justice entre tous, tel est donc le principe de l'État, soit qu'on entende par ce mot la société civile ou politique elle-même, soit qu'il désigne plus particulièrement l'ensemble des pouvoirs publics qui doivent présider à cette forme de société (ces deux sens sont également consacrés par l'usage, et le second n'est, si je puis m'exprimer ainsi, qu'une particularisation du premier). Quand je détermine ainsi le principe de l'État, j'indique sans doute son *principe rationnel*, celui que lui assigne la raison, mais j'indique aussi son *origine historique*; car, en se formant en sociétés politiques, les hommes, qu'ils s'en rendissent compte ou non, qu'ils agissent en cela instinctivement ou par réflexion, ont évidemment obéi au principe que je signale.

Mais les hommes ne forment pas seulement un *État*, ils forment des *États divers*. Pour expliquer ceci, il faut faire intervenir, outre la raison générale (la raison de *justice*) que je viens d'indiquer, certaines circonstances particulières, telles que la communauté de *race*, de *langue*, de *sol* ou d'*intérêts* de tout genre (moraux aussi bien que matériels); c'est ce lien spécial qui constitue proprement la *nationalité*, la *patrie*. Ce nouveau lien entraîne dans l'association des dispositions spéciales relatives à la *prospérité* de l'État; mais il n'exclut pas, il implique au contraire le principe de justice que j'ai dû signaler d'abord. Les hommes constituent des États particuliers suivant tels ou tels rapports, tels ou tels intérêts communs qui les réunissent; mais l'association qu'ils forment entre eux doit toujours avoir pour but la garantie du droit de chacun.

C'est dans ce droit des individus qui composent l'État que réside le *principe*, mais aussi la *limite* de la *légitimité* de la force collective qu'il institue. L'État étant une association destinée à garantir à chacun, au moyen de la force collective, ses droits naturels et légitimement acquis, et à concourir par là même ou par d'autres moyens secondaires au plus grand bien de tous, il ne peut donc se servir de cette force pour attenter à ces droits. Ce serait, comme l'a dit quelque part l'éminent économiste Bastiat, une *perversion de la force* qui lui a été dévolue pour défendre les droits de chacun, et qui n'est légitime qu'à ce titre.

De ces prémisses il est aisé de déduire les caractères que doit avoir l'État, ses caractères essentiels, ceux qu'il ne peut perdre sans violer son principe et sans manquer à sa mission; et ceci va précisément nous ramener à la démocratie.

L'État étant, dans son sens général, une association, ou, dans son sens restreint, un ensemble de pouvoirs publics destiné à garantir les droits, naturels ou acquis, de chacun : la *sûreté personnelle*, la *liberté*, la *propriété*, etc., il ne peut appartenir à un maître qui en dispose à son gré. Ce n'est que par un monstrueux abus de la puissance publique qu'un homme peut arriver à dire, comme Louis XIV, « L'État c'est moi ; » ou encore comme ce même monarque (dont je cite les propres expressions), que « Les rois sont seigneurs absolus et ont naturellement la disposition pleine et entière de tous les biens qui sont possédés », doctrine qu'à la même époque confirmait la faculté de théologie de Paris, la Sorbonne, en répondant au roi que « Tous les biens de ses sujets lui appartenaient et qu'il pouvait en user comme des siens propres. » Écartons donc sans autre explication (il n'en est pas besoin) cette forme de l'État, l'*autocratie*, qui le divise en deux parties dont l'une se compose d'un homme, le *souverain*, et l'autre de tous les autres, les *sujets*. Si l'on me dit qu'un tel maître est tout-puissant pour le bien, je répondrai (la réponse se présente d'elle-même et on l'a faite déjà bien souvent) qu'il est aussi tout-puissant pour le mal, et je rappellerai ces paroles d'Étienne de la Boétie, dans son discours sur *la servitude volontaire*, que, « à parler à bon escient, c'est un extrême malheur d'être sujet à un maître, duquel on ne peut jamais être assuré qu'il soit bon, puisqu'il est toujours en sa puissance d'être mauvais quand il voudra. » Bon ou mauvais d'ailleurs, un maître est toujours un maître, c'est-à-dire quelque chose qui ne saurait s'accorder avec la dignité de l'homme.

Si l'État ne peut appartenir à un homme, il ne peut pas davantage appartenir à une classe d'hommes *privilégiés*, à une *caste* s'attribuant exclusivement la souveraineté et tenant sous sa dépendance tous les autres membres de la société. Écartons encore cette forme politique, l'*aristocratie*, qui divise aussi l'État en deux parties, dont l'une ne se compose plus à la vérité d'une seule tête, mais de plusieurs formant un corps à part, la *noblesse*, et dont l'autre comprend tout le reste de la nation, le *peuple*.

Les deux formes politiques que je viens d'indiquer et de caractériser sont contraires aux droits inaliénables et imprescriptibles de la personnalité humaine, que l'État a précisément pour but de garantir. Elles traitent les hommes qu'elles réunissent, au moins une partie d'entre eux, comme des *choses* : elles les dépouillent de leur *liberté naturelle ;* et elles introduisent dans la société des distinctions opposées au *droit commun*, à l'égalité du droit, en un mot à la *justice*.

L'État, — ceci résulte de la définition même que nous en avons posée : une association destinée à garantir les droits naturels ou acquis de chacun, — l'État doit embrasser toute la nation sans distinction de rang ni de priviléges, et attribuer au *peuple entier* la souveraineté réservée par les formes précédentes au *monarque* ou à la *noblesse*. Il doit donc être, en ce sens, *démocratique*.

Mais il faut bien s'entendre ici. Une société politique étant une société d'hommes, c'est-à-dire de *personnes*, ne saurait appartenir à un maître, ni à plusieurs; elle s'appartient à elle-même, et elle a ainsi le droit de se gouverner comme il lui convient. C'est là ce que signifie proprement le principe de la *souveraineté du peuple*. S'ensuit-il qu'un peuple ait le *droit de tout faire?* Il n'aurait pas même ce droit quand il serait unanime ; car la volonté du peuple est, comme celle de l'individu, soumise à la loi de la justice, laquelle seule est souveraine, dans le sens absolu de ce mot. Quand tout un peuple serait unanime, je ne dis pas seulement pour commettre une injustice à l'égard d'un autre peuple, par exemple pour l'assujettir à sa domination, mais pour se dépouiller lui-même de quelque liberté essentielle et inaliénable, comme la liberté de conscience (en s'imposant une religion d'État), sa volonté, malgré l'adage : *volenti non fit injuria*, n'en serait pas plus légitime. Mais d'ailleurs cette unanimité est une hypothèse qui ne peut guère se réaliser ; c'est toujours en réalité la *majorité* qui décide, soit directement, soit par l'intermédiaire de ses représentants. Or, si la majorité abuse de la force dont elle dispose pour opprimer la minorité, ou même un seul citoyen, comme par exemple la démocratie athénienne condamnant Socrate à boire la ciguë, sous prétexte qu'il ne reconnaissait pas les dieux de la cité et qu'il corrompait la jeunesse, le droit individuel que l'association est destinée à garantir est violé : c'est encore une perversion de la force. Que le despotisme soit exercé par un seul, ou par plusieurs ou par le plus grand nombre, c'est toujours le despotisme. Celui de la foule, et je ne parle pas ici de la violence démagogique, qui ramène la société à l'état de nature, mais du *despotisme légal* du nombre, ce genre de despotisme n'est pas plus acceptable, et il peut être plus intolérable encore que celui d'un monarque ou d'une noblesse. Lorsqu'il s'introduit dans l'État, conservât-il la forme républicaine, il le divise à son tour en deux parties, dont l'une écrase l'autre. D'ailleurs le despotisme, même légal, de la foule abdique volontiers entre les mains d'un maître, d'un dictateur, d'un César, et ramène ainsi la démocratie à l'autocratie; il faut donc que la démocratie soit organisée de telle sorte que les droits, naturels ou acquis, de chacun y soient toujours respectés, et qu'elle ne puisse jamais dégénérer, je ne dis pas seulement en *démagogie*, mais même en *ochlocratie*, c'est-à-dire en tyrannie de la foule, ou en *césarisme*, c'est-à-dire en tyrannie d'un seul au nom de la foule; il faut en un mot qu'elle soit une *libre démocratie*.

Arrêtons-nous un instant sur ce point; il est capital.

On décore souvent du nom de démocratie une certaine constitution politique qui proclame bien la souveraineté du peuple et invoque même le suffrage universel, mais pour transférer aussitôt la toute-puissance à un chef, élu ou héréditaire (peu importe), lequel, concentrant dans ses mains tous les pouvoirs, est en réalité le maître absolu de la liberté, des biens, de la vie même des citoyens. C'est ainsi que le césarisme romain, le règne des Tibère, des Caligula, des Néron a été qualifié du nom de démocratie. C'est ainsi que le nouveau césarisme qui s'est établi en France au 18 brumaire n'a pas manqué de se donner pour le couronnement de la démocratie, et cette singulière prétention n'a trouvé que trop de prôneurs. Non, ce n'est point là la démocratie; ce n'en est que le mensonge. La démocratie, je l'ai dit et je le répète, ce n'est pas l'*égalité dans la servitude*, mais la *liberté dans l'égalité*. C'est un État, par conséquent, où non-seulement tous ont les mêmes droits, mais où ils conservent *tous les droits* inhérents à leur qualité d'*hommes*, par suite à celle de *libres citoyens*, et où le gouvernement de la chose publique, étant une œuvre d'*hommes libres*, est ainsi un libre gouvernement, un *self-government*, comme disent les Anglais. Il faut donc que, dans cet État, chacun puisse se diriger lui-même avec une pleine indépendance, développer toutes ses facultés sans aucune entrave, jouir sans obstacle du fruit de son travail, et que, comme chacun se gouverne lui-même en toute liberté, ainsi les pouvoirs publics auxquels tous sont appelés à concourir d'une manière ou d'une autre, représentent véritablement le gouvernement de la nation par elle-même. Voilà la vraie démocratie ; je n'en connais pas, ou plutôt je n'en reconnais pas d'autre.

Je ne rechercherai pas ici comment les pouvoirs publics doivent être organisés et suivant quel mode les citoyens y doivent concourir pour que le but que je viens de rappeler soit le plus sûrement atteint : cette question, qui n'est plus une question de *pure morale*, mais de *théorie politique*, m'entraînerait trop loin hors de mon sujet. J'aurai seulement à indiquer, d'après les principes que nous fournit la morale elle-même, les *devoirs du gouvernement* et, en général, des pouvoirs publics que comprend l'État ; mais d'abord il faut montrer quels *devoirs*, quelles *vertus* les institutions démocratiques exigent des citoyens eux-mêmes. En effet, pour que ces institutions puissent s'établir et durer, il faut que les membres de la société politique, outre les *vertus individuelles et sociales* que j'ai décrites dans mes précédentes leçons sous le titre de morale privée, sachent aussi pratiquer certaines *vertus publiques* que je vais essayer de décrire, en leur opposant les vices contraires. Ce sera l'objet spécial de tout le reste de cette leçon.

La première vertu du *citoyen*, c'est le respect de la *liberté* de ses concitoyens. Il ne suffit pas d'être jaloux de sa propre liberté, mais il faut aussi respecter et aimer celle des autres. Ce respect de la liberté d'autrui est en général un devoir à l'égard de tous les hommes, *en tant qu'hommes ;* comment n'en serait-ce pas un envers ceux avec qui nous sommes plus particulièrement unis par le lien de la société politique, envers nos concitoyens ? La liberté de tous les citoyens doit donc être comme un objet de culte pour chacun ; et, comme cette liberté ne va pas sans certaines *conditions politiques* destinées à la garantir, notre culte de la liberté doit s'étendre à ces *garanties publiques* sans lesquelles elle ne saurait être assurée.

Là est le fondement de ce *self-government*, de ce gouvernement de la nation par elle-même dont je parlais tout à l'heure : ceux qui savent aimer la liberté ne manquent pas de s'attacher aux garanties qui peuvent seules lui servir de rempart, aux *libertés politiques* ou *publiques*, comme on les appelle, telles que la liberté électorale, la liberté de la presse, etc. ; et, dès que les citoyens sont fermement attachés à ces libertés, dès qu'ils revendiquent et exercent sérieusement les droits qui y sont inhérents, comme le droit de suffrage ou le droit de discuter les lois et l'administration, le *self-government* est sauvé.

Si le culte de la liberté est une vertu cardinale dans le citoyen, l'amour de la *licence* est chez lui un vice non moins capital ; car, si le premier est le nécessaire soutien du *self-government*, le second, au contraire, produit infailliblement le despotisme. La licence n'est pas seulement, comme on le dit souvent, l'abus de la liberté ; c'est la *négation* de la liberté même. Elle consiste, en effet, à se servir de sa propre liberté pour attenter à celle d'autrui ; et, par conséquent, elle est la violation de la loi essentielle de la liberté, qui est, comme Kant l'a si bien défini (1), l'accord de la liberté de chacun avec celle de tous. Elle est destructive aussi de la liberté politique. Lorsqu'elle se propage dans un peuple, elle amène nécessairement le despotisme : la toute-puissance d'un maître apparaît alors comme un instrument de salut ou au moins comme un moindre fléau, et l'on voit ceux-là mêmes qui ont le plus compromis la liberté par leur licence se ruer à l'envi dans la servitude. C'est là une vérité trop bien confirmée par l'expérience pour que j'aie besoin d'y insister.

Les vrais citoyens se garderont donc soigneusement de la licence qui appelle le despotisme, mais ils ne sauront pas moins résister au despotisme, pour qui la licence n'est trop souvent qu'un prétexte habilement exploité, et qui, en tout

______

(1) *Doctrine du droit*, p. 43 de ma traduction.

cas, est lui-même un attentat aux droits de ceux qu'il prétend sauver. L'amour de la liberté leur fera d'ailleurs repousser en général toute espèce de despotisme, la démagogie aussi bien que le césarisme, l'ochlocratie aussi bien que l'autocratie. La *Déclaration des droits de l'homme et du citoyen*, cet évangile de la société moderne rédigé, sous l'inspiration de la philosophie du xviii° siècle, par la première *Assemblée nationale* de la Révolution française, avait inscrit la *résistance à l'oppression* parmi les droits naturels et imprescriptibles de l'homme : c'est en effet un droit inhérent à la personne humaine que de résister à la force qui la veut opprimer ; mais c'est de plus un devoir de citoyen que de repousser l'oppression par tous les moyens légaux dont on peut disposer, et, en l'absence de tout autre moyen, par la force. L'accomplissement de ce devoir exige une vertu malheureusement trop rare parmi les citoyens, au moins dans certains pays, et sans laquelle pourtant la liberté n'est jamais assurée dans un peuple ; je veux parler du *courage civique.*

Les stoïciens définissaient admirablement le courage *la vertu combattant pour l'équité* (1). On pourrait définir le courage civique la vertu défendant la liberté et les droits des citoyens contre la tyrannie, que cette tyrannie soit exercée d'ailleurs par la foule ou par un despote. Il ne faut pas souvent moins de courage dans le premier cas que dans le second, et peut-être même est-ce alors que cette vertu est le plus difficile à pratiquer : on résiste plus malaisément à une foule qu'à un homme, et n'eût-on à craindre que l'*impopularité*, c'est un des inconvénients qu'on a le plus de peine à braver. Que sera-ce s'il s'agit de risquer une popularité acquise? Il faut pourtant savoir en faire, au besoin, le sacrifice. Le vrai courage civique se montre également dans tous les cas. Ainsi Socrate, ce type de la vertu civique, comme de

---

(1) *Itaque probe definitur a stoicis fortitudo, quum eam virtutem esse dicunt propugnantem pro æquitate.* Cicéron, *De officiis,* lib. I, cap. xix.

toutes les vertus, refusait, au péril de sa vie, d'obéir aux ordres iniques du tyran Critias, prétendant lui interdire tout entretien avec les jeunes gens, ou lui prescrivant d'aller saisir à Salamine un riche citoyen dont il voulait confisquer les biens et trancher la vie ; et ce même Socrate ne résistait pas avec moins de courage au peuple qui demandait, contrairement à la justice et à la loi, la mort des généraux vainqueurs aux Arginuses (1). Quand on parle de ce dernier genre de courage civique, un nom se présente à la mémoire, celui de Boissy d'Anglas, immortalisé par l'héroïsme qu'il montra, comme président de la Convention nationale, le 1er prairial an III (20 mai 1795). Assailli par les clameurs de la foule qui a envahi l'assemblée, menacé, couché en joue, il reste impassible ; et, sans paraître même s'apercevoir du danger qu'il court, il rappelle la foule au respect de la représentation nationale. On lui criait : « Nous n'avons pas besoin de ton assemblée, le peuple est ici, tu es le président du peuple, signe et le décret sera bon ; signe, ou je te tue ; » lui, tranquille, répondait : « Pour moi, la vie est peu de chose, mais prenez garde : vous parlez de commettre un grand crime, je suis représentant du peuple, je suis président de la Convention ; » et il refusait de signer. La tête d'un représentant du peuple qui vient d'être massacré par la populace pour avoir voulu résister à l'envahissement de la Convention, lui est présentée au bout d'une pique : il la salue et demeure ferme à son poste (2). Voilà un grand exemple de courage civique. Malheureusement, Boissy d'Anglas ne sut pas opposer au césarisme, qui vint bientôt confisquer toutes les libertés conquises par la Révolution, cette fermeté stoïque qu'il avait montrée en face d'une foule en délire : il se laissa faire sénateur et comte de l'Empire. Il est juste d'ajouter qu'il conserva jusqu'à sa mort les principes libéraux dont il avait nourri et fortifié sa

(1) Voyez *Les martyrs de la libre pensée*. Genève, 1862, p. 18.
(2) V. *Réimpression de l'ancien Moniteur*, t. XXIV, p. 502-512.

jeunesse ; mais ces principes mêmes auraient dû lui faire repousser les dignités impériales. Héroïque devant la tyrannie de la foule, il se montra faible devant celle de Napoléon. Ce fut, il est vrai, une faiblesse trop commune parmi ses concitoyens ; mais on voudrait au moins ne pas la retrouver chez un Boissy d'Anglas.

On a quelquefois comparé le courage civique et le courage militaire. Il s'en faut que le premier soit toujours à la hauteur du second. Combien n'a-t-on pas vu d'officiers, intrépides devant la mort sur les champs de bataille, se courber lâchement sous le joug du despotisme, et du rang de héros retomber à celui de plats courtisans ! D'où vient ce contraste ? C'est que le courage civique suppose à la fois une élévation d'esprit et une fermeté de caractère que ne suppose pas nécessairement le courage militaire. Aussi est-il plus rare. Il est aussi plus précieux. Le courage militaire peut faire un peuple conquérant ; le courage civique fait les peuples libres. C'est, messieurs, ce que les annales de votre histoire vous enseignent par des exemples éclatants. Aussi les noms des Pécolat, des Berthelier, des Levrier, des Bonnivard, des Besançon-Hugues sont-ils justement honorés parmi vous. Tous ces héros bravèrent les tortures et les derniers supplices pour affranchir leur pays du joug de la tyrannie ; et, grands mépriseurs de mort, suivant l'énergique expression que Bonnivard appliquait à Berthelier, ils n'hésitèrent pas à cimenter ses libertés de leur sang.

Le courage civique n'est pas toujours aussi difficile à exercer ; mais, même dans des conditions beaucoup plus aisées, il est trop peu commun. Combien est commune, au contraire, cette lâcheté qui fait que l'on s'incline devant le despotisme, non-seulement sans résister, mais sans mot dire, ou même en bénissant son joug, que l'on assiste d'un œil indifférent à tous les attentats du pouvoir contre la vie, la liberté, les biens de ses concitoyens, et que, loin de sympathiser avec les victimes, on leur jette la pierre. Cette lâcheté peut naître en général d'une certaine faiblesse d'esprit et de caractère qui donne toujours raison à la force et se plaît à céder au torrent; mais elle a aussi plus particulièrement sa cause dans cet appétit des jouissances matérielles et du luxe que j'ai déjà plusieurs fois signalé comme un des fléaux de notre époque. Comment celui qui est l'esclave de ses plaisirs et de son faste ne serait-il pas celui de César? Le soin du bien-être passe alors nécessairement avant celui de la liberté publique, et l'on ne songe pas que, par ce coupable égoïsme, on s'expose à se voir soi-même dépouillé de tous les avantages que l'on a cru s'assurer par là.

Ce n'est donc pas tout à fait sans raison que l'on a présenté la modération dans les désirs et la simplicité dans les goûts comme une partie de la vertu républicaine. Est-ce à dire qu'il faille en revenir aux lois somptuaires de Lycurgue ou de Calvin? Non. L'esprit moderne repousse avec raison ces lois comme attentatoires à la liberté de l'individu et comme contraires à la prospérité de la société ; mais il faut aussi que les citoyens sachent réprimer d'eux-mêmes cet amour des jouissances matérielles et du luxe qui tend à les envahir et offre au despotisme des prises si faciles.

Outre la vertu qui tient à la liberté, il en est une autre non moins essentielle au vrai citoyen de la démocratie, c'est celle qui regarde l'*égalité*. Tel est le caractère de la démocratie que tous les membres de l'association, à moins d'une déchéance méritée, y sont *également citoyens*, et par conséquent y jouissent des mêmes droits civils et politiques. En établissant cette égalité, la démocratie ne réalise pas seulement ce qu'exige le titre de citoyen, mais celui d'homme : non-seulement, en effet, l'égalité civique, mais l'égalité humaine n'est pas respectée là où certaines classes ou certains individus jouissent de droits civils et politiques dont les autres sont exclus, et où les membres de ces classes privilégiées traitent les autres comme des inférieurs, des mineurs, des subordonnés. Mais cela ne suffit pas encore. Il faut aussi que le respect de cette égalité entre les citoyens, qui lui-même se fonde sur celui de la dignité humaine, pénètre dans les mœurs ; il faut qu'il fasse en quelque sorte partie de la moelle du démocrate. Malheureusement, il n'est pas rare de voir des hommes qui se donnent pour démocrates se conduire dans la pratique en vrais aristocrates, traiter avec un orgueil dédaigneux et insultant ceux de leurs concitoyens qui sont déshérités de la fortune, et rétablir ainsi, par leurs façons d'agir, la distance que la constitution politique a voulu combler. J'ai vu de ces soi-disant démocrates singeant la manière des grands seigneurs au point de se faire remettre leurs lettres sur des plats d'argent par des domestiques en livrée et en gants blancs. O inconséquence humaine ! Celui qui est attaché de cœur aux idées démocratiques ne tombera pas dans cette contradiction ; il montrera par toute sa conduite qu'il a le respect de la dignité de l'homme et du citoyen.

Son amour de l'égalité le préservera aussi de la manie de ces *décorations* qui, quelque bien méritées qu'elles puissent être, n'en sont pas moins contraires à l'esprit de la démocratie, et qui aussi bien, justement proscrites des républiques, ne fleurissent que dans les monarchies, pour lesquelles elles sont un instrument de règne. Mais ici encore je trouve une choquante inconséquence chez nos modernes démocrates. Combien n'en voyons-nous pas rechercher avec avidité et porter avec une complaisance plus ou moins visible ces signes extérieurs qu'on a si bien nommés les hochets de la vanité ! Je ne m'étonne pas de rencontrer ce travers dans les démocraties que le despotisme a façonnées à sa guise ; mais il est plus étrange de voir des citoyens que leurs institutions républicaines en devraient préserver, chercher dans les décorations étrangères comme un dédommagement à celles qui leur manquent chez eux.

Mais, si je m'élève contre ce travers, parce que je le regarde comme contraire à l'esprit républicain, c'est-à-dire au véritable esprit démocratique, je suis bien loin de vouloir flatter un autre penchant, auquel les démocraties ne sont que trop sujettes : je veux parler de l'*envie* à l'égard de toute supériorité. Je tiens au contraire ce vice pour un des fléaux les plus funestes de la démocratie. J'admets que les démocraties soient défiantes : c'est pour elles surtout qu'il est vrai de dire avec le proverbe, que défiance est mère de sûreté ; mais l'envie est un mauvais sentiment qui conduit à leur perte celles qui s'en laissent ronger : elles appellent alors le despotisme pour courber toutes les têtes sous le même brutal niveau.

Le respect de la *liberté* et celui de l'*égalité* ont leur principe dans le respect du droit ou de la justice ; mais, comme le règne de la justice ou du droit ne peut être assuré parmi les hommes que par celui des *lois positives*, de là aussi pour le citoyen la nécessité de cultiver cette vertu qui consiste dans le respect de la *légalité*.

Les lois, pour se faire obéir, sont forcées de s'appuyer sur certaines sanctions pénales : c'est là une nécessité à laquelle, dans l'état présent de l'humanité, aucune société politique ne peut se soustraire (je reviendrai sur ce point en vous parlant de la *pénalité*) ; mais celui qui n'obéirait aux lois que par crainte des peines attachées à leur infraction, celui-là ne serait pas un vrai citoyen : pour mériter ce titre, il faut qu'il leur obéisse par respect pour le droit dont elles sont la représentation et la sauvegarde. Il est vrai qu'elles ne le représentent pas toujours exactement, que souvent même elles sont injustes, soit dans leurs dispositions, soit dans leurs applications ; mais, à moins qu'elles ne violent quelque principe sacré et imprescriptible, auquel cas elles ne méritent plus notre respect ni même notre obéissance, et un bon citoyen a le droit ou même le devoir de dire comme cet ancien : « Je jure de leur désobéir, » à part ce cas exceptionnel, — qu'il est impossible de ne pas admettre, — c'est le devoir du citoyen de respecter les lois établies, sauf à travailler au besoin à les réformer, parce que c'est l'autorité des lois qui distingue de l'état de nature l'état civil, et que le mépris des lois tend à faire retomber les hommes de l'état civil dans l'état de nature, où triomphent nécessairement l'arbitraire et la violence.

Peut-être trouvera-t-on que Socrate poussait trop loin le respect des lois (si l'on peut pousser trop loin la vertu) lorsqu'il acceptait avec soumission l'arrêt légal, mais inique, qui le condamnait à boire la ciguë, et qu'il refusait de s'échapper de sa prison pour ne pas désobéir aux lois de son pays ; mais il montrait par là combien ce respect lui paraissait essentiel. C'est surtout dans les démocraties, où la loi représente, sinon toujours la justice, du moins la volonté de la majorité, à laquelle il faut bien attribuer, en définitive, le droit de faire la loi, sans quoi il n'y aurait pas de loi possible, c'est surtout dans cette sorte d'État que le culte de la légalité est nécessaire ; sans ce culte, en effet, l'anarchie s'en empare, et bientôt le despotisme.

Le respect des magistrats institués pour veiller à l'exécution des lois est aussi le devoir des citoyens de toute saine démocratie. Je dirai plus tard quels sont les devoirs de ces magistrats eux-mêmes ; mais, à moins qu'ils n'aient forfait à la loi et trahi l'État, auquel cas leur déchéance est légitime, il faut toujours respecter en eux le titre dont ils sont revêtus. Je ne prétends pas les ériger en personnages sacrés dont il ne serait pas même permis de discuter les actes : je veux au contraire qu'on puisse examiner en toute liberté leurs actes publics ; mais je demande qu'en discutant librement ces actes, on respecte la dignité qu'ils tiennent de leurs concitoyens. Car, sans ce respect, comme sans celui des lois, la démocratie tourne à l'anarchie, et l'on sait assez où conduit l'anarchie.

Je n'ai pas encore parlé du *patriotisme*, qui est bien pourtant aussi une vertu civique, et même, en tant qu'il signifie le *dévouement à la chose publique*, une vertu plus haute que celle qui consisterait dans un respect purement négatif du droit commun. Il est vrai que le patriotisme, pour être vraiment une vertu morale, a besoin d'être réglé par le sentiment de la justice et celui de l'humanité : car il est volontiers étroit, jaloux, exclusif, injuste, barbare. Il est alors un vice plutôt qu'une vertu. Contre ce vice, qui était en quelque sorte inhérent à la cité antique, et qui n'a malheureusement pas encore disparu de la société moderne, il faut rappeler cette parole attribuée à Socrate, lequel ne manquait pas pourtant de patriotisme : « Je ne suis pas seulement citoyen d'Athènes, mais du monde » ; ou ces mots de Sénèque, qui expriment bien l'esprit du stoïcisme græco-romain : *Non sum uni angulo natus, patria mea totus hic mundus est;* ou, pour passer de la philosophie ancienne à celle du xviii° siècle, ce passage du portrait de Montesquieu peint par lui-même, qui représente si justement la hiérarchie de nos devoirs envers la famille, la patrie et l'humanité : « Si je savais quelque chose qui me fût utile et qui fût préjudiciable à ma famille, je le rejetterais de mon esprit. Si je savais quelque chose qui fût utile à ma famille et qui ne le fût pas à ma patrie, je chercherais à l'oublier. Si je savais quelque chose d'utile à ma patrie et qui fût préjudiciable à l'Europe et au genre humain, je le regarderais comme un crime. » Ainsi réglé, le patriotisme est une noble et salutaire vertu.

Cette vertu exclut un vice qui est encore une des plaies des États, particulièrement des États démocratiques : l'amour des places données par le gouvernement. Là où domine cette manie, on peut affirmer que l'esprit public est très-faible. Tirer de l'État le plus possible et lui donner le moins possible, telle est alors la pratique générale ; c'est le contraire de la vertu civique, qui consiste à donner le plus et à exiger le moins.

Il est dans les États démocratiques un autre fléau, qui est d'autant plus dangereux qu'il affecte l'apparence de l'esprit public, je veux parler de l'*esprit de parti*. Il peut être bon qu'il y ait au sein des démocraties de grands partis, — je ne dirai pas un parti aristocratique et un parti démocratique, puisque, au sens propre de ces mots, cette distinction n'a plus de raison d'être dans l'État démocratique, — mais un *parti conservateur*, attaché aux anciens usages, ne les modifiant pas volontiers, ayant pour devise que le mieux est l'ennemi du bien, et un *parti du progrès*, ennemi de la routine, ami des réformes, cherchant toujours le mieux; le second poussant en avant le premier, qui sans lui n'avancerait pas; le premier tempérant et modérant le second, qui sans lui irait trop vite; tous deux concourant ainsi, chacun à sa manière, au bien public. Mais si les partis, au lieu de concourir ensemble au bien général, sacrifient l'intérêt public à leurs intérêts particuliers ou à leur haine réciproque, si chacun d'eux ne reconnaît de patriotisme, d'honnêteté, de mérite que chez les siens, et si, dans chacun, l'esprit de parti tient lieu de toute vertu, alors ce n'est plus un bien, mais un fléau que leur coexistence. On peut admettre des partis dans l'État, mais il faut repousser l'esprit de parti, qui est le contraire de l'esprit public. Celui-ci engendre l'union et la concorde; celui-là n'enfante que la haine et la discorde. Et la discorde, nous retombons toujours sur la même conclusion, la discorde appelle le despotisme.

L'esprit public, de même que toutes les vertus que je viens de passer en revue, renferme dans de justes bornes l'*ambition politique*, qui, dans ces limites, est sans doute légitime et salutaire, mais qui, en dehors de ces bornes, lâchant la bride au débordement d'une personnalité qui prétend sacrifier les autres à soi, est un fléau redoutable, surtout dans les démocraties, où l'accès du pouvoir est ouvert à tous et où les moyens d'en abuser s'offrent d'eux-mêmes à l'ambitieux. Il y a sans doute, comme je viens de le dire, une ambition légitime et salutaire. Platon voulait que le sage s'abstînt des affaires publiques ; c'est qu'il ne pensait pas qu'il fût possible de conserver sa vertu intacte dans le maniement des hommes et des affaires, et il est vrai que cela est difficile : le pouvoir est de sa nature corrupteur (d'où je conclus en passant qu'il en faut donner aux hommes le moins possible) ; mais la vertu dans l'exercice du pouvoir n'en est que plus méritoire. Quelle serait d'ailleurs la conséquence de cette théorie ? Ce serait de laisser le champ libre aux hommes pervers. Il faut donc non-seulement permettre, mais conseiller aux sages, pourvu, bien entendu, qu'ils y soient propres, de prendre part aux affaires publiques. Quelle plus noble et plus salutaire ambition que celle d'un Turgot, d'un Washington, d'un Francklin, des sages assurément, ceux-là, s'il en fut jamais ! Mais aussi, autant l'ambition est salutaire, quand elle se rencontre chez des hommes de bien et de vrais citoyens, autant elle est funeste, surtout dans les démocraties, quand elle n'est pas réfrénée par la vertu civique. Telle fut, dans l'antiquité, l'ambition de César, foulant aux pieds la constitution et les lois de son pays pour établir à leur place un despotisme auquel il a eu le triste honneur de donner son nom et qu'on voudrait réhabiliter aujourd'hui en le copiant. Telle fut, au seuil de notre siècle, l'ambition de l'auteur du 18 brumaire, confisquant à son profit toutes les libertés si chèrement conquises par le peuple qu'il venait asservir. L'humanité n'aurait ici qu'à se voiler la face et à courber son front dans la poussière, si aux Césars anciens et modernes elle ne pouvait opposer les Caton et les Washington.

HUITIÈME LEÇON

LA MORALE DANS L'ÉTAT (SUITE)

II

LES FEMMES

MESDAMES, MESSIEURS,

En traitant des devoirs et des vertus du citoyen, je n'ai parlé jusqu'ici que des hommes; mais il y a une autre moitié de la société que je ne dois point oublier. Je voudrais donc, pour compléter ce sujet, vous parler maintenant des femmes et de leur rôle dans l'État.

Le rôle des femmes dans l'État! Mais, penseront peut-être certaines personnes, parmi mes auditeurs ou même parmi mes auditrices, les femmes n'ont point de rôle à remplir dans l'État. Leur fonction est de rester chez elles, sans s'occuper des affaires publiques, qui ne regardent que les hommes.

C'est là une assertion beaucoup trop absolue, dont ceux ou celles qui voudraient la soutenir n'aperçoivent sans doute pas toutes les conséquences, et que j'espère réfuter.

Mais quoi! me diraient peut-être encore ces mêmes personnes, allez-vous revendiquer pour les femmes le droit de voter dans les comices, d'être appelées elles-mêmes à prendre part aux assemblées politiques, de gouverner l'État?

Non, bien que ce droit ait été réclamé par des esprits

éminents, tels que, en France, à l'époque de la Révolution, Condorcet (1), l'ami et le biographe de Voltaire et de Turgot, ou, en Angleterre, de nos jours mêmes, l'illustre économiste Stuart Mill (2), ce n'est pas là ce que je demande.

Non que je pense que les femmes ne puissent être à l'occasion très-capables de diriger les affaires publiques et de gouverner l'État. L'histoire est là pour prouver qu'elles ont souvent égalé, sinon surpassé, les hommes dans cette fonction, témoin Élisabeth d'Angleterre, Catherine de Russie, Marie-Thérèse d'Autriche, que ses sujets appelaient *notre roi*, et tant d'autres. Mais je crois qu'en général elles ont reçu de la nature un autre rôle à remplir dans la société et que ce ne serait pas sans détriment pour nous autres hommes et pour elles-mêmes qu'elles seraient admises à voter et à se faire élire dans les corps politiques.

De deux choses l'une, en effet : Ou bien elles voteraient et pourraient être élues conjointement avec les hommes, et il en résulterait infailliblement une confusion où la dignité et le bonheur des femmes, et par suite la société elle-même, n'auraient qu'à perdre. Ou bien elles formeraient des assemblées séparées où elles seraient appelées à discuter, soit les intérêts généraux de la société, soit les intérêts particuliers de leur sexe ; et il en résulterait une division et des conflits fâcheux là où doit régner l'union, l'harmonie, l'unité. Dans l'un et l'autre cas, il leur faudrait se mettre en avant, appeler les regards sur elles, jouer un rôle public, chose qui en général ne sied guère à leur nature et ne répond pas à leur vraie destination.

Je sais très-bien qu'elles ne sont pas moins intéressées que

(1) Voyez dans les *Œuvres de Condorcet*, publiées par A. Condorcet, O'Connor et F. Arago, t. X, p. 122, l'article intitulé : *Sur l'admission des femmes au droit de cité* (3 juillet 1790).

(2) Voulant joindre la pratique à la théorie, M. Stuart Mill a récemment proposé à la Chambre des communes d'accorder aux femmes le droit électoral. Cette proposition, rejetée par 196 voix, a été votée par 73 (séance du 20 mai 1867).

les hommes à la confection des lois, au gouvernement des affaires publiques, à l'administration de la justice ; mais je pense, par les raisons mêmes que je viens d'indiquer, qu'il ne leur convient pas d'y participer directement, et qu'elles y ont leurs représentants ou leurs mandataires naturels dans leurs pères, leurs frères, leurs maris et leurs fils.

Je reconnais d'ailleurs qu'elles ont été jusqu'ici fort mal représentées par les hommes, que ceux-ci leur ont fait le plus souvent des lois injustes, qu'ils les ont constamment traitées en mineures ; mais je ne crois pas que le remède à ce mal soit de les appeler à siéger avec nous ou à côté de nous dans les conseils de l'État. Réformons nos lois dans ce qu'elles ont d'injuste et de tyrannique à leur égard, de manière à ne plus laisser aux femmes aucun sujet de plainte légitime, et la question sera résolue.

Je pense, en un mot, que ces fonctions publiques : élire des représentants, discuter les lois, gouverner l'État, administrer la justice, doivent revenir exclusivement aux hommes, parce que la vie qui convient en général aux femmes n'est pas la vie publique, mais la vie privée, la vie intérieure, et que leur vraie place n'est pas au forum, mais au foyer domestique.

Vous voilà revenu à notre thèse, vont peut-être penser les personnes que je faisais parler tout à l'heure ; la femme n'a donc point de rôle dans l'État. Je prétends au contraire, malgré ce que je viens de dire, qu'elle en a un ; et ce rôle, je vais essayer de le développer. Je ne crois pas qu'il soit bon que les femmes *se mêlent aux affaires publiques*, mais je crois qu'il est bon qu'elles *s'en mêlent*, qu'elles n'y restent pas indifférentes comme si ces affaires ne les regardaient nullement, mais qu'elles s'y intéressent, qu'elles s'en occupent autant qu'il est en elles, et qu'elles y portent une influence éclairée. Je ne crois pas qu'il soit bon qu'elles exercent des *droits politiques*, mais je pense qu'elles ont des *devoirs politiques* à remplir, et que les vertus civiques ne doivent pas leur être à elles-mêmes tout à fait étrangères. C'est ce que je voudrais vous faire bien comprendre.

La femme, comme l'homme, fait partie d'une société civile ou politique, en un mot d'un État; elle est donc citoyenne aussi : si le mot a été rendu ridicule par l'abus qu'on en a fait, la chose ne l'est pas et reste vraie. Qu'elle laisse à l'homme l'action extérieure et publique, fort bien; mais qu'elle ne se montre pas plus que nous indifférente en matière politique, car il s'agit là du droit, de la justice, du bien de la patrie et de l'humanité, c'est-à-dire de choses auxquelles nul être humain ne doit demeurer indifférent.

J'ai combattu cette indifférence comme un vice honteux et funeste chez les hommes; mais c'est aussi un vice et un vice désastreux chez les femmes. Quoi de plus favorable au despotisme? Je hais dans la bouche des hommes cette parole si commune en certains pays et à certaines époques : « Je ne me mêle pas de politique, cela ne me regarde pas; » je la blâme aussi dans la bouche des femmes, quoiqu'elle y semble moins déplacée. Ne dites donc pas non plus, Mesdames, que cela ne vous regarde pas, comme si la politique était en dehors de la société dont vous faites partie, comme s'il ne s'agissait pas, indépendamment de vos propres droits et de vos propres intérêts, des droits et des intérêts de vos pères, de vos frères, de vos époux, de vos enfants, de vos concitoyens, comme s'il ne s'agissait pas du bien de votre patrie, comme s'il ne s'agissait pas en général de la justice et de l'humanité !

On a remarqué, je le sais, que l'affection des femmes s'attache plus volontiers à des objets particuliers qu'à des choses générales, ou qu'elle ne s'attache aux choses générales que par le moyen des objets particuliers; mais ici les objets particuliers de leurs affections sont dans une si intime dépendance des choses générales qu'elles ne sauraient les séparer impunément. Je n'admets pas, d'ailleurs, que les femmes soient radicalement incapables de s'élever et de s'attacher à des choses telles que le droit commun, la justice, la patrie, l'humanité, et l'histoire me fournirait assez d'exemples éclatants du contraire. Cette prétendue incapacité tient à un défaut d'éducation plutôt qu'à leur nature; la preuve, c'est que là où l'éducation a été mieux dirigée, ce défaut a disparu.

Je reconnais aussi (j'ai commencé par là) que c'est au foyer domestique qu'est le vrai rôle de la femme; mais ce rôle, qui est de *soutenir* son mari et d'*élever* ses enfants, elle ne le remplira pas dans toute son étendue, si elle reste indifférente aux choses politiques. Il faut qu'à l'égard de ces choses, comme de tout le reste, elle pense avec son mari, qu'elle l'éclaire et le guide au besoin, en tout cas qu'elle l'encourage dans la bonne voie; il faut qu'elle élève ses enfants de manière à en faire des *citoyens*, qu'elle s'applique à leur inculquer les vertus civiques et à les détourner des vices opposés à ces vertus. Or, comment ferait-elle tout cela, si elle ne s'intéressait aux choses publiques et si elle n'offrait elle-même à son mari et à ses enfants, autant que cela convient à sa nature, le modèle vivant des vertus qu'exige la société politique pour réaliser l'idéal de la démocratie ?

Reprenons donc ces vertus pour montrer comment elles s'appliquent aux femmes mêmes, comment celles-ci doivent les pratiquer et donner par là à leur mari et à leurs enfants l'encouragement et le modèle qu'ils doivent attendre d'elles, mais comment c'est souvent le contraire qui a lieu.

La première de ces vertus est le culte de la liberté. Je ne saurais approuver ces paroles que Rousseau, dans la *Nouvelle Héloïse*, fait écrire par Julie : « J'avoue que la politique n'est guère du ressort des femmes... Son utilité est trop loin de moi pour me toucher beaucoup, et ses lumières sont trop sublimes pour frapper vivement mes yeux. Obligée d'aimer le gouvernement sous lequel le ciel m'a fait naître, je me soucie peu de savoir s'il en est de meilleurs. De quoi me servirait-il de les connaître avec si peu de pouvoir de les établir ? et pourquoi contristerais-je mon âme à considérer de si grands maux où je ne peux rien, tant que j'en vois d'autres autour de moi qu'il m'est permis de soulager ? » Ces paroles, érigées en théorie, prêcheraient aux femmes l'indifférence en matière politique, c'est-à-dire l'indifférence à l'égard de ces libertés publiques qui ne doivent pas leur être moins chères qu'à nous-mêmes, car il y va des droits et du bonheur de tous. Il n'est pas vrai, d'ailleurs ,que les femmes soient aussi impuissantes à cet égard que Julie veut bien le dire ; elles sont capables au contraire d'une très-grande influence ; et, si cette influence est trop souvent mauvaise, elle pourrait aussi être bonne.

Les femmes n'ont point, en général, de goût pour la licence, et elles ont surtout horreur des désordres de la rue ; mais elles subissent trop volontiers le despotisme et encouragent trop rarement leur époux et leurs fils dans la résistance à la tyrannie. Elles sont trop rares les mères capables de dire à leurs fils ce que dit au sien la mère d'un de mes amis, en apprenant qu'il venait de briser sa carrière, — une carrière péniblement conquise et pleine d'avenir, — pour ne pas servir le despotisme triomphant : « Tu as bien fait, mon fils. » Trop souvent, au contraire, en pareil cas, ce sont des paroles de lâcheté qui sortent de la bouche des mères ou des épouses, et, à cet égard, la femme n'est que trop souvent la corruptrice de l'homme. Combien d'hommes, en effet, qui auraient voulu résister et tenir ferme, et qui ont cédé, poussés par leur mère ou leur femme ! Loin de rendre plus facile aux hommes le courage civil, déjà si rare chez eux, elles s'appliquent à le leur rendre plus difficile encore, impossible même : comment renoncer à une place lucrative et affronter la gêne, quand on ne se sent pas soutenu dans sa maison ? D'où vient cette pernicieuse faiblesse des femmes ? Je croirais les calomnier en répétant ce qu'on a dit, qu'elles ont le *goût inné du despotisme ;*

mais, d'une part, elles sont plus effrayées que nous des agitations de la liberté et à plus forte raison des désordres de la licence populaire ; et, d'autre part, le manque d'élévation d'esprit, les goûts frivoles, l'amour du luxe que développe en elles la fausse éducation qu'on leur donne, ne les disposent que trop en faveur de cette espèce de gouvernement. Quand j'entends dire que dans certains salons les femmes se montrent avec des robes qui ne coûtent pas moins de deux ou trois mille francs et qu'elles rougiraient de les porter deux fois de suite, je m'étonne moins des bassesses de leurs maris.

Il est juste d'ajouter que, si les femmes font les hommes, les hommes aussi font les femmes. Relevons leur esprit, appliquons-nous à développer en elles des goûts moins frivoles, faisons en sorte qu'elles soient moins esclaves de leur luxe et de leurs caprices, et à leur tour elles nous soutiendront au lieu de nous décourager.

La seconde des grandes vertus du démocrate, c'est le respect de l'égalité civile et politique, qui n'est elle-même qu'un corollaire de l'égalité humaine. Cette vertu est encore plus difficile et plus rare chez la femme que la précédente. La femme a naturellement, comme on l'a remarqué, des goûts aristocratiques : elle ne consent pas aisément à voir des concitoyens, à plus forte raison des égaux dans les personnes qui sont moins favorisées qu'elle par la fortune. Elle aime d'ailleurs les distinctions extérieures, les priviléges, les titres, les décorations. Ce ne sont pas là des goûts favorables à la démocratie, dont la loi fondamentale est l'égalité. Aussi est-ce des femmes plus encore que des hommes que viennent les obstacles au rapprochement et à l'union des diverses classes de la société ; elles maintiennent obstinément dans les mœurs les barrières que les lois démocratiques tendent à supprimer. C'est tout juste le contraire qu'elles devraient faire. On ne leur demande pas, — pas plus qu'on ne demande aux hommes, — de faire leur compagnie intime de personnes dont la fortune, l'éducation et les manières ne sont pas en harmonie avec les leurs, mais de ne pas les mépriser comme des créatures inférieures, car ces créatures peuvent leur être moralement très-supérieures ; de les respecter au contraire comme leurs égales en tant que créatures humaines, particulièrement en tant que membres de la même société, et d'inculquer à leurs enfants, au lieu de cette sotte vanité qui fait en quelque sorte partie de l'éducation, le respect et la dignité de l'homme et du citoyen. On leur demande, au nom du même principe, de repousser tout privilége, de s'attacher, non aux distinctions extérieures, mais à celle du mérite, et d'inspirer ou d'entretenir ces sentiments autour d'elles.

C'est en ce sens que Rousseau entreprit de réformer l'éducation au xviii° siècle, dans ce temps où, suivant le témoignage de Turgot (1), la première leçon qu'on donnait aux enfants était de mépriser les domestiques, parce que les parents regardaient cela comme une vertu ; il voulait préparer ainsi la société à l'avénement de la démocratie qu'il voyait poindre.

Mais, si la femme, favorisée de la fortune, doit écarter de sa personne et chasser de sa maison cette vanité dédaigneuse qui est si contraire à l'esprit démocratique, la femme pauvre ou moins heureuse doit aussi repousser cette envie qui n'est pas seulement un mauvais sentiment en soi, mais qui est un sentiment funeste à la démocratie. La différence des positions peut exciter une émulation légitime et salutaire ; mais l'envie est toujours un sentiment détestable et malsain. Il y a, d'ailleurs, un bien par lequel chacun peut toujours se relever : c'est la moralité, devant laquelle tous les esprits doivent s'incliner. « Devant un grand, répétait Kant après Fontenelle (2), ma tête s'incline, mais mon esprit ne s'incline pas ; il s'incline, au contraire, devant un honnête homme. » Il s'incline plus profondément encore, ajouterai-je, devant une

_____

(1) *Lettre à Mme de Graffigny.*
(2) *Critique de la raison pratique,* p. 253 de ma traduction.

honnête femme, parce que plus une créature est faible, plus son honnêteté a de prix.

Le respect de la loi et de la légalité est encore une vertu qui ne convient pas moins à la femme qu'à l'homme. Il est vrai qu'elle en comprend moins bien en général la nécessité : cela tient à la nature vive et prompte de son esprit, qui va droit à la chose même, sans s'arrêter aux formes; cela tient aussi à son défaut d'éducation politique; mais c'est une raison de plus pour nous appliquer à lui faire comprendre que, dans la société civile, il ne suffit pas qu'une chose soit juste en soi, mais qu'il faut encore qu'elle soit légale, et que la légalité, tout en garantissant en général le droit, peut parfois, dans les cas particuliers, non pas sans doute justifier, mais confirmer l'injustice. Elle a de la peine aussi à comprendre que le respect des décisions de la majorité soit un devoir des citoyens; il faut bien l'admettre pourtant, sous peine de livrer la société à l'anarchie.

J'arrive à la dernière grande vertu qu'exige le titre de citoyen : le patriotisme. C'est là une vertu que les femmes pratiquent moins malaisément, pourvu qu'une mauvaise éducation n'en étouffe pas le germe dans leur cœur. C'est que la patrie est quelque chose de concret et de vivant qui parle mieux à leur âme que le droit et la légalité. Aussi l'histoire est-elle remplie des exemples éclatants qu'elles ont donnés de cette vertu, dans les républiques de la Grèce, à Rome, au temps de la république, en France à l'époque de la Révolution, partout enfin où l'amour de la patrie n'a pas été refoulé par le despotisme.

Ai-je besoin, d'ailleurs, de l'ajouter? Le patriotisme qui sied à la femme n'est point cet amour farouche et artificiel qui va jusqu'à étouffer les sentiments les plus naturels et les plus légitimes. Ce n'est pas celui de cette femme de Sparte dont parle Rousseau dans l'*Émile* (liv. I) : « Une femme de Sparte avait cinq fils à l'armée, et attendait des nouvelles de la bataille. Un ilote arrive ; elle lui en demande en tremblant : Vos cinq fils ont été tués. — Vil esclave, t'ai-je demandé cela? — Nous avons gagné la bataille! — La mère court au temple et rend grâces aux dieux. Voilà la citoyenne.» Oui, la citoyenne de Sparte, c'est-à-dire d'un État artificiellement organisé en vue de l'oppression et de la guerre, non la citoyenne de la démocratie moderne. Celle-ci pourra bien rendre grâces à Dieu de la victoire de son pays; elle ne craindra pas de pleurer la mort de ses enfants.

Cette sorte d'exagération du patriotisme n'est plus à craindre aujourd'hui : si Rousseau a tort de la prendre pour la mesure du civisme de la femme, il a raison de dire qu'elle n'est plus de notre temps. Mais il en est une autre qui n'est encore que trop commune chez les femmes, comme chez les hommes : je veux parler de ce patriotisme exclusif et barbare qui se fait comme un devoir de détester les peuples étrangers, qui prend plaisir à les dénigrer et à les railler, et qui, chose horrible à dire, mais trop fréquente, ne peut se satisfaire qu'au prix de leur sang. Ce genre de patriotisme, odieux chez les hommes, pour quiconque a des sentiments généreux et élevés, l'est encore plus chez les femmes, de qui l'on n'attend que bonté, douceur, humanité. Loin de le partager, elles doivent s'appliquer à l'épurer chez les hommes. Qu'elles rappellent à leurs époux, à leurs frères et à leurs fils, quand ils l'oublient (et ils ne sont que trop enclins à l'oublier), que le patriotisme est un vice et non une vertu, quand il étouffe en nous, à l'égard des autres hommes, le sentiment de la justice et celui de l'humanité.

Les aigreurs et les violences de l'esprit de parti sont aussi plus odieuses chez elles que chez nous. Quoi de plus révoltant que de voir la bouche d'une femme déchirer à belles dents ceux qui n'appartiennent pas au parti auquel elle est attachée, et souffler entre les hommes la haine et la discorde? Leur rôle ne doit-il pas être, au contraire, celui de consolatrices? Qu'elles s'appliquent à fermer les plaies du corps social, au lieu de les envenimer, et à rapprocher les citoyens, au lieu de les diviser ; voilà la fonction qui leur convient dans la société. C'est dans cet esprit qu'elles doivent cultiver la flamme du patriotisme, et qu'elles pourront à leur tour revendiquer justement le titre de citoyennes, tout en laissant aux hommes l'exercice des droits politiques.

Si je fais bon marché pour les femmes des droits politiques, il n'en est pas de même des droits civils. Ici je trouve que nous sommes très-injustes envers elles, en refusant de les placer sur le pied de l'égalité et en les traitant en mineures, comme fait le Code civil français, qui est sans doute en partie l'œuvre de la Révolution, c'est-à-dire de la philosophie du xviiiᵉ siècle, mais qui, soit que les idées ne fussent pas encore assez avancées sur ce point, soit par l'effet de l'influence du Premier-Consul, lequel avait les femmes en fort médiocre estime (il ne les jugeait bonnes qu'à faire des enfants), consacre bien des injustices à leur égard. Non, ce Code civil que l'on regarde comme un chef-d'œuvre de sagesse et qu'une partie des peuples de l'Europe ont emprunté à la France, ce Code civil n'est pas juste à l'égard des femmes ; et dire qu'une loi n'est pas juste à l'égard des femmes, c'est dire qu'elle n'est pas vraiment morale, car l'injustice est toujours une immoralité. Mais comme mes critiques et mes réclamations pourraient être taxées par quelques personnes de révolutionnaires, je veux me placer ici derrière l'autorité d'un membre de l'Académie française, l'auteur de l'*Histoire morale des femmes*, M. Legouvé. Je ne ferai guère, dans ce que je vais ajouter, que lui servir d'écho (1).

Non, le Code civil n'est pas juste lorsque, par son fameux article **213**, il impose à la femme l'*obéissance* à son mari, comme si elle n'était pas une personne au même titre que son

____

(1) *La femme en France au* xixᵉ *siècle.* Paris, 1864.

époux, et comme si elle ne devait pas entrer dans l'union conjugale sur le pied de la plus parfaite égalité.

Non, le Code civil n'est pas juste, quand il attribue exclusivement au mari, sous le régime de la communauté, l'administration des biens particuliers de la femme, quoiqu'il soit établi par l'expérience que les femmes sont tout aussi capables que les hommes d'administrer une maison et des biens.

Non, le Code civil n'est pas juste lorsqu'il punit sévèrement l'adultère de la femme, tandis qu'il n'a aucun châtiment pour celui du mari, à moins que celui-ci n'entretienne une concubine dans la maison commune, auquel cas il lui inflige..... une amende. Comme si l'adultère n'était pas également coupable et ne pouvait pas être également funeste des deux côtés !

Non, le Code civil n'est pas juste lorsqu'il attribue exclusivement au père l'autorité sur ses enfants, comme si cette autorité n'appartenait pas en commun aux deux parents.

Non, le Code civil n'est pas juste lorsque, plaçant les femmes sur le même rang que les interdits, les mineurs, les condamnés à une peine afflictive et infamante, les hommes d'une inconduite notoire, les gérants incapables ou infidèles, il exclut les femmes de certains actes civils, comme d'être témoins, etc.

C'est la même injustice que commet la loi quand elle exclut les femmes de certaines fonctions privées qui leur conviendraient parfaitement, comme l'exercice de la médecine (celle de leur sexe, bien entendu), ou quand elle les exclut de certaines fonctions publiques auxquelles elles sont pourtant parfaitement propres. « Comment, demande avec raison M. Legouvé (1), les femmes n'ont-elles aucune part ni à l'administration des bureaux de bienfaisance, ni à l'organisation des sociétés de secours mutuels, ni à la direction des hôpitaux, ni à l'inspection des prisons de femmes, ni à la tutelle des

(1) *Loc. cit.*, p. 62.

enfants trouvés? » Laissons-leur faire au moins ce qu'elles feraient aussi bien, sinon mieux que nous. Leur interdire ces fonctions qui leur conviennent si admirablement, ce n'est pas seulement commettre une injustice à leur égard, c'est faire tort à la société tout entière.

Toutes ces injustices viennent du préjugé qui fait de la femme un être inférieur à l'homme, préjugé que l'antiquité orientale, grecque et romaine a transmis au moyen âge, que le moyen âge a encore développé (on discuta à cette époque, dans un concile, la question de savoir si la femme a une âme), et qu'il a transmis, avec tant d'autres, à l'âge moderne. Il appartient à notre siècle de compléter sur ce point l'œuvre du dix-huitième, en continuant de combattre le préjugé qui a donné naissance à tant d'injustices, et en les faisant disparaître elles-mêmes des codes de nos sociétés démocratiques.

NEUVIÈME LEÇON

LA MORALE DANS L'ÉTAT (suite)

III

LES DEVOIRS DU GOUVERNEMENT

MESDAMES, MESSIEURS,

Après avoir analysé en premier lieu, suivant le plan que j'ai déjà eu occasion de vous indiquer, les devoirs des citoyens, hommes et femmes, il faut rechercher maintenant ceux du gouvernement, et en général des pouvoirs publics qui président à la société civile ou politique.

En séparant ainsi, pour les besoins de l'analyse, les citoyens et le gouvernement, je n'entends pas d'ailleurs établir entre eux une distinction absolue, comme si le gouvernement était quelque chose en dehors des citoyens, ainsi qu'il arrive dans les monarchies de droit divin, où il n'y a plus, à proprement parler, de citoyens, mais des sujets et un chef, ou bien dans les aristocraties, où la masse du peuple ne se compose plus de citoyens, mais de sujets ; — je pense, au contraire, que le vrai gouvernement n'existe que par les citoyens et qu'en eux, qu'ainsi, si vous me permettez d'appliquer ici ces expressions métaphysiques, il n'est point, par rapport à eux, quelque chose de *transcendant*, mais d'*immanent*, c'est-à-dire qu'il n'est lui-même qu'une fonction de citoyens, laquelle, ne pouvant être exercée directement par tous, l'est par ceux d'entre eux qu'ils délèguent à cet effet. Or, tel est précisément le caractère du *gouvernement démocratique*, qui est ainsi, quand il n'est pas vicié et dénaturé, comme il lui arrive souvent, le *self-government* par excellence. Il suit de là qu'en traitant maintenant des devoirs du gouvernement, et bientôt de ceux du pouvoir judiciaire, c'est encore des devoirs des citoyens que nous parlerons, puisque les fonctions du gouvernement et l'administration de la justice ne sont toujours que des actes de citoyens, mais de citoyens considérés comme *auteurs*, *exécuteurs* ou *interprètes* de la loi, dont nous les avons jusqu'ici considérés simplement comme *sujets*.

Mais, d'abord, quelle est au juste la fonction du gouvernement ?

La société civile ou politique implique un certain ensemble de pouvoirs publics chargés de procéder à la confection des lois, de veiller à leur exécution et de juger, d'après ces lois, soit les infractions faites à leurs défenses, soit les différends qui peuvent s'élever entre les citoyens (*pouvoir législatif, pouvoir exécutif, pouvoir judiciaire*). Faire les lois, les exécuter, juger en leur nom les procès, telle est en effet la triple fonction de la puissance publique instituée par la société civile.

On donne le nom de gouvernement, soit, dans le sens le plus large, à l'ensemble de ces pouvoirs : il est alors synonyme de puissance publique ou de ce qu'on appelle spécialement l'*État;* soit, dans un sens plus restreint, à la réunion du pouvoir législatif et du pouvoir exécutif; soit, dans un sens encore plus particulier, au pouvoir exécutif tout seul. C'est à ce dernier sens que l'a réduit Rousseau (1), suivant en cela en général la théorie républicaine; mais, comme, même dans le système républicain, malgré le principe salutaire de la séparation des pouvoirs, le pouvoir exécutif a toujours une certaine participation à la confection des lois, et le pouvoir lé-

(1) Voyez mon *Histoire des idées morales et politiques en France au* xviiie *siècle*, t. II, p. 261.

gislatif une certaine participation au gouvernement de la société par les lois mêmes qu'il fait et par le contrôle qu'il exerce sur les actes du pouvoir exécutif, c'est en somme à ces deux pouvoirs qu'appartient réellement le gouvernement.

C'est ainsi que je l'entends ici. Je veux rechercher les devoirs qui sont imposés en général à la puissance publique, soit qu'il s'agisse de lois à faire ou d'actes à exécuter. Je laisserai seulement de côté, pour le moment, ce qui concerne la pénalité, me réservant d'en faire l'objet d'une étude à part.

Pour déterminer ces devoirs, il faut bien se rappeler la mission pour laquelle le gouvernement ou en général l'Etat est institué. Cette mission, c'est d'abord d'assurer le respect des droits de chacun, et de faire régner ainsi la justice entre tous.

Le premier devoir du gouvernement est donc de respecter et de faire respecter tous les droits naturels, innés ou acquis, de tous les citoyens, et de ne point se servir, pour attenter à ces droits, du pouvoir qui ne lui a été dévolu que pour en assurer le respect, ce qui serait, suivant cette simple expression de Bastiat que j'ai déjà citée, *une perversion de la force collective*.

Malheureusement, comme l'a très-bien remarqué Montesquieu, « c'est une expérience éternelle, que tout homme qui a du pouvoir est porté à en abuser ; il va jusqu'à ce qu'il trouve des limites.(1) ; » et voilà pourquoi je disais l'autre jour que le pouvoir est de sa nature corrupteur. Telle est la condition des hommes, que leurs droits ne peuvent être assurés qu'au moyen d'un gouvernement, et que, contrairement à sa mission, ce gouvernement est d'ordinaire, entre les mains de ceux auxquels ils le délèguent, un instrument d'oppression à faire regretter l'état de nature. C'est précisément sur cette expérience éternelle, invoquée par Montesquieu, que se fonde la théorie de la séparation des pouvoirs ou de leur limi-

____

(1) *Esprit des lois*, liv. XI, chap. IV.

tation réciproque : « Il faut, comme l'a dit ce grand esprit, que par la disposition des choses, le pouvoir arrête le pouvoir. »

Mais cette séparation ne suffit pas encore, si les représentants de ces trois pouvoirs de l'État méconnaissent la mission essentielle de l'État. L'auteur du *Contrat social* admet, comme celui de l'*Esprit des lois*, le principe de la séparation des pouvoirs ; mais il n'en attribue pas moins à l'État une puissance exorbitante, car elle est contraire aux droits essentiels de la personne humaine. Ce n'est pas que sa théorie soit aussi absolue qu'on l'a prétendu et qu'elle l'est devenue chez certains disciples ; mais cette théorie, déjà outrée en thèse générale, quand elle pose en principe l'aliénation totale de l'individu à l'État et l'omnipotence absolue de la volonté générale, ne l'est pas moins dans quelques-unes de ses applications (par exemple, l'atteinte portée à la liberté de conscience par la proclamation d'une religion d'État) ; et, de concert avec d'autres livres aujourd'hui oubliés, mais alors très-répandus, comme ceux de Mably, elle a propagé une erreur et consacré des abus de pouvoir d'autant plus dangereux qu'ils sont revêtus du manteau démocratique. Aussi ne peut-on trop les signaler aux démocraties présentes ou à venir.

La volonté générale, qui n'est jamais en réalité, comme j'ai déjà eu occasion de le faire remarquer, que la volonté de la majorité, si elle n'est même celle d'une minorité oppressive, ne saurait posséder et par conséquent déléguer une omnipotence à laquelle seraient sacrifiés tous les droits individuels ; et l'oppression de ces droits, pour s'exercer au nom de la volonté générale, n'en est pas moins une oppression. Que je sois opprimé au nom de la volonté générale exprimée par le suffrage universel, au lieu de l'être au nom de la volonté d'un roi absolu, je n'en suis pas moins opprimé, et je n'en ai pas moins le droit de crier à l'injustice. Loin de justifier la violation du droit individuel, la volonté générale n'est elle-même légitime qu'autant qu'elle le respecte et qu'elle a pour but de l'assurer; autrement, elle retombe à son tour dans le despotisme. La théorie démocratique qui livre à l'État, en tant qu'il exprime ou qu'il est censé exprimer la volonté générale, les droits de l'individu, cette théorie, toute démocratique qu'elle prétend être, n'est pas moins fausse et peut avoir des effets tout aussi désastreux que la théorie monarchique pour qui l'individu n'a point de droits et le gouvernement seul en a.

Que dire de cette espèce de démocratie qui, après avoir absorbé l'individu dans l'État, absorbe l'État dans un individu, dans un chef omnipotent, élu ou héréditaire, peu importe, dès qu'il est omnipotent? Que dire de la démocratie césarienne, sinon qu'elle est, non le couronnement, mais le renversement de la démocratie elle-même?

Je l'ai dit et je le répète, il n'y a de vraie démocratie que celle qui donne pour limite à la puissance publique, au gouvernement (quelle qu'en soit d'ailleurs la forme), le respect des droits de chacun, et lui en impose le maintien comme le premier de ses devoirs.

Recherchons donc quels sont les droits naturels, innés ou acquis, de l'homme, et nous en verrons sortir autant de devoirs sacrés pour le gouvernement. Telle est la méthode que nous avons à suivre ici. Elle est, comme vous le voyez, très-simple, et se déduit de la nature même de la personne humaine placée en face de l'État.

Le premier droit de l'homme est de disposer librement de ses facultés physiques, organes de sa personne morale, et par conséquent d'être respecté dans sa liberté corporelle. Entraver cette liberté, c'est attenter à un droit primitif qui est lui-même la condition de l'exercice de tous les autres.

Le devoir du gouvernement est donc de garantir ce droit contre tout attentat de ce genre, d'assurer ainsi à chacun sa sûreté personnelle (c'est en partie pour cela qu'il est institué), et, en la faisant respecter par les autres, — on ne devrait pas avoir besoin d'ajouter ceci, — de la respecter lui-même.

Vous savez assez comment elle a été respectée par certains gouvernements. Sous prétexte d'assurer la sûreté générale, ils se sont arrogé le droit d'arrêter, d'emprisonner, de déporter ou d'exiler arbitrairement qui bon leur semble, et ils ont ainsi tourné contre la sûreté personnelle des citoyens la force qui devait servir à la protéger. En parlant ainsi, je ne songe pas seulement au passé, par exemple, aux lettres de cachet de l'ancien régime, où un seul ministre, le duc de la Vrillière, en signa, dit-on, pour sa part, plus de cinquante mille (il en donnait en blanc à sa maîtresse, qui en faisait un objet de commerce); je songe au présent, je songe à ce qui se passe encore aujourd'hui, en plein xix° siècle, chez les peuples qui n'ont pas su conquérir ou défendre contre les usurpations du despotisme les libertés les plus élémentaires. Un tel abus de pouvoir, pour être fort ancien et fort commun, n'en est pas moins une monstruosité révoltante.

Sans doute, pour que la puissance publique puisse remplir le devoir qui lui est imposé, d'assurer la sûreté personnelle de chacun, il faut bien lui attribuer le droit d'arrêter et de retenir prisonniers les individus convaincus ou vraisemblablement soupçonnés d'y avoir eux-mêmes porté atteinte ou d'avoir commis quelque autre délit tombant sous l'action de la loi; mais comment cette même sûreté sera-t-elle respectée si la puissance publique peut exercer arbitrairement le droit d'arrêter et d'emprisonner les citoyens?

Aussi, chez les peuples libres, le législateur ne manque-t-il pas d'entourer l'exercice de ce droit de toutes les précautions propres à en écarter l'arbitraire. C'est ainsi que, chez eux, à part le cas de flagrant délit, où, non-seulement les agents de la force publique, mais même les particuliers ont le droit d'arrêter le coupable, sauf à le conduire aussitôt devant le magistrat, le droit d'arrestation ne peut être exercé par les agents de la force publique que sur l'ordre légal des magis-

trats de l'ordre judiciaire (je dis les magistrats de l'ordre judiciaire, car c'est ici le lieu d'appliquer le principe de la séparation des pouvoirs) ; que ces magistrats ont seuls le droit de
maintenir l'arrestation jusqu'au jugement, mais suivant certaines formes déterminées par la loi en vue de protéger la
liberté individuelle contre l'arbitraire ; et qu'enfin les citoyens
arrêtés ou retenus prisonniers illégalement ont un recours
contre les agents de la force publique ou même contre les magistrats qui ont commis envers eux cette illégalité. Telles sont
en effet les garanties que le respect de la sûreté personnelle
exige de la puissance publique, et sans lesquelles le droit
d'arrestation et d'emprisonnement court le risque de devenir,
entre ses mains, une arme fatale à la liberté individuelle.

L'inviolabilité du domicile est une conséquence du droit
de la liberté de la personne : le seuil de ma demeure est une
frontière sacrée que nulle puissance n'a le droit de transgresser arbitrairement ; vous savez cependant avec quel arbitraire
se pratiquent sous certains régimes les *visites domiciliaires*.

Le secret des lettres est encore une suite du même droit ;
vous savez aussi quelle est à cet égard la pratique des gouvernements que n'arrête pas le respect de la liberté individuelle.
Vous avez tous entendu parler du *cabinet noir*, institué par
l'ancien régime pour surprendre le secret des lettres ; aussi
l'appelait-on « le cabinet du secret des postes (1) ». Malheureusement, cette création de l'ancien régime n'a pas disparu
sans retour avec lui. J'ai cité dans mes leçons sur *Napoléon
et son historien M. Thiers* (p. 79) une lettre d'un des plus
grands personnages de l'Empire, M. de Fontanes, avertissant
un ami qu'à la poste toutes les lettres sont régulièrement dé-

____

(1) Ce fut Louis XV, dit M. Maxime du Camp, dans un curieux article sur l'administration de l'hôtel des postes, récemment publié par la *Revue des deux mondes*
(1er janvier 1867), qui organisa, le premier, et d'une façon régulière, *le cabinet
du secret des postes*. Ses prédécesseurs ne s'étaient point fait faute de prendre copie
des dépêches qu'il leur importait de connaître ; mais c'est à lui que remonte le triste
honneur d'avoir définitivement réglé cette étrange administration.

cachetées. Le cabinet noir continua de fonctionner sous la Restauration. Celle-ci, tout en rendant à la France quelques-unes de ses libertés, oublia que la violation du secret des lettres est un attentat au droit des citoyens ; et sur ce point, comme sur tant d'autres, elle reprit des mains de Napoléon la tradition de l'ancien régime. Je ne parlerai pas des gouvernements qui ont suivi ; je me bornerai à dire en général que le respect ou le mépris du secret des lettres pourrait servir de mesure pour déterminer la nature et la valeur d'un gouvernement. Aussi votre constitution fédérale a-t-elle inscrit l'*inviolabilité du secret des lettres* parmi les droits qu'elle *garantit* (art. 33), et elle n'a fait ici que formuler en loi ce qui est dans l'essence et dans la pratique de vos institutions républicaines.

Je ne fais que mentionner en passant ce crime de lèse-humanité qu'on appelle l'esclavage, parce que, s'il a trop longtemps souillé le monde et s'il le souille encore aujourd'hui, il ne tardera pas à disparaître de la terre, grâce à la lutte héroïque que soutient en ce moment le peuple américain contre les défenseurs de cette grande iniquité. Un fait récent vient confirmer nos espérances : la réélection du président Lincoln et son message au Congrès du 6 décembre dernier. « Cette élection montre, dit Lincoln dans ce message, que le prochain Congrès abolira l'institution de l'esclavage dans tous les États-Unis... Ce n'est plus qu'une question de temps. Il y a un nouvel élément dans la question... C'est la voix du peuple qui, aujourd'hui, pour la première fois, se fait entendre dans cette question. » Honneur au peuple qui fait ainsi entendre sa voix et qui permet à son président de dire que l'abolition de l'esclavage n'est plus qu'une question de temps (1) !

____

(1) Depuis que le président Lincoln signalait ainsi la voix du peuple s'élevant contre l'esclavage, il est tombé sous les coups d'un assassin fanatique (car l'esclavage a eu aussi ses fanatiques, et ce nouveau genre de fanatisme n'a pas plus reculé que

Non-seulement l'homme a le droit de disposer de sa personne physique ; mais, — et ceci est un corollaire du même droit, — il a celui de travailler comme il lui convient, à la seule condition de respecter dans les autres le même droit.

C'est donc aussi le devoir du gouvernement d'assurer le respect de cette liberté et de ne point l'entraver lui-même.

Il ne semble pas qu'il puisse y avoir la moindre difficulté touchant un droit aussi évident et aussi simple que celui-là : le droit de travailler, qui est d'ailleurs lui-même le corollaire du droit de vivre ; et pourtant c'est encore là un droit individuel que les gouvernements ont trop longtemps méconnu et entravé, et qu'aujourd'hui encore la plupart d'entre eux ne respectent pas suffisamment.

Ai-je besoin de rappeler que sous le régime qui existait encore en France et dans la plupart des pays de l'Europe à la fin du dernier siècle, et que la Révolution française a détruit, le droit de travailler, ce droit naturel de l'homme, n'était pas admis, et que le travail n'était pas libre : certaines corporations avaient seules le droit d'exercer tel ou tel métier. Le système des maîtrises et des jurandes est bien connu ; mais ce qui l'est moins, ce sont les incroyables prescriptions réglementaires qui entravaient alors l'industrie et le commerce, c'est-à-dire le travail. Voulez-vous avoir une idée de ce genre de tyrannie, écoutez ce que raconte un témoin oculaire, contemporain de Louis XIV.

« J'ai vu, écrit Rolland (cité par M. Bonnemère dans son livre : *La France sous Louis XIV*), j'ai vu couper par morceaux, dans une matinée, quatre-vingts, quatre-vingt-dix, cent pièces de drap ; j'en ai vu brûler en place publique, j'en ai vu attacher au carcan avec le nom du fabricant pour un

---

ses aînés devant l'assassinat) ; mais ce meurtre n'a servi qu'à mieux assurer le triomphe de l'humanité sur la barbarie qui souillait la grande république américaine. L'esclavage a définitivement disparu des États-Unis, et il disparaîtra bientôt, grâce à cet exemple, du reste du Nouveau Monde.

tissage inégal ou pour le défaut de quelque fil en chaîne....
Et tout cela était voulu par les règlements..... J'ai vu faire
des descentes chez les fabricants avec une bande de satellites,
bouleverser leurs ateliers, répandre l'effroi dans leurs familles,
couper les chaînes sur le métier, assigner, ajourner, confisquer, amender et tout ce qui s'ensuit, tourments, honte,
frais, discrédit. Et pourquoi? Pour avoir fait des pannes en
laine et que les règlements ne font mention que des pannes
en poil.... J'ai vu des emprisonnements parce que des fabricants compatissants, au lieu d'exiger que leurs ouvriers vins-
sent de trois ou quatre lieues travailler en ville, leur don-
naient à travailler chez eux.... J'ai vu, sentence en main,
huissiers et cohorte poursuivre à outrance, dans leur fortune
et dans leur personne, de malheureux fabricants pour avoir
acheté leur matière ici plutôt que là. »

Toute cette tyrannie n'est plus aujourd'hui que de l'histoire ancienne ; mais certaines écoles, qui se croyaient démocratiques, ne tendaient-elles pas à nous y ramener en prêchant
l'organisation du travail par l'État? Il s'en faut, d'ailleurs, que
dans les États qui admettent en principe la liberté du travail,
le respect de cette liberté soit poussé aussi loin qu'il doit
l'être, ou que le travail soit débarrassé de toute entrave. N'y
a-t-il plus, par exemple, nulle part de monopole? Or, qu'est-
ce qu'un monopole, sinon, comme le caractérise très-juste-
ment M. Laboulaye (1), une atteinte à la liberté du travail?

C'est encore une atteinte à la liberté du travail que les lois
qui entravent l'association et même la coalition des travailleurs. « Que les lois, comme le dit l'éminent publiciste que je
viens de citer (2), punissent la violence, les menaces, l'inti-
midation, cela est juste ; mais le fait de s'entendre paisible-
ment pour régler le prix du travail, quel crime est-ce là ?»
J'ajoute que la loi qui refuse ce droit aux ouvriers ne porte

(1) *Le parti libéral*, p. 27-31 de la troisième édition, in-18.
(2) *Ibid*, p. 25-26.

pas moins atteinte à l'égalité qu'à la liberté, puisqu'elle ne traite pas les ouvriers sur le même pied que les patrons. Je ne puis qu'indiquer tout cela : le champ que j'ai à parcourir est très-vaste, et le temps qui m'est accordé très-limité; mais il suffit que je pose ici les grands principes et que j'en note les plus importantes déviations. Je passe à la liberté des biens ou de la propriété.

Ce que je produis par mon travail est bien à moi, puisque cette production est mon œuvre, ma création; et, par conséquent, j'ai le droit d'en disposer librement. Fruit de mon activité personnelle, cette propriété acquise n'est pas moins légitime et moins sacrée que celle même de mon corps, et nul n'a le droit d'en disposer que moi-même.

Mais, a-t-on dit, si vous avez le droit de regarder comme vôtres les fruits de votre travail et d'en disposer librement, il n'en est pas de même de la terre, qui, appartenant à tous, ne peut être légitimement appropriée par personne.

Si cette raison était valable, elle s'appliquerait tout aussi bien à l'appropriation de la terre par un peuple que par un individu ; elle ne vaudrait pas moins contre la propriété collective que contre la propriété individuelle, et il faudrait admettre le communisme universel ; mais elle est mauvaise : la terre ne peut devenir fertile et produire les fruits nécessaires à la subsistance des hommes qu'à la condition d'être *appropriée*, et elle appartient naturellement à ceux qui, en la défrichant et en la cultivant, la transforment par leur travail.

Que si, reconnaissant qu'il est nécessaire que la terre soit appropriée, on maintient que chaque portion de terre appropriée doit être une propriété collective, la propriété d'un peuple ou tout au moins d'une commune, et non une propriété individuelle, la propriété d'un particulier, je réponds qu'en refusant à l'individu le droit de regarder comme sienne la terre à laquelle il a appliqué son travail, non-seulement on viole en lui un droit incontestable, mais qu'on frappe la société elle-même dans les sources de sa vie et de sa prospérité. Malgré les déclamations ou les sophismes de certaines écoles qui se croient démocratiques, tout cela est trop évident et trop bien démontré pour que j'aie besoin d'y insister. Ces déclamations et ces sophismes paraissent d'ailleurs avoir fait leur temps. N'avons-nous pas vu tout récemment le plus subtil et le plus vigoureux adversaire que la propriété ait rencontré dans notre siècle, finir par célébrer la légitimité et les bienfaits de cette propriété qu'il avait d'abord déclarée « un vol » ? Il n'est plus nécessaire aujourd'hui de réfuter le fameux mémoire de Proudhon ; l'auteur, tout en prétendant expliquer sa première pensée, s'est suffisamment réfuté lui-même.

Il faut accorder aux adversaires de la propriété individuelle, s'il en reste encore, qu'elle est la source de beaucoup de vices et de beaucoup de maux : elle excite la cupidité, elle développe la convoitise, elle alimente l'égoïsme, et elle engendre par là beaucoup de mauvaises actions et de désordres ; mais il faut aussi leur rappeler qu'elle est, en même temps qu'un droit inviolable, un aiguillon puissant qui pousse les hommes au travail et entretient dans la société la vie et la prospérité. C'est ce que n'ont pas vu les philosophes qui, comme Mably, frappés uniquement des vices et des maux auxquels donne lieu la propriété, l'ont condamnée et ont prétendu la proscrire au nom de la morale.

D'autres, comme Mirabeau après Montesquieu, tout en reconnaissant que la propriété individuelle est nécessaire et salutaire, veulent qu'elle tire sa légitimité uniquement de la loi civile, d'où cette conséquence que la loi civile peut la régler ou la restreindre au gré de ses convenances, puisque c'est elle qui l'a faite. C'est là une erreur résultant d'une équivoque. Sans doute la propriété n'a d'existence assurée que dans l'état civil, mais ce n'est pas la loi civile qui crée le droit de propriété : il lui est antérieur et dérive lui-même de notre libre activité ; c'est bien plutôt ce droit qui est la raison d'être de la société civile, puisque c'est en partie pour le garantir que les hommes s'unissent entre eux par le lien de cette sorte de société.

Si donc le droit de propriété existe par lui-même, et si, en même temps qu'il dérive du droit primitif de la personnalité humaine, il est la condition et la source de la prospérité des sociétés, il doit être reconnu et respecté par les gouvernements. Et en fait nous voyons que le respect de la propriété individuelle est à la fois le signe de la liberté et de la prospérité des États. Autant les gouvernements despotiques font bon marché de cette propriété (vous vous rappelez la théorie de Louis XIV et de la Sorbonne à ce sujet), autant les gouvernements libres la respectent et la favorisent ; et, par une conséquence nécessaire, autant sous les premiers la société languit et végète, autant elle fleurit et prospère sous les seconds. Le contraste que signalait Voltaire entre la Suisse et les États du pape est un exemple frappant de cette vérité. « La moitié du terrain de la Suisse, écrivait le patriarche de Ferney, est composée de roches et de précipices, l'autre est peu fertile ; mais quand des mains libres, conduites par des esprits éclairés, ont cultivé cette terre, elle est devenue florissante. » Et en regard de cette prospérité, issue de la liberté, il montre le pays du pape devenu, sous l'action du despotisme, et du pire de tous les despotismes, du despotisme ecclésiastique, inculte, inhabité, malsain (1).

Je ne prétends pas que le gouvernement doive rester absolument étranger à l'usage que les citoyens peuvent faire de leur droit de propriété. Comme il a le devoir de veiller à la sûreté publique, il a aussi le devoir et par conséquent le droit d'empêcher que telle propriété individuelle ne devienne un danger, d'ordonner, par exemple, la démolition d'une maison qui menace ruine ou qui est insalubre, d'éloigner

____

(1) Voyez mon *Histoire des idées morales et politiques en France au* XVIIIe *siècle,* t. I, p. 296.

des centres populeux certains établissements trop bruyants
ou malsains, etc. Mais, s'il a ainsi le droit d'empêcher que la
propriété des uns ne soit nuisible à la liberté ou à la sûreté
des autres, cela ne signifie pas qu'il soit le maître absolu de
la propriété et qu'il ait le droit d'en disposer à sa guise,
comme le prétendait Louis XIV et comme le prétendent encore certaines écoles qui, pensant travailler en faveur de la
démocratie, ne s'aperçoivent pas qu'elles font cause commune
avec l'absolutisme.

J'admets même que la loi permette au gouvernement de
prononcer certaines expropriations pour cause d'utilité publique, mais à une petite condition. Laquelle ? Ce n'est pas
seulement qu'une juste indemnité soit accordée aux propriétaires : cela va sans dire ; mais c'est que ces expropriations
ne soient qu'une exception et ne deviennent pas en quelque
sorte la règle commune, comme nous voyons qu'il arrive dans
certaines capitales. N'est-ce pas en effet, de la part d'une
administration, une singulière façon de respecter la propriété
individuelle que d'exproprier en masse tous les propriétaires
et tous les locataires, — même en les indemnisant largement,
— pour reconstruire toute une ville à sa guise ? Une telle façon
de procéder non-seulement dénote un grand mépris pour la
liberté individuelle, mais elle blesse une foule de sentiments
intimes et délicats qui mériteraient d'être mieux respectés.
Ces sentiments, un livre récent : *La nouvelle Babylone*,
les a si bien défendus contre cette manie de démolition et
de reconstruction qui s'est emparée de certaines adminis-
trations, que je ne puis résister au désir d'en détacher cette
page :

« On est père de famille, on est retraité, on est rentier,
on est homme d'habitude, on est ambitieux de repos, on
est assez heureux pour avoir trouvé un logement à sa convenance et pour y avoir filé son cocon ; on a réalisé là tout
un petit monde intérieur, on a mis tout son cœur, tout son

art à meubler son chez soi, à le décorer, car il y a un sentiment et une poésie jusque dans l'aménagement d'un salon ou d'une salle à manger. Ici c'est la bibliothèque; là c'est la toilette ; là encore, c'est le cabinet de travail; de ce côté, c'est la gravure de Raphaël ; de cet autre c'est la statuette de Michel-Ange. On sait par cœur la place de la moindre tête de clou, la fonction de telle ou telle autre tablette, on a le doigté en quelque sorte de chaque touche de son ménage. On a vécu dans ce logement, c'est-à-dire qu'on y a versé une petite part de soi-même ; on y a aimé, on y a bercé son enfant, on y a élevé sa famille. La religion du foyer a fait pour vous de cet appartement une sorte de sanctuaire ; vous tenez à chacune de ces pierres par un souvenir ou par une affection, et à vos heures de solitude, la tête penchée sur vos tisons, il vous semble que chacune de ces pierres à son tour vous interpelle à voix basse et vous raconte le roman intime de votre existence. Pendant que vous écoutez cette confidence délicieuse du passé, voici qu'à la même heure, là-bas, dans une salle de l'Hôtel de ville, un homme étudie, le sourcil froncé, une carte de la cité, et de temps en temps la pique d'une épingle noire, comme un général d'armée qui médite une opération de stratégie. Un nouveau boulevard vient de passer par l'imagination féconde de l'édilité. Votre maison doit tomber. Demain matin, à votre réveil, un billet imprimé vous priera poliment de plier bagages. Adieu donc à tout ce qui était encore vous, autour de vous, à ce petit monde de création, imprégné de votre pensée : ce ne sera bientôt plus que du plâtras qui va partir en tombereau pour quelque trou à combler. »

Le gouvernement ne doit pas oublier non plus que l'impôt n'est pas le prix d'une concession faite par l'État, comme si celui-ci était l'unique et véritable propriétaire, mais une simple redevance pour la garantie et en général les avantages qu'il nous procure. Mais il n'est que trop enclin à oublier ce principe, en traitant la propriété comme sa chose, par les droits exorbitants dont il la frappe, pour satisfaire ses appétits voraces, en quoi non-seulement il porte atteinte au droit individuel, mais il nuit à l'intérêt commun.

Ai-je besoin d'ajouter que le droit de propriété implique celui de transmettre et de léguer ses biens, sans autre restriction que celle de la justice et des légitimes intérêts de la famille? Ce n'est point là non plus un droit purement civil, mais un droit naturel, bien que, comme le droit de propriété lui-même, il ne puisse se passer de la garantie de l'État. L'État a donc aussi le devoir de le respecter ; mais c'est là encore un devoir dont il n'est que trop disposé à s'écarter.

J'arrive à un droit qui tient encore plus essentiellement à la personne humaine que celui de propriété, parce qu'il est inhérent à la personne même, et qu'à ce titre il est absolu, imprescriptible, inviolable, mais qui n'en a pas été moins méconnu et moins violé par les gouvernements ; qui aujourd'hui même, en plein XIXe siècle, est à peine admis dans la plupart des États de l'Europe, et qui, même chez les plus libres, rencontre encore des obstacles dans la loi et dans le gouvernement ; je veux parler de la *liberté de penser*, ou de ce que l'on appelle plus particulièrement, en tant qu'il s'agit des questions religieuses, de la *liberté de conscience*.

S'il y a un droit évident, s'il doit y avoir un droit sacré et inviolable, c'est assurément celui-là ; et quand je parle de la liberté de penser, je ne la sépare pas de celle d'exprimer et de manifester sa pensée, car la première sans la seconde est illusoire ; et pourtant la plupart des gouvernements modernes repoussent ou restreignent encore cette liberté, soit au nom d'une religion d'État qu'il n'est pas permis d'examiner, soit au nom d'une ou de plusieurs religions, sinon imposées, du moins reconnues par l'État, et qui à ce titre sont également placées au-dessus de toute libre discussion, soit enfin au nom d'un prétendu intérêt social que compromet le libre examen.

Examinons brièvement ces divers titres au nom desquels on prétend interdire une liberté aussi sacrée.

Une religion d'État n'est autre chose qu'un attentat à la liberté de conscience. De quel droit prétendez-vous m'imposer votre dogme et votre culte? Du droit de la vérité, dites-vous? Mais la vérité, n'en suis-je pas juge comme vous ? Et, si je ne pense pas comme vous à cet égard, si ce que vous appelez la vérité, je le regarde comme l'erreur, n'ai-je pas non-seulement le droit, mais le devoir de ne pas suivre votre religion ?

On invoque le droit de la conservation sociale. Mais ce que vous nommez la *conservation sociale,* c'est la conservation de la société telle qu'elle est, et non pas nécessairement telle qu'elle doit être ; et le besoin de conserver la société telle qu'elle est ne vous donne pas le droit d'opprimer les consciences et de torturer les corps, comme on le faisait si fréquemment naguère et comme on le fait encore aujourd'hui, même en des pays de qui l'on n'attendait pas un tel attentat aux droits de l'homme.

La reconnaissance ou la protection d'une ou de plusieurs religions ne saurait non plus donner aucun droit sur les dissidents ; elle n'est pas non plus conforme aux vrais principes.

La vérité ici, c'est que la société civile ou l'État est absolument incompétent en matière de dogmes et de culte, qu'il ne doit intervenir dans les choses de la religion, qui sont de la sphère de la conscience, non de la sienne, que pour maintenir le droit de chacun et empêcher que l'ordre public ne soit troublé. Il admettra donc indistinctement, en tant qu'État, tous les cultes, sauf à les empêcher d'attenter à la liberté et aux droits des citoyens, car assurer cette liberté et ces droits est son devoir et par conséquent son droit.

La conséquence de ces principes, ce n'est pas seulement cette sécularisation de l'État, c'est-à-dire de la loi civile et de tous les actes qui en relèvent (naissance, mariage, décès), qui est aujourd'hui établie dans la partie la plus avancée de l'Europe, mais qui, j'ai le regret de le dire, ne l'est pas encore dans tous les cantons de la Suisse ; c'est aussi un système qui n'existe encore qu'en Amérique, que la Révolution française avait adopté et réalisé, mais que Napoléon, ce premier des contre-révolutionnaires, comme l'a si bien appelé madame de Staël, a supprimé pour rétablir le régime suranné des concordats, et qui, malgré les obstacles que lui oppose l'esprit du passé, finira bien par devenir la loi générale de la société moderne, car il est le seul qui soit vraiment conforme à son esprit : je veux parler de l'entière séparation de l'Église et de l'État. Un illustre homme d'État a récemment donné une nouvelle formule du même principe, en parlant de l'*Église libre dans l'État libre*. J'admets cette formule : oui, que l'Église, ou, pour mieux dire, les Églises soient libres, mais à la condition que la société civile ou l'État qui la représente le soit aussi. La liberté de l'Église ne signifie pas sans doute celle de reconstituer les biens de main-morte, de capter les testaments ou d'enlever aux parents leurs enfants ; car, si c'est en ce sens que l'Église doit être libre, alors la société ou l'État ne l'est plus. La liberté religieuse, comme toute autre liberté, n'est légitime qu'autant qu'elle s'accorde avec celle de tous.

Si l'État attente à la liberté de conscience en imposant aux citoyens une religion soi-disant révélée, ou seulement en interdisant à son égard le libre examen, il n'attenterait pas moins à ce droit en leur imposant un dogme philosophique, comme le voulait Rousseau, et comme l'a fait la Convention à l'instigation de Robespierre, ou seulement en poursuivant à titre de délits des opinions contraires à une certaine philosophie regardée comme orthodoxe, comme nous le voyons faire chaque jour en certains pays qui prétendent marcher à la tête de la civilisation.

Ici encore on invoque l'intérêt social ; mais l'intérêt social en pareille matière est chose sujette à diverses interprétations, suivant les diverses opinions; et d'ailleurs le premier intérêt social, c'est que le droit de chacun soit respecté. J'ajoute que rien ne peut être plus favorable à l'intérêt général que la libre discussion, puisque la découverte de la vérité en suppose nécessairement la libre recherche.

Je dirai donc avec l'auteur de la *Critique de la raison pure :* « La liberté de soumettre toutes ses idées au jugement du public, sans être réputé pour cela un citoyen turbulent et dangereux, a son principe dans le droit primitif de la raison humaine, laquelle ne connaît d'autre tribunal que la raison commune où chacun a sa voix ; et, comme c'est de cette raison commune que doivent venir toutes les améliorations dont notre État est susceptible, un tel droit est sacré et doit être respecté. »

« Qu'y a-t-il donc à faire, poursuit Kant, dont j'aime à citer ces belles paroles, qu'y a-t-il donc à faire, surtout par rapport au danger qui semble menacer le bien commun ? Rien de plus naturel, rien de plus juste que le parti que vous avez à prendre. Laissez faire ces gens-là : s'ils montrent du talent, une investigation neuve et profonde, en un mot de la raison, la raison y gagnera toujours. Si vous employez d'autres moyens que ceux d'une raison libre, si vous criez à la trahison, si, comme pour éteindre un incendie, vous appelez au secours le public qui n'entend rien à de si subtils travaux, vous vous rendez ridicules. Car il n'est nullement question de savoir ce qui est ici avantageux ou nuisible au bien commun, mais seulement jusqu'où la raison peut s'avancer dans la spéculation, indépendamment de tout intérêt... Il est tout à fait absurde de demander à la raison des lumières, et de lui prescrire d'avance le parti qu'elle doit prendre. D'ailleurs la raison est assez bien réprimée et retenue dans ses limites par la raison même ; vous n'avez pas besoin d'appeler la garde pour opposer la force publique au parti dont la prédominance vous semble dangereuse. Dans cette dialectique, il n'y a pas de victoire dont vous ayez sujet de vous alarmer. »

Mais ces vérités si simples sont encore bien nouvelles aujourd'hui. A entendre beaucoup de gens de notre temps (notez que je ne parle pas seulement des défenseurs de l'*Encyclique*), à voir les condamnations qui frappent en France la libre pensée, et, en Suisse même, dans un de vos cantons, la bastonnade infligée à l'auteur d'un Examen de la vie de Jésus, il semble qu'elles n'aient pas encore fait beaucoup de chemin depuis le xviie siècle. Nous avons donc ici encore à continuer la tâche commencée en faisant pénétrer dans les esprits, dans les mœurs et dans les lois ce principe de liberté intellectuelle, ce principe de libre examen et de libre discussion dont la Renaissance et la Réforme ont jeté le germe dans le monde moderne, et que la Philosophie du xviiie siècle, dont vous venez d'entendre l'un des principaux organes, a développé dans toute son étendue.

DIXIÈME LEÇON

LA MORALE DANS L'ÉTAT (suite).

III

LES DEVOIRS DU GOUVERNEMENT (SUITE).

MESDAMES, MESSIEURS,

Vous avez trop bien apprécié, j'en suis sûr, la grandeur du motif qui m'a empêché de venir ici mardi dernier pour que j'aie besoin de m'excuser auprès de vous de mon absence (1). Je ne doute pas que la mort du colonel Charras ne vous ait inspiré des sentiments semblables à ceux que j'ai vus éclater avant-hier parmi vos confédérés de Bâle. L'honneur revendiqué par les sous-officiers bâlois de porter au champ du repos le corps du vaillant proscrit ; l'immense concours de population qui accompagnait ou saluait au passage le funèbre cortége ; l'engagement solennel, quoique muet, de garder religieusement le dépôt confié à la terre helvétique jusqu'à ce qu'il puisse être rendu à la terre française ; la douleur et les larmes qui répondaient aux nôtres : tout cela a témoigné assez hautement du respect de la Suisse pour le grand républicain qui vient de mourir et de la part qu'elle prend à ce malheur. La perte d'un tel homme est en effet une calamité que doit ressentir toute libre démocratie. Ils sont

(1) J'avais dû me rendre à Bâle pour assister aux funérailles de Charras, mort sur la terre d'exil, le 23 janvier 1865. En reproduisant ici les paroles que je prononçai au début de cette leçon, et qui furent alors publiées par quelques journaux, même par des journaux français, je crois remplir un devoir : la mémoire de Charras est de celles qu'on ne saurait trop honorer.

trop rares et trop précieux les caractères de cette trempe, les esprits de cette force, les hommes qui savent unir à ce point le courage civique au courage militaire, et qui, maniant la plume aussi bien que l'épée, se servent de la première, quand la seconde leur a été arrachée, pour continuer à défendre la cause du droit et de la justice ; ils sont trop rares et trop précieux ces soldats de la liberté, ces héros du devoir, ces grands citoyens, pour que tous les hommes libres ne les pleurent pas quand ils viennent à disparaître, surtout quand ils tombent avant d'avoir achevé leur œuvre. Celui-là a été pleuré comme il le méritait. Je n'avais jamais vu tant de larmes couler des yeux de tant de forts. Quel plus bel éloge pourrais-je faire du colonel Charras? Je n'en dirai rien de plus aujourd'hui ; mais je rentrerai en quelque sorte dans mon sujet en ajoutant qu'il a été l'éclatant modèle et la glorieuse victime de ces vertus civiques que je m'applique ici à décrire pour vous y montrer les fondements de toute vraie démocratie. (Applaudissements.)

Je n'en avais pas fini encore avec les devoirs du gouvernement par rapport aux droits naturels, innés ou acquis, des citoyens et aux libertés qui en découlent. La liberté de penser, dont j'ai parlé à la fin de la dernière leçon, implique, comme je l'ai dit, la liberté d'exprimer et de répandre sa pensée, soit par la parole, soit de toute autre manière ; elle implique par conséquent la liberté de la presse (1), la presse

(1) Je sais bien que tout le monde ne l'entend pas ainsi. Je sais qu'il y a des gens qui, tout en accordant le principe, contestent la conséquence. Voici par exemple comment, dans le Sénat français (séance du 2 mars 1866), un ancien ministre de l'instruction publique, aujourd'hui gouverneur de la Banque de France, définissait et restreignait la liberté de conscience : « Qu'est-ce que la liberté de conscience? C'est le droit pour l'individu de croire, *dans son for intérieur*, ce qu'il juge être vrai sur Dieu, sur le monde, sur tous les grands problèmes que la raison aborde. Mais lorsque cet individu en cherche d'autres pour établir avec eux une communauté de croyances et pour former une Église, alors la liberté de conscience *se manifestant extérieurement*, le gouvernement apparaît aussitôt avec son droit d'intervention, avec son droit d'empêcher que ces croyances soient imposées à autrui.» Ainsi on veut bien reconnaître la liberté de conscience *dans le for intérieur*; mais, dès qu'elle sort de cette retraite pour se *manifester extérieurement*, on la soumet aux entraves du

n'étant autre chose qu'une manière d'exprimer et de propager nos opinions : la presse, c'est la *pensée imprimée* et publiée par le moyen de l'impression. C'est encore ici une liberté naturelle, comme celle même de penser, une liberté qui dérive du droit primitif de notre nature, et non d'une permission de la loi ou du gouvernement. « Ce n'est pas », disait supérieurement un homme qui plus tard, il est vrai, a fait litière de tous les grands principes de la Révolution, indignement livrée par lui à l'auteur du 18 brumaire, mais qui avait eu la gloire d'en dicter en quelque sorte le magnifique programme, Siéyès, — « ce n'est pas en vertu d'une loi que les citoyens pensent, parlent, écrivent et publient leurs pensées ; c'est en vertu de leurs droits naturels, droits que les hommes ont apportés dans l'association, et pour le maintien desquels ils ont établi la loi elle-même et tous les moyens publics qui la servent. La loi n'est pas un maître qui accorderait gratuitement des bienfaits. La loi n'est là que pour empêcher la liberté de s'égarer. » C'est-à-dire de dégénérer en licence en attentant à la liberté d'autrui, et c'est là en effet l'unique rôle de la loi et du gouvernement. Cette liberté de publier sa pensée ne s'applique pas simplement aux matières dont j'ai déjà parlé, aux matières religieuses et philosophiques ; mais elle s'applique aussi à la politique comme à tout le reste, je veux dire à l'examen, non pas seulement des principes philosophiques de la politique, ce qui rentrerait dans ce que je viens de rappeler, mais de la manière dont elle est conduite, des lois et des actes du gouvernement ou en général des pouvoirs publics. C'est en effet le droit de tout citoyen de

gouvernement. Cette concession, avec cette restriction, est dérisoire : je l'ai déjà dit, la liberté de penser sans la liberté d'exprimer sa pensée n'est qu'une ironie. Il est vrai que, pour justifier l'intervention du gouvernement, on invoque son droit d'empêcher que certaines croyances ne soient *imposées* à autrui ; mais il y a là une équivoque et un sophisme : est-ce imposer ses croyances à autrui que de les exposer à qui veut les entendre ? Oui, suivant les gens dont je parle ici. On violente les consciences, on attente à la foi d'autrui quand on dit ce que l'on pense. Voilà, il faut l'avouer, une singulière façon d'entendre la liberté de conscience, mais qui ne doit pas étonner de la part d'un orateur du Sénat.

penser tout haut, ou de publier librement sa pensée sur les lois auxquelles il est ou va être soumis et sur les actes du gouvernement qui le régit. Cette liberté est, comme on l'a dit bien souvent, le palladium de toutes les autres : elle est la sauvegarde des citoyens contre l'arbitraire, les exactions, en un mot tous les abus de pouvoir des dépositaires de l'autorité publique. « Elle donne, comme un spirituel écrivain le fait dire à Montesquieu dans un dialogue avec Machiavel récemment rapporté des enfers, elle donne à quiconque est opprimé le moyen de se plaindre et d'être entendu. » Le gouvernement qui en dépouille les citoyens, ou qui, ce qui revient au même, en soumet l'exercice à son bon plaisir, commet un double attentat envers eux : il viole en eux le droit naturel, et il leur enlève une de leurs plus précieuses garanties. Cet attentat est l'accompagnement nécessaire de tout gouvernement despotique : il faut que le despotisme tue la liberté de la presse, ou, ce qui ne vaut pas mieux, qu'il la musèle. Il ne peut vivre lui-même qu'à ce prix. Aussi n'est-on pas étonné quand on voit l'empereur Napoléon Ier écrire en ces termes (2 floréal an XIII, 22 avril 1805) à son ministre Fouché au sujet des journaux qu'il avait bien voulu laisser subsister : « Réprimez un peu les journaux, faites-y mettre de bons articles, faites comprendre aux rédacteurs des *Débats* et du *Publiciste* que le temps n'est pas éloigné où, m'apercevant qu'ils ne me sont pas utiles, je les supprimerai avec tous les autres, et n'en conserverai qu'un seul... Mon intention est donc que vous fassiez appeler les rédacteurs du journal des *Débats*, du *Publiciste*, de la *Gazette de France*, qui sont, je crois, les journaux qui ont le plus de vogue, pour leur déclarer que s'ils continuent à n'être que les truchements des journaux et des bulletins anglais, et à alarmer sans cesse l'opinion, en répétant bêtement les bulletins de Francfort et d'Augsbourg sans discernement et sans jugement, leur durée ne sera pas longue, que le temps de la Révolution est fini et qu'il n'y a plus en France qu'un parti;

que je ne souffrirai jamais que les journaux disent ni fassent
rien contre mes intérêts; qu'ils pourront faire quelques petits
articles où ils pourront mettre un peu de venin, mais qu'un
beau matin on leur fermera la bouche (1)». Fermer la bouche aux contradicteurs, tel doit être en effet le premier et le
dernier mot de la tyrannie. Le respect de la liberté de la
presse est au contraire la marque de tout gouvernement libre. Aussi n'aurais-je pas besoin de chercher ailleurs qu'ici
l'exemple de ce respect.

Sans doute la liberté de la presse peut, comme toute autre,
dégénérer en licence et engendrer ainsi des actes punissables.
Je n'admets pas avec un célèbre publiciste que la presse doive
être dans tous les cas impunie. On peut se servir de la presse.
comme de tout autre moyen, pour commettre certains délits,
tels que calomnier les citoyens, outrager les magistrats, faire
appel à la révolte. Ces délits, punissables de leur nature, ne
deviennent pas innocents pour être commis par la voie de la
presse.; ils en contractent au contraire une gravité plus
grande. Qu'ils soient donc au besoin réprimés par la loi;
mais il ne faut pas que, sous prétexte de les réprimer, on attente à la liberté elle-même. J'ajoute en m'adressant ici aux
mœurs, qu'à l'égard des offenses dont ils peuvent être l'objet
dans la presse, les dépositaires de l'autorité publique, sans se
désarmer absolument du droit de les poursuivre devant les
tribunaux, doivent montrer une extrême modération, parce
que la ligne qui sépare ici la critique de l'offense est très-dif-
ficile à maintenir dans l'ardeur de la polémique, qu'ils en
sont eux-mêmes très-mauvais juges, et que tout en laissant
aux tribunaux le soin d'en décider, sans exercer sur eux aucune pression, ils ne multiplieraient pas les procès de presse
sans danger pour la liberté même de la presse. Qu'ils répondent plutôt par la même voie ou mieux encore par leurs

____

(1) *Correspondance de Napoléon*, t. X, p. 335,

actes. Mais si les magistrats doivent, à moins qu'il n'y ait un grave péril pour la chose publique, respecter la liberté de la presse jusque dans les citoyens qui en abusent contre eux, il faut aussi que les citoyens n'oublient pas qu'un de leurs premiers devoirs est de respecter les magistrats.

Il est encore une vérité qui dérive du même principe, du droit de penser et de communiquer sa pensée, c'est la liberté d'enseignement. Chaque citoyen a naturellement le droit d'enseigner à qui il lui plaît, ce qu'il lui plaît et comme il lui plaît. Il n'y a qu'une chose à cet égard qui puisse tomber sous l'action de la loi, c'est l'*immoralité*. Mais cela même ne doit pas être laissé au jugement de l'administration : ce serait rouvrir la porte à l'arbitraire. Cette liberté est encore une de celles que les gouvernements despotiques ne manquent pas de confisquer à leur profit, afin de façonner les âmes à leur guise. J'ai montré dans un autre cours (1) ce que Napoléon fit de cette liberté : aux termes du décret qui organisa l'Université impériale, l'enseignement public, dans tout l'Empire, était confié exclusivement à ce corps officiel ; et aucune école, aucun établissement quelconque ne pouvait être formé en dehors de l'Université sans l'autorisation de son chef. Je ne rappellerai pas l'esprit que ce même décret imposait au corps enseignant et prétendait inculquer à la jeunesse : il me suffira de dire, pour le caractériser, qu'il transformait les colléges en casernes et en faisait, suivant l'expression de M. Thiers, *les avenues des camps*. Ce n'est pas dans une libre démocratie qu'une telle institution aurait jamais pu s'implanter. La vraie démocratie n'a pas peur de la liberté, et n'a pas besoin de la supprimer pour établir son règne.

On craint l'enseignement clérical. Opposez-lui, outre la liberté de la concurrence, un bon enseignement public ; je ne sache pas un meilleur moyen de repousser ce danger.

_____

(1) *Napoléon et son historien M. Thiers*, sixième leçon.

Je dis un enseignement public. Je reconnais en effet à la société le droit et même en certains cas le devoir d'instituer des écoles publiques ; mais il s'agit là d'un de ces devoirs qui ne sont plus simplement négatifs et dont j'aurai à parler tout à l'heure. Je dois d'abord achever ce qui me reste à dire sur cette première obligation du gouvernement qui consiste à assurer et à respecter lui-même tous les droits des membres de la société à laquelle il préside et toutes les libertés qui découlent de ces droits. Il va sans dire d'abord que cette obligation implique celle de veiller à la défense de la nation contre les agressions du dehors ; je n'ai pas besoin d'insister sur ce point. Mais si je parlais ailleurs qu'en Suisse, que de choses j'aurais à dire contre cette organisation de la force armée qui enlève, malgré eux, les jeunes gens à leur pays natal, à leur famille, à leur état, à leur avenir, pour les retenir enrégimentés durant de longues années sous la loi de la discipline militaire, c'est-à-dire de l'obéissance passive, qui sépare ainsi l'armée de la nation et fait de la première un instrument d'oppression contre la seconde, qui enfin est une menace perpétuelle pour les autres peuples et entretient entre eux, sinon la guerre, du moins l'état de guerre ! Mais à quoi bon parler de ce système désastreux dans un pays où, suivant le vœu de Diderot, chaque citoyen a deux habits, l'habit de son état et l'habit militaire, c'est-à-dire où le soldat ne se distingue pas du citoyen, et qui sur ce point offre à tous les autres peuples le modèle à suivre ?

Il y a un autre point qu'il faut indiquer ici, en appliquant au gouvernement lui-même ce que j'ai déjà appliqué aux citoyens : c'est que la conservation des libertés naturelles des hommes réunis par le lien de la société civile impliquant certaines garanties politiques, ou ce que l'on désigne particulièrement sous le nom de *libertés publiques*, telles que la liberté de la parole et de la presse, que nous avons déjà rencontrée sur notre chemin, la liberté électorale, etc., c'est le devoir de tout gouvernement qui respecte les premières de respecter aussi et de faire respecter les secondes, d'en assurer la sincérité et de les défendre au besoin contre toute violence.

Mais le salut public ne peut-il exiger dans certains cas que le gouvernement dépouille les citoyens de toutes ces libertés, naturelles ou politiques, et que, pour sauver la société, il voile la statue de la liberté? Prenez garde que le salut public n'est le plus souvent qu'un prétexte dans la bouche des ambitieux: pour satisfaire leur convoitise, ils invoquent la raison d'État et la grande morale, qui dispense de la petite. Supposons que ce ne soit pas là un vain prétexte, mais que la société soit en effet en péril, réprimez énergiquement par les voies légales la licence et le désordre, mais fuyez l'arbitraire qui atteint les innocents en même temps que les coupables, et qui perd la liberté en prétendant la sauver. Je repousse donc avec Rousseau cette doctrine qui croit justifier par le salut public les attentats contre la liberté, les biens, la vie des citoyens (1). La première loi du salut public, c'est de ne commettre aucun attentat contre aucun citoyen, c'est de ne violer en aucune circonstance la justice et l'humanité. Il est temps d'en finir avec ces théories qui, mettant en avant le besoin d'assurer la liberté future, ne profitent qu'à la tyrannie du jour ou au despotisme du lendemain.

Par cela même qu'il garantit à chacun l'exercice de tous ses droits et lui permet ainsi de développer librement toutes ses facultés, le gouvernement concourt à la prospérité publique; il l'entrave au contraire en manquant à ce devoir. Mais, organe d'une certaine société formant une union, un tout, qu'on appelle un peuple ou une nation, il peut aussi et même, dans une certaine mesure, il doit travailler directement à la prospérité de cette société. De là ces fonctions qu'on désigne sous le nom de *travaux publics*, d'*assistance publique*, d'*instruction*

(1) Voyez mon *Histoire des idées morales et politiques en France au* xviiie *siècle*, t. II, p. 231 et 299.

publique. Examinons sous ce nouveau point de vue les devoirs du gouvernement, ou en général de la puissance publique, sous quelque forme qu'elle s'exerce et quelque titre qu'elle porte, État ou commune (je ne puis entrer ici dans cette distinction, qui m'entraînerait trop loin hors de mon domaine).

Mais d'abord écartons d'un mot certaines théories absolues et dangereuses. Invoquant le principe de la *solidarité* qui doit unir tous les membres d'une société politique, certains esprits imposent au gouvernement la mission de veiller au bien-être de chacun, de subvenir aux besoins de chacun, de fournir à chacun son travail ou sa subsistance, et ils demandent en conséquence l'*organisation du travail par l'État*. Je ne nie pas que le lien civil n'impose à la société ou au gouvernement qui la représente certaines obligations plus étroites envers les membres qui la composent ; mais je répète ce que j'ai déjà eu occasion de dire, que les théories dont il s'agit ici, impliquant l'absolutisme gouvernemental, sont contraires à la fois aux droits des individus et à la prospérité de la société.

D'autres, sans aller aussi loin, veulent que le gouvernement, organe de la chose publique, se charge de faire lui-même tout ce qui est d'intérêt général, en n'abandonnant aux particuliers que ce qui est d'intérêt particulier. C'est là un principe qui paraît conforme à la nature des choses et parfaitement logique, mais qui est encore beaucoup trop absolu ; car l'intérêt particulier peut fort bien concourir à l'intérêt général, et les particuliers font souvent beaucoup mieux que le gouvernement. La conséquence de ce principe est d'ailleurs de multiplier outre mesure, au détriment des contribuables, le nombre des fonctions et des fonctionnaires publics, cette plaie des États, particulièrement des États démocratiques, est de décourager l'effort individuel, la libre concurrence et la libre association.

La règle à suivre ici, au contraire, c'est de n'attribuer au gouvernement, en fait de choses concernant l'intérêt général, que ce que les particuliers ne sauraient faire, ou du moins bien faire.

Une autre règle a été admirablement posée par un homme qui fut à la fois un grand penseur et un grand homme d'État, Turgot, dans son *Mémoire au roi sur les municipalités*, ce magnifique projet de réforme de la constitution politique de la France qui aurait rendu la Révolution inutile si les préjugés et les intérêts contraires eussent permis de l'adopter. Cette règle, c'est que *tout besoin* (qui réclame le concours de l'État) *doit arriver à la puissance suprême* (au gouvernement) *affaibli de tous les efforts que les intéressés ont faits afin d'y subvenir*, les intéressés, c'est-à-dire les particuliers d'abord et les familles, puis les communes, les arrondissements, les provinces, en un mot les circonscriptions hiérarchiques de l'État.

Ce sont là, pensera-t-on peut-être, des règles d'économie politique et de politique plutôt que de morale ; mais elles intéressent aussi la morale publique ; car il n'est pas bon pour la dignité morale des citoyens, — en même temps que pour la prospérité de la société, — que le gouvernement étouffe et paralyse l'activité individuelle ; et il n'est pas bon non plus, ni juste, qu'il affranchisse les intéressés de tout effort et fasse retomber sur les autres la charge de leurs besoins. Ajoutez à cela tout ce qu'il y a de dégradant et de funeste à la liberté dans l'habitude ainsi encouragée de solliciter les faveurs du pouvoir. C'est là une des principales causes qui, dans certains pays, étouffent l'esprit public. On se tient pour satisfait dès que l'on peut obtenir du souverain une route, un tronçon de chemin de fer, une église, et l'on ne songe pas à quel prix on paye de telles faveurs.

Le principe qui a servi ici à Turgot de point de départ est un principe de morale, en même temps que d'économie politique et de politique, et, à ce double titre, c'est un principe vital pour toute société, à plus forte raison pour toute vraie démocratie. Turgot le formule ainsi : *Dans la société, chaque individu et chaque groupe hiérarchique doit, autant que cela n'est pas impossible, pourvoir à ses propres besoins par ses propres forces.* C'est avec cette restriction qu'il faut admettre le principe de la solidarité entre les individus et les divers groupes dont la société se compose ; ce n'est qu'à cette condition qu'elle est juste, vraiment morale et vraiment salutaire.

C'est surtout en matière d'assistance publique que nous ne devons pas perdre de vue le principe moral et social si bien posé par Turgot, que chacun doit, autant que cela n'est pas impossible, pourvoir à ses propres besoins par ses propres forces. Otez ce principe, la conséquence nécessaire, c'est, d'un côté, la paresse et la dissipation ; de l'autre, l'entretien des paresseux et des dissipés retombant à la charge des laborieux et des rangés ; en fin de compte, la ruine ou l'alanguissement de la société tout entière.

Il suit de là que l'on ne saurait exiger du gouvernement, sans injustice et sans danger, qu'il assure à chacun en tout cas l'assistance comme un droit. Ce serait donner des droits et des encouragements à la paresse et à la dissipation au détriment du travail et de l'épargne.

Mais il n'est pas toujours possible à chacun, même avec la meilleure volonté, de pourvoir à ses propres besoins par ses propres forces. Dès lors n'y a-t-il pas là un devoir pour le gouvernement comme représentant la société à laquelle appartiennent les indigents et qui souffre elle-même de leurs souffrances ? Comment le nier ? Il a le devoir de leur venir en aide si ceux à qui ce soin revient d'abord, les particuliers ou les familles, et les communes, ces grandes familles, ne le font pas suffisamment. Il a même le droit de contraindre ceux-ci, dans la mesure du possible, à remplir le devoir qu'ils négligent, et c'est par là qu'il doit commencer. C'est ainsi que Turgot (qu'on n'accusera pas sans doute de socialisme), pendant la disette qui sévit en France et particulièrement dans le Limousin, à l'époque où il était intendant de la Généralité de Limoges (1770), n'hésita pas à exiger par la loi ce que les particuliers refusaient à la charité : il enjoignit aux propriétaires de pourvoir à la subsistance de leurs colons et à chaque paroisse de nourrir ses pauvres jusqu'à la récolte prochaine, en disant : « Le soulagement des hommes qui souffrent est le devoir de tous et l'affaire de tous. » Mais ce n'est qu'autant que les particuliers ne remplissent pas ce devoir ou ne le remplissent pas suffisamment que le gouvernement doit intervenir sous une forme ou sous une autre. Aussi ce même Turgot qui prescrivait les ordres que je viens de rappeler, recommandait-il la bienfaisance privée par son propre exemple : « Ayant épuisé, dit son biographe Dupont de Nemours, tout ce que son revenu lui laissait de libre, il emprunta vingt mille francs pour les répandre en bienfaits. » L'assistance publique ne doit être que le supplément nécessaire pour subvenir à l'insuffisance des secours privés.

Malheureusement c'est l'effet ordinaire de l'assistance publique de restreindre l'assistance privée, outre qu'elle encourage la paresse, la dissipation et la mendicité, ce qui d'ailleurs est vrai aussi de la charité privée, je veux dire de celle qui s'exerce sous la forme de l'aumône. Aussi certains économistes la condamnent-ils absolument. C'est là une autre extrémité insoutenable : on ne saurait dégager ici absolument le gouvernement de tout devoir, d'autant plus que, s'il s'attribue le droit d'interdire la mendicité, ce ne peut être qu'à la condition de fournir, soit directement, soit indirectement, aux indigents le moyen de subsister, à moins qu'il ne trouve celui de supprimer la misère ; mais la vérité est que le devoir de l'assistance publique doit être pratiqué avec les plus grandes précautions, de manière à éviter autant que possible les dangers que je viens de signaler.

Je m'empresse d'ailleurs d'ajouter que, tout en remplissant

ce devoir d'assistance dans la mesure où cela est nécessaire et de la manière la moins nuisible à la société et aux assistés eux-mêmes, le gouvernement doit poursuivre un but plus élevé : éteindre ou du moins restreindre le plus possible la misère, le paupérisme. Cela ne dépend pas sans doute de lui absolument : il n'est pas comme un magicien dont un coup de baguette suffirait pour faire disparaître la misère et faire partout régner l'abondance à sa place ; mais, de même qu'il peut accroître le fléau par des mesures contraires aux lois morales, politiques et économiques, ou en général par une mauvaise administration, de même il peut le combattre et le diminuer par une bonne administration de la chose publique, par des mesures conformes aux lois de l'économie politique, par tout ce qui peut, par exemple, encourager le développement des institutions de crédit, des sociétés coopératives, etc., et enfin par tous les moyens propres à inculquer et à développer dans les âmes le sentiment de la dignité humaine et par là l'amour du travail et de l'épargne.

Ceci me conduit au dernier point qu'il me reste à indiquer pour compléter cette analyse des devoirs du gouvernement, je veux parler de l'instruction publique.

Un homme n'est digne de ce nom et ne mérite celui de citoyen que grâce à l'instruction qui l'arrache aux ténèbres de l'ignorance et ouvre son esprit à la lumière. Aussi est-ce avec une profonde raison que les anciens avaient fait de la culture de l'intelligence (σοφία, *sapientia*) la première de toutes les vertus : elle est en effet la condition de toutes les autres. L'ignorance est au contraire, avec la misère, la principale cause des vices et de tous les désordres qui troublent la société. Comme la misère, elle est une mauvaise conseillère. De là donc l'indispensable nécessité d'une certaine instruction. Cette nécessité se fait surtout sentir dans les démocraties, où tous les membres de la société sont appelés à prendre part, directement ou indirectement, aux affaires publiques. Le suffrage universel, comme on l'a dit souvent, implique l'instruction universelle. Il y a longtemps que, pour ma part, j'ai essayé de bien mettre en lumière le lien de ces deux termes. Au lendemain, pour ainsi dire, du jour où fut proclamé en France le suffrage universel, je publiai dans un recueil nouvellement fondé, mais emporté par les événements survenus depuis, *La liberté de penser* (1), un article intitulé *Le suffrage universel et l'instruction primaire*, et, si vous me permettez de me citer moi-même, voici ce que je disais :

« Le suffrage universel exprime la volonté de la nation, du moins de la majorité. Mais la volonté de la nation, comme celle de l'individu, pour se bien résoudre, a besoin d'être éclairée. Le *sit pro ratione voluntas* n'est toujours qu'un fait brutal. J'admets qu'alors même que la volonté de la majorité tombe dans l'erreur, à moins qu'elle ne porte atteinte à quelqu'un de ces droits qui sont inaliénables, ou de ces principes qui sont au-dessus de toute discussion, il faut que la minorité se soumette d'abord, sauf à travailler ensuite pour faire triompher plus tard ses propres idées. Autrement il n'y a plus de gouvernement, plus de société possible. De quel droit en effet irais-je m'insurger contre la décision de la majorité du peuple ? Du droit de la raison ? Mais eussé-je mille fois la raison pour moi, cette prétention étant celle de tout le monde, il faut bien en définitive qu'on aille aux voix et que les moins nombreux se soumettent. Ce n'est point là sans doute un argument philosophique, mais c'est un argument politique. C'est qu'aussi il ne s'agit pas en politique de la raison en soi telle que nous la considérons, nous autres philosophes ; mais de la raison appliquée à la recherche de ce qui convient le mieux à une société. Si, dans le premier cas, on n'est pas admis à compter les suffrages, il n'en est pas de même dans

(1) Janvier 1849, t. III, p. 168. — Je ne puis rappeler ici *La liberté de penser* sans donner un souvenir à son rédacteur en chef, Amédée Jacques, mort récemment au Nouveau Monde, où il s'était réfugié à la suite du Deux Décembre, victime de son dévouement à la cause de la philosophie et de la liberté.

le second. J'accorde tout cela; mais je demande en même temps que la majorité, devant les décisions de laquelle je suis tout prêt à m'incliner, ne soit pas celle d'une collection de volontés aveugles, mais de volontés éclairées ; et c'est pourquoi je veux que les citoyens de la république, étant tous appelés à élire ceux qui doivent les représenter dans les assemblées législatives, ou même celui (ou ceux) à qui doit être confié le pouvoir exécutif, soient tous mis, autant que possible, en état d'exercer dignement ce droit, de telle sorte que le suffrage universel, pratiqué suivant son véritable esprit, qui n'est autre que celui de la démocratie, loin de pouvoir devenir un instrument de réaction ou de despotisme au service des partis, soit au contraire un instrument de progrès et de liberté. Or le premier et le plus important moyen d'arriver à ce but, c'est l'instruction primaire. Celle-ci est le corollaire indispensable du suffrage universel. Dès que l'on attribue à tous les citoyens certains droits politiques, par exemple celui d'élire les membres de l'assemblée nationale ou le président de la république, il faut travailler à les en rendre capables, c'està-dire d'abord les y préparer par une éducation appropriée. A ce point de vue, l'enseignement primaire devient un devoir pour l'État ainsi que pour les citoyens. »

Certaines personnes repoussent l'intervention de l'État, c'est-à-dire du gouvernement, ou même de la commune, en pareille matière, comme étant attentatoire aux droits et à la liberté des particuliers. L'objection ne serait fondée que si le gouvernement ou la commune forçait les citoyens à envoyer leurs enfants aux écoles instituées par lui sans leur permettre de s'adresser à d'autres ; mais, s'il laisse, comme il le doit, l'enseignement privé tout à fait libre et s'il n'enlève pas à chacun le droit de choisir entre les écoles publiques et les écoles privées, que devient l'objection ? Sans doute il vaudrait mieux que les particuliers se chargeassent eux-mêmes du soin de pourvoir à cette grande nécessité de l'instruction ;

mais, si la bonne volonté ou les moyens leur manquent pour cela, il faut bien que le gouvernement s'en mêle, car il faut que les enfants soient instruits. Je sais bien qu'en s'en mêlant, en instituant des écoles publiques, le gouvernement (et ceci s'applique à la commune aussi bien qu'à l'État) détourne par là au moins en partie les efforts qui pourraient être tentés par les particuliers : c'est là certes un grave inconvénient; mais, s'il n'est pas sûr que cette nécessité, non bien comprise encore de tous, doive être convenablement satisfaite, s'il n'est que trop probable au contraire qu'elle ne le serait pas, au moins de sitôt, comme il y a en quelque sorte urgence, le devoir du gouvernement en pareil cas n'est pas douteux. C'est ici qu'il doit faire ce que les particuliers ne peuvent pas ou ne veulent pas faire suffisamment.

On a beaucoup agité dans ces derniers temps la question de l'enseignement primaire, gratuite et obligatoire. Cette question est trop bien résolue en Suisse pour que j'aie besoin d'y insister beaucoup; mais, comme elle a été remise à l'ordre du jour dans les pays où elle n'est pas encore aussi bien tranchée, permettez-moi d'en dire quelque chose, sauf à ne rien vous apprendre. Il faut partir de ce principe : le droit de l'État d'exiger que les pères de famille fassent donner à leurs enfants l'instruction sans laquelle ceux-ci ne deviendraient pas des hommes. On allègue contre ce principe soit la difficulté de le mettre en pratique, comme s'il n'était pas parfaitement appliqué en Suisse, c'est-à-dire dans le pays où l'application en était matériellement le plus difficile, soit celle de lui trouver une sanction pénale, comme s'il n'y avait pas en effet telle sanction, par exemple la privation des droits politiques, qui pût convenir excellemment à ce genre de délit, etc. Toutes les objections tombent d'ailleurs devant l'impérieuse nécessité, là où cette nécessité existe, c'est-à-dire là où les parents négligent de remplir leur devoir à cet égard, en France, par exemple, où, d'après le compte rendu du recrutement de 1857, sur 299,961 inscrits, 90,773, c'est-à-dire près du tiers, ne savaient pas lire (1). Or, pour que l'État déclare l'instruction obligatoire, il faut qu'il la rende gratuite, au moins pour ceux qui sont hors d'état de la payer; et, pour la rendre gratuite, il faut qu'il institue lui-même des écoles publiques. Tout cela s'enchaîne.

Que l'État ait donc des écoles, non-seulement pour les garçons, mais aussi pour les filles, qui n'ont pas moins besoin d'instruction que nous, car elles font sans doute aussi partie de la société humaine ; et non-seulement des écoles pour les enfants, mais aussi pour les adultes, qui veulent réparer les lacunes de leur première éducation ou continuer de s'instruire ; et non-seulement des écoles primaires, mais des écoles secondaires et supérieures de tout genre ! Et qu'à côté de ces écoles il institue des bibliothèques, pourvu qu'il n'impose ni ses écoles ni ses bibliothèques, qu'il laisse tout le monde libre de les fréquenter ou de s'adresser ailleurs, et qu'il les établisse elles-mêmes dans l'esprit le plus libre et le plus large ! En travaillant ainsi, en dehors de toute prétention dogmatique et de toute pensée de domination, à chasser l'ignorance et à répandre la lumière, est-ce qu'il ne remplit pas une belle et sainte mission ?

Pour moi, loin de repousser ici l'action de l'État, je serais plutôt tenté de reprocher aux gouvernements de ne pas faire assez. Si certains gouvernements dépensaient pour l'instruction publique ce qu'ils dépensent pour entretenir sur pied une armée formidable, le despotisme serait plus difficile à établir et à soutenir, mais la démocratie s'en trouverait mieux.

Ici d'ailleurs, ici encore, tout en remédiant à la négligence des particuliers ou en suppléant à leur insuffisance, le gouvernement ne doit être considéré, soit par les particuliers,

---

(1) Cf. les cartes récemment publiées par J. Manier sous ce titre : *L'instruction publique en France en 1867.*

soit par lui-même, que comme pourvoyant à une nécessité temporaire, dont les citoyens doivent travailler à le soulager et que lui-même doit tendre à faire peu à peu disparaître. Le jour où la nécessité de l'instruction à tous les degrés sera comprise de tous, et où les particuliers seront assez éclairés et assez zélés pour pourvoir eux-mêmes à cette nécessité, ce jour-là le gouvernement n'aura plus besoin de s'en mêler : les efforts des particuliers y suffiront. Ce jour-là n'est pas près de luire sans doute, nos yeux ne le verront pas ; mais les citoyens et le gouvernement n'en doivent pas moins travailler à en hâter l'avénement.

En tout, le vrai rôle du gouvernement n'est pas de gouverner les hommes (l'expression même de gouvernement est mauvaise : elle exprime un ordre d'idées qui doit disparaître) ; c'est de leur apprendre à se gouverner eux-mêmes. Aussi Gœthe a-t-il eu raison de dire que le meilleur gouvernement était précisément celui qui apprenait aux hommes à se gouverner. Tel doit être par-dessus tout le gouvernement démocratique : la vraie démocratie n'est pas celle où chacun peut devenir le maître de tous les autres, mais où tous sont leurs propres maîtres.

Tels sont les devoirs du gouvernement. En les remplissant, c'est-à-dire en assurant le respect de tous les droits, de toutes les libertés qui en découlent et de toutes les garanties politiques qui leur sont nécessaires, et en travaillant, sous cette condition, à la prospérité de l'association, il satisfait à la morale, autant qu'il est en lui, sans empiéter sur un domaine qui ne lui appartient pas, le domaine du for intérieur et de la vie privée. Ainsi il ne sacrifie pas la morale à la politique, suivant la pratique du machiavélisme césarien ; et d'un autre côté, il n'usurpe pas le domaine propre de la morale privée ou de la conscience, ce qui serait la cause ou le prétexte d'une tyrannie intolérable, comme celle de Lycurgue ou de Calvin.

Ai-je besoin d'ajouter que les citoyens chargés de cette magistrature qui remet entre leurs mains la puissance publique nécessaire pour faire les lois ou les exécuter, doivent, non-seulement ne pas abuser de cette puissance pour attenter aux droits d'autrui et échapper eux-mêmes aux lois, non-seulement ne consulter dans l'exercice du pouvoir que la justice et le bien public, mais s'abstenir de tout ce qui pourrait rendre suspect leur désintéressement et leur dévouement à la chose publique, et, dans leur vie privée, donner l'exemple de la plus scrupuleuse probité et de la plus pure moralité? Noblesse oblige, disait-on autrefois; magistrature oblige, devraient dire tous les amis de la vraie démocratie. Le pouvoir, a dit justement un ancien, est comme un poste élevé où l'on doit d'autant plus se surveiller soi-même que l'on est plus en vue et que l'on sert en quelque sorte d'exemple aux autres. On sait quelle déplorable influence ont eue sur les mœurs au xviiᵉ et au xviiiᵉ siècles les exemples d'un Louis XIV ou d'un Louis XV : l'immoralité et la débauche, partant du trône, se répandaient comme un torrent sur les diverses classes de la société. Les magistrats de la démocratie, — à moins qu'on ne veuille appeler ainsi les Césars, — ne sont pas aussi en vue que les monarques; mais il ne faut pas que dans leur sphère, ils renouvellent les exemples monarchiques, s'ils ne veulent pas voir la démocratie, à la tête de laquelle ils sont placés, dévier de la droite ligne où ils doivent s'appliquer à la maintenir.

ONZIÈME LEÇON

IV

LA PÉNALITÉ

La pénalité est malheureusement un élément indispensable de l'ordre civil ou politique, au moins dans l'état actuel de l'humanité : sans elle, le droit, qu'elle a pour but de faire respecter, ne serait point assuré contre les attentats de ceux à qui il plairait d'y porter atteinte, ou il faudrait que chacun se chargeât lui-même de le faire respecter, ce qui serait un retour à l'état de nature. Mais cette nécessité arme la société ou l'État, qui en est l'organe, d'un pouvoir terrible, dont il n'a que trop arbitrairement et trop cruellement abusé ; et il n'y a rien de plus important que de retracer les règles de justice et d'humanité qui doivent le diriger ici. Les connaissances, dit très-bien Montesquieu (*Esprit des lois*, livre XII, chap. XI), que l'on a acquises dans quelques pays et que l'on acquerra dans d'autres sur les règles les plus sûres que l'on puisse tenir dans les jugements criminels, intéressent le genre humain plus qu'aucune chose qu'il y ait au monde. » Vous savez avec quel éclat et quel succès la recherche de ces règles a été entreprise, à la suite de Montesquieu, par l'Italien Beccaria, ce disciple de la philosophie française du XVIIIe siècle, laquelle, après lui avoir ouvert la voie, l'y suivit avec ardeur ; ce n'est pas à vous que j'ai besoin de rappeler quels services ces philosophes, ces *idéologues*, ont rendus à l'humanité en luttant sur ce point, comme sur tant d'autres, contre la barbarie du moyen âge. Mais il s'en faut que tout soit fait. Ici donc encore c'est le devoir de la philosophie du XIX° siècle de continuer la tâche commencée par celle du XVIII°, et de s'attacher à effacer les derniers vestiges de barbarie qui subsistent même dans les pays les plus civilisés et les plus démocratiques. Je voudrais apporter mon contingent à cette œuvre en recherchant avec vous, autant du moins que le permettent les limites de ce cours, les règles que la morale impose à la pénalité. Nous verrons en même temps jusqu'où va le lien de ces deux choses ; car, s'il importe de ne jamais séparer la pénalité de la morale, il n'importe pas moins de ne pas étendre ici outre mesure le domaine de la morale. Cette observation va trouver immédiatement son application dans la question qui doit d'abord nous occuper : quel est le principe de la pénalité ?

Suivant une théorie à laquelle Platon a en quelque sorte attaché son nom, mais qui remonte plus haut que lui, que la philosophie du moyen âge ne pouvait manquer de suivre, et qui, dans les temps modernes, a été reprise et développée par d'illustres philosophes, le Hollandais Grotius, l'Anglais Selden, les Allemands Leibnitz et Kant, l'Italien Rossi, — que peut-être quelques-uns d'entre vous ont entendu ici même enseigner le *droit pénal*, — suivant cette théorie, le principe de la pénalité, c'est *la nécessité morale de l'expiation*. Toute faute doit être expiée par le coupable, c'est là une loi de justice absolue, et c'est pour satisfaire à cette loi que la société institue ou doit instituer la pénalité.

Examinons cette théorie dans son principe et dans ses conséquences.

Elle repose sur un faux principe, que n'ont pas toujours, il est vrai, admis explicitement ceux qui l'ont adoptée, comme **Kant**, mais qu'ils auraient dû admettre pour rester conséquents avec eux-mêmes. Ce principe, qui revient à cette confusion de l'ordre politique et de l'ordre moral que j'ai signalée comme une erreur funeste, c'est que la société civile ou l'État, qui en est l'organe, est institué pour réaliser *la justice absolue*. Attribuer à l'État cette mission, c'est usurper sur les attributions de Dieu ou, pour rester dans l'ordre humain, empiéter sur le domaine de la conscience. Le but de l'État est sans doute, comme je l'ai montré plus haut, de faire régner la justice parmi les hommes; mais la seule justice qu'il ait le droit d'imposer, c'est le respect du droit, ou en d'autres termes, suivant la définition même de **Kant**, qui s'est montré ici infidèle à son principe, l'accord de la liberté de chacun avec celle de tous.

Voyons maintenant quelles seraient les conséquences de cette théorie.

Il faudrait punir non-seulement les délits qui sont des attentats au droit, comme le vol, l'assassinat, l'adultère, la diffamation, etc., mais encore toutes les infractions à la loi morale, même celles qui ne violeraient aucun droit chez autrui; car, aux yeux de la conscience, celles-ci peuvent n'être pas moins condamnables que les premières. Et c'est ce qui est arrivé en fait dans les États où la loi civile a prétendu reproduire la loi morale tout entière ; mais aussi cette prétention a-t-elle été dans ces États la cause d'une tyrannie insupportable et funeste à la vertu elle-même, qui ne veut pas être forcée. Bien plus, pour rester fidèle à la théorie, il faudrait punir non-seulement les actes, mais même les intentions non suivies d'effet ; car l'intention suffit, au regard de la morale, pour déterminer la culpabilité et exiger l'expiation. Il faudrait enfin approprier les peines aux fautes de telle sorte que les premières fussent toujours la rigoureuse expiation des secondes, ce qui supposerait une appréciation de la valeur morale des délits qui nous est tout simplement impossible, à nous autres hommes. De là est sortie|la loi du talion, loi nécessairement barbare, même quand elle n'est pas une loi de vengeance, mais qu'elle prétend être une loi de justice.

Vous voyez où conduit le principe de l'expiation, considéré comme fondement de la pénalité. Que la peine prononcée doive être acceptée par le coupable comme une expiation de son crime, que même la société lui donne ultérieurement ce caractère, à la bonne heure ; mais tel n'est pas le principe et le but de la pénalité. A parler rigoureusement, —ceci a l'air d'un paradoxe, mais n'est qu'une très-simple vérité, — *la société n'a pas le droit de punir*. C'est là un droit qui n'appartient qu'à Dieu, seul juge souverain de la valeur morale des actes. Elle a pourtant le droit d'édicter et d'infliger des peines? Sans doute. Sur quoi donc se fonde ce droit, ou quel est le principe sur lequel repose la légitimité de la pénalité et en dehors duquel celle-ci cesse d'être légitime?

Ce principe est lui-même une déduction de celui que nous avons donné pour fondement à la société civile ; il nous sera donc facile de le déterminer.

La société civile ou politique, ai-je dit et répété, est instituée pour faire vivre les citoyens sous le règne du droit, ou, en d'autres termes, pour assurer le respect réciproque de tous leurs droits. Or ce but, elle ne pourrait l'atteindre sans l'institution de la pénalité. Il ne suffit pas qu'elle promulgue des lois qui déterminent les droits des citoyens et les devoirs correspondants ; il faut qu'elle y attache une sanction pénale, sans quoi ces droits ne seraient pas sûrement respectés et ces devoirs sûrement observés. La pénalité est nécessaire, comme *menace* ou comme *exemple*, à la répression des infractions à ces lois, c'est-à-dire des attentats aux droits de chacun ; et elle l'est aussi comme moyen d'empêcher ceux qui se sont rendus coupables d'infractions ou d'attentats de ce genre de renouveler leurs délits. Elle a pour but de réprimer, par la menace ou par l'application de certaines peines, les actes contraires au droit et à la loi qui le consacre et le garantit, et de protéger ainsi le droit lui-même. De là sa légitimité. Si la société civile n'a pas le droit de punir, droit qui n'appartient à aucun homme, par conséquent à aucune société humaine, elle a certainement celui de réprimer les attentats contre le droit par la peine suspendue en quelque sorte comme une épée de Damoclès sur la tête de ceux qui seraient tentés de les commettre, ou appliquée à ceux qui s'en sont rendus coupables; elle a ce droit, puisqu'elle est instituée précisément pour protéger les droits réciproques de tous ses membres et qu'elle ne peut le faire efficacement qu'au moyen de la pénalité. La pénalité est donc légitime à ce titre. Elle n'est en définitive qu'une forme régulière du droit qui appartient à tout homme de défendre sa personne, sa vie, sa liberté, ses biens, mais que, sauf certains cas urgents et exceptionnels, il doit remettre à la société, s'il veut l'arracher à l'état de nature ou de guerre pour l'élever à l'état civil ou de paix, et que la société ne peut, je le répète, exercer efficacement qu'au moyen de la pénalité. De là aussi les limites où est renfermée la légitimité de la pénalité sociale.

La société civile n'a pas le droit de frapper de ses peines tous les actes moralement condamnables, mais ceux-là seulement qui portent atteinte aux droits des citoyens et aux lois qui les consacrent; — et elle ne doit les frapper que des peines strictement nécessaires à la répression des délits qu'elle a la mission d'empêcher. En dehors de là, toute pénalité, fût-elle moralement juste, juste aux yeux de l'éternelle justice, est illégitime, en ce sens qu'elle dépasse le droit de la société. Aussi n'accorderai-je pas à Kant, — en supposant avec lui la légitimité de la peine de mort (je discuterai ce point dans la prochaine leçon), — que, si une société venait à se dissoudre, elle violerait la justice en n'infligeant pas au dernier meurtrier le châtiment qu'il aurait mérité; mais je dirai au contraire avec l'illustre jurisconsulte Target que, « si, après le plus détestable forfait, il pouvait être sûr qu'aucun

crime ne fût plus désormais à craindre, la punition du dernier des coupables serait une barbarie sans fruit ; elle passe-
rait le pouvoir de la loi (1) ».

Mais, si je n'admets pas que la pénalité sociale ait pour
but de satisfaire à la justice absolue, à cette justice qui veut
que toute faute, tout mal moral soit puni par un mal physique correspondant, une peine, une souffrance proportion-
née, je ne nie pas pour cela la moralité de la pénalité. En
lui donnant pour fin la répression des actes contraires au
droit, je la renferme dans ses limites légitimes ; mais, dans
ces limites, je ne la sépare pas de la moralité. C'est à ce point
de vue que je dois l'examiner ici.

Pour cela, parcourons les divers actes du drame que
joue dans la société le pouvoir judiciaire, ce pouvoir chargé
de la délicate et redoutable mission de juger les citoyens, de
les frapper de certaines peines, de leur enlever par là leur
liberté ou même leur vie, et voyons ce que, dans chacun de
ces actes, le droit et la morale exigent de ce pouvoir, c'est-à-
dire des citoyens qui en sont investis.

Mais rappelons d'abord un grand principe destiné à servir de
sauvegarde à la sécurité des citoyens et sans lequel en effet
l'administration de la justice sociale, au lieu de l'assurer, la
met en péril : je veux parler du principe de la séparation
du pouvoir judiciaire d'avec le pouvoir législatif et le pouvoir exécutif, ou d'avec le gouvernement, soit qu'on entende
par là la réunion des deux précédents pouvoirs, ou le second
seulement. « Il n'y a point de liberté, a très-bien dit Montesquieu, si la puissance de juger n'est pas séparée de la puissance législative et de l'exécutive. Si elle était jointe à la puissance législative, le pouvoir sur la vie et la liberté des citoyens
serait arbitraire, car le juge serait législateur. Si elle était jointe
à la puissance exécutrice, le juge pourrait avoir la force d'un

(1) Voyez mon *Analyse critique de la doctrine du droit*, p. **CLXXXIV.**

oppresseur. » Non-seulement le pouvoir judiciaire doit être séparé des deux autres, mais il en doit être absolument indépendant, afin qu'il puisse agir dans toute sa liberté. « Suffit-il, demande avec autant de raison que d'esprit un publiciste français, Comte, suffit-il que le pouvoir exécutif affuble ses délégués d'un bonnet et d'une robe et qu'il leur dise : « Je vous crée indépendants », comme Mme de Sévigné disait aux quatre arbres de son jardin : « Je vous fais parc », pour que nous soyons dans l'admiration de notre politique, et que nous voyions sur-le-champ, dans les délégués d'un même homme, deux pouvoirs bien séparés et bien indépendants l'un de l'autre? » Il faut donc que les magistrats institués pour appliquer à leurs concitoyens cette arme terrible de la pénalité soient en fait entièrement indépendants du gouvernement, et que même leur indépendance ne puisse être douteuse à personne. Mais cela ne suffit pas encore : la fonction de ces magistrats officiels doit se borner à instruire et à diriger les procès ; le verdict de culpabilité ou d'acquittement doit être rendu en dehors d'eux par des citoyens tirés au hasard (par la voie du sort) du corps du peuple pour chaque affaire ou pour un petit nombre d'affaires, de telle sorte que les magistrats n'aient point à absoudre ni à condamner, mais seulement à appliquer la loi en vertu du verdict rendu. Vous reconnaissez dans le peu de mots que je viens de prononcer l'institution tutélaire du jury, cette institution pratiquée et honorée par tous les peuples libres, mais en revanche haïe et repoussée ou altérée par les despotes. Vous savez comment la jugeait Napoléon : « C'était, disait-il, une vieille institution qui avait dû avoir sa raison d'être à une époque où les vaincus avaient besoin d'une garantie contre les vainqueurs, mais qui ne signifiait plus rien dans un temps où régnait l'égalité et où chacun était sûr d'être jugé par ses pairs. Toute la question était de choisir les plus éclairés parmi eux, et les plus éclairés devaient être les juges choisis par le pouvoir. » Napoléon n'osa pourtant pas supprimer tout à fait cette institution, adoptée par la Révolution, ou plutôt il trouva plus avantageux d'en conserver l'apparence en la dénaturant pour l'approprier à ses fins. Il renouvelait en cela, comme sur tant d'autres points, l'exemple donné par les Césars romains : lorsqu'à Rome, la liberté républicaine eut été complétement étouffée par le césarisme, les *judices jurati* ne lui survécurent que de nom. Condamné par les despotes, le jury, c'est-à-dire, comme le définit Royer-Collard, l'intervention des citoyens dans les jugements, est regardé par tous les esprits libéraux comme l'une des plus importantes garanties de la liberté des citoyens ; mais l'usage en est encore trop restreint dans la plupart des pays où cette institution a été admise. Pourquoi, par exemple, ne l'applique-t-on pas aux procès correctionnels aussi bien qu'aux procès criminels? Est-ce qu'il ne s'agit pas là aussi de la liberté et de l'honneur des citoyens, et par conséquent l'intervention du jury n'est-elle pas là aussi une garantie nécessaire? Pour s'en convaincre, il n'y a qu'à voir avec quelle légèreté à la fois et quelle dureté la justice est rendue par les tribunaux correctionnels dans certains pays, qui ne sont pas la Chine. On allègue la multiplicité des affaires ; mais c'est là une difficulté matérielle qui n'est point un obstacle invincible, et qui n'arrêtera plus le jour où l'on sera bien convaincu que le jury n'est pas moins nécessaire en matière correctionnelle qu'en matière criminelle.

Ces principes rappelés, passons en revue les divers actes du drame judiciaire, pour retracer les règles de justice et d'humanité qui doivent y présider.

Un délit a été commis, j'entends un acte contraire au droit, et non-seulement contraire au droit naturel, mais défendu par la loi (car, juridiquement parlant, il n'y a de délits que ceux qui sont prévus par la loi), par exemple un vol, un meurtre, etc., ou seulement une tentative. Celui que des témoins accusent ou que de graves indices font soupçonner d'en être l'auteur est arrêté; mais, sauf le cas de flagrant délit, il ne doit l'être que sur l'ordre légal du magistrat institué pour cela : autrement la liberté des citoyens serait à la merci des agents du gouvernement qui les pourraient faire arrêter sous un prétexte quelconque. Arrêté, il doit être interrogé immédiatement, au moins dans les vingt-quatre heures. Cette loi, méconnue ou violée par tous les despotismes anciens ou modernes, n'est pas de date récente chez les peuples pour qui la liberté est comme une tradition : nous voyons, par exemple, par le procès de Michel Servet, qu'elle était dès lors en vigueur dans la république de Genève (1). Après avoir interrogé le prévenu, le magistrat, sous sa responsabilité, maintient son arrestation ou le met provisoirement en liberté moyennant caution, ou le relâche tout à fait. Ici se présente un grand principe, qui doit être la règle du magistrat : c'est que *le prévenu*, quelque charge qui pèse sur lui, s'avouât-il même coupable, *doit être*, tant que sa culpabilité n'a pas été légalement déclarée, *présumé innocent*, et que par conséquent il faut éviter jusque-là de le traiter comme un coupable. Il suit de là qu'il ne doit être retenu que si la détention préalable est jugée nécessaire, soit pour l'empêcher de fuir et d'échapper à la justice, soit pour l'instruction du procès ; que, dans tout autre cas, il doit être rendu provisoirement à la liberté ; et que, dans celui où sa détention est jugée nécessaire, n'étant pas une *peine*, mais une mesure de précaution, elle doit lui être rendue aussi douce que possible. Vous savez comment ces règles sont en général observées. Les horreurs de la prison servent souvent de moyen pour arracher aux accusés les aveux qu'on veut en obtenir. N'avons-nous pas vu tout récemment une malheureuse femme, pour échapper au traitement qu'elle subissait dans un cachot de dix ou douze mètres cubes, et

____

(1) Voyez mon livre *Les Martyrs de la libre pensée*, p. 178.

qui tuait l'enfant qu'elle portait dans son sein, s'avouer coupable d'un crime qu'elle n'avait pas commis? Le même principe, celui du respect de l'accusé, doit s'appliquer à l'interrogatoire du prévenu. Il n'y a plus lieu aujourd'hui de s'élever avec les Montesquieu, les Voltaire, les Beccaria, contre cette barbare et inepte institution qui soumettait le prévenu aux plus atroces douleurs pour le forcer à confesser le crime dont on le soupçonnait, mais dont il pouvait être innocent, et à dénoncer les complices qu'il n'avait peut-être pas. Grâce aux éloquentes protestations des généreux écrivains que je viens de rappeler, la *question*, que, dans la comédie des *Plaideurs*, le juge Dandin propose à Isabelle de lui faire voir en manière de passe-temps (1), la *question* a disparu de tous les codes de l'Europe (2) ; mais, si la *torture physique* qu'on désignait sous ce nom a été partout supprimée, il est une espèce de *torture morale* qui n'a point disparu de l'usage et même de la théorie de certains légistes contemporains : elle consiste à tourmenter le prévenu par des menaces ou à le tenter par des promesses, à lui tendre des embûches au moyen de questions captieuses, etc., et à tourner ensuite contre lui les aveux ou les semblants d'aveux qu'on lui a ainsi arrachés. Tout cela est immoral, et n'est malheureusement que trop fréquent. Mais il ne suffit pas que le magistrat s'abstienne de ces odieux moyens : il faut qu'il laisse et au besoin fournisse lui-même au prévenu tous les moyens de se défendre,— ce qui exclut le secret absolu, auquel on le soumet si fréquemment et qui ne doit être qu'une très-rare exception ; — qu'il le confronte — ce qui exclut l'emploi des délations

(1)   N'avez-vous jamais vu donner la question ?
— Non, et ne la verrai, que je crois, de ma vie.
— Venez, je vous en veux faire passer l'envie.
— Hé ! monsieur, peut-on voir souffrir des malheureux !
— Bon : cela fait toujours passer une heure ou deux.

(2) Il y a pourtant encore tel canton de la Suisse où la bastonnade peut être infligée, à un prévenu, comme moyen d'instruction.

secrètes, — avec son dénonciateur et les témoins à charge, — de manière que le prévenu puisse leur répondre et, s'il y a lieu, réfuter leurs assertions ; en un mot, qu'il mette en présence l'accusation et la défense. C'est seulement lorsque toutes ces garanties ont été données au prévenu et que les charges ont subsisté contre lui, qu'il est légitime de prononcer sa mise en accusation, soit que cette mise en accusation soit décidée par les magistrats ou par un jury spécial, comme cela se pratique dans certains pays et a eu lieu en France de la Constituante à Napoléon. Je ne discute pas ce dernier point, qui est sujet à controverse ; la règle générale que je viens de rappeler suffit ici. Il est temps d'arriver au second acte du drame que nous analysons. Mais auparavant, je dois faire encore une observation : c'est que le premier acte doit être aussi court que possible, tandis qu'il est d'ordinaire beaucoup plus long que ne le demandent les exigences de l'instruction et celles de la défense de l'accusé. La détention préalable, quelque douce qu'elle puisse être, est toujours un mal qu'il faut abréger. Que si l'accusé a obtenu sa liberté sous caution, il n'en est pas moins sous le coup d'une accusation qui pèse sur sa considération et nuit à ses intérêts ; il faut donc, tout en évitant une précipitation fâcheuse, l'en décharger le plus tôt possible. Il est sans doute difficile de déterminer le temps nécessaire ; mais les magistrats n'abusent-ils pas ici singulièrement de la latitude que la loi est forcée de leur accorder, et songent-ils assez à la malheureuse situation des prévenus ?

Voici maintenant l'accusé en présence du tribunal appelé à le juger. Le même principe qui a déjà dû le protéger dans sa détention préalable ou dans sa liberté sous caution doit le suivre à la barre du tribunal, avec une garantie de plus : la publicité des débats. Il faut que cette enceinte soit ouverte au public et que tout ce qui s'y passe puisse être reproduit par la presse, afin que la justice, comme tout autre pouvoir public, agisse sous l'œil et sous le contrôle du public. Il n'y a que les gouvernements despotiques qui puissent fermer aux citoyens l'accès des tribunaux et interdire la reproduction des débats : c'est qu'ils ont besoin de la nuit, ou de ce que Malesherbes, dénonçant les vices de l'administration de l'ancien régime, si complaisamment reproduits par le nouveau, appelait la *clandestinité*. La publicité est au contraire la condition et la marque des États libres et moraux. Le public assistera, soit directement, s'il le veut, soit par le moyen des journaux, aux débats qui se produisent dans l'enceinte du tribunal entre l'accusation et la défense. Je ne rechercherai pas s'il convient que dans tous les cas l'accusation soit soutenue par un *ministère public* : cela me conduirait trop loin et n'est pas d'ailleurs essentiel à mon sujet ; mais ce que je repousse au nom du grand principe de justice et d'humanité qui doit présider à toute la procédure, c'est cette intervention véhémente et outrageante du ministère public en usage dans certains pays, où le magistrat accusateur semble faire du succès de son réquisitoire une affaire personnelle, où, en tout cas, sous prétexte qu'il parle au nom de la société, il accable l'accusé de ses traits les plus injurieux et réclame contre lui la plus grave condamnation, même une condamnation capitale, avec toute la violence de la passion. « Cette tête m'appartient, s'écriait un jour un de ces accusateurs publics répondant au défenseur d'un accusé ; oui, cette tête m'appartient, vous ne me l'arracherez pas. » Et voilà le métier que font, dans les pays auxquels je fais allusion, certains hommes fort instruits, fort diserts, et même très-aimables en société : après avoir passé une partie de leur vie à déployer leur éloquence pour défendre les accusés contre le ministère public, ils en passent une autre partie à déployer cette même éloquence pour les accabler en qualité de ministère public. Est-ce bien moral ? je vous le demande. L'accusation doit être exempte de toute passion : elle doit se borner à exposer les faits et à les interprêter avec calme et impartialité. Je sais qu'en posant cette règle, j'enlève à Messieurs les accusateurs publics bien des moyens oratoires et des phrases à effet; mais le respect de l'accusé doit passer avant les besoins de leur éloquence.

De son côté, la défense doit être entièrement libre. Il faut que l'accusé puisse se défendre comme il l'entend, ou se faire défendre par quiconque lui convient pour cet office. Je reconnais l'utilité des avocats de profession, et je ne demanderai pas avec Napoléon qu'on n'admette, à titre de défenseurs, que des hommes *étrangers au barreau;* mais je n'admets pas que les avocats exercent un monopole en dehors duquel les accusés n'aient pas le droit de choisir leurs défenseurs. Leur droit est en effet de choisir pour les défendre qui bon leur semble.

Les débats sont clos : les témoins ont été ouïs, l'accusation a parlé, la défense s'est fait entendre par la bouche même de l'accusé ou par celle de son défenseur; le verdict va être rendu. Qu'il le soit par des juges, ou, comme je le voudrais pour tous les cas où la liberté et l'honneur des citoyens sont en question, par un jury, ceux qui sont appelés à le rendre doivent être bien pénétrés de la responsabilité qui pèse sur eux : s'il importe que tout coupable soit condamné, il importe encore plus qu'un innocent ne le soit pas. La mission de la peine, ai-je dit, est de protéger le droit; mais ce serait une singulière façon de le protéger que de frapper les innocents. Les jurés ou les juges examineront donc avec la plus scrupuleuse conscience si l'accusé a réellement commis le délit qu'on lui impute, et si, l'ayant matériellement commis, il en est moralement responsable, si par conséquent il est vraiment coupable, question qu'ont dû déjà examiner les magistrats chargés de l'instruction et de la mise en accusation. Il est évident que, si l'accusé est *aliéné*, il n'est pas responsable et partant coupable : on ne condamne pas un fou; on se borne à l'enfermer, quand il est dangereux. Tout le monde reconnaît cela, mais combien de fois n'est-il pas arrivé qu'on a frappé des aliénés comme coupables! Je sais qu'il s'agit là d'un point souvent difficile à déterminer et dont on peut abuser; mais il n'en est pas moins vrai que le manque de discernement à cet égard a fait commettre plus d'une erreur regrettable. L'ivresse peut aussi enlever à l'homme, au moins jusqu'à un certain point, la responsabilité de ses actes; mais, comme elle est elle-même volontaire, elle ne peut être une circonstance justificative, elle n'est qu'une circonstance atténuante. S'il est bien démontré, — je dis démontré, car c'est ici surtout qu'il convient de pratiquer la maxime : dans le doute abstiens-toi, — s'il est bien démontré que l'accusé a commis le délit et qu'il l'a commis sciemment et volontairement, il reste encore à en examiner les circonstances, atténuantes ou aggravantes, si, par exemple, le crime a été commis avec ou sans préméditation, etc.

Tout cela bien pesé, le verdict est rendu. Dans quelles conditions doit-il l'être? La simple majorité peut-elle suffire pour la condamnation? Ou convient-il d'exiger une majorité plus forte, ou même l'unanimité? Un argument de simple bon sens se présente tout de suite à l'esprit : s'il y a des voix, ne fût-ce qu'une seule, en faveur de l'acquittement, c'est qu'il y a doute; et s'il y a doute, de quel droit condamnez-vous? En tout cas, la simple majorité, même celle de huit voix sur douze, exigée par plusieurs codes, est insuffisante. Dans son *Essai philosophique sur les probabilités*, Laplace avance que, dans un jury de douze membres, si la pluralité exigée pour la condamnation est de huit voix sur douze, la probabilité de l'erreur à craindre est un peu plus grande qu'*un huitième*, et qu'elle est encore à peu près *un vingt-deuxième*, si cette pluralité est de neuf voix. « Dans le cas de l'unanimité, ajoute Laplace, la probabilité est plus de mille fois moindre que dans nos jurys; » mais elle subsiste toujours, c'est-à-dire que la justice humaine est toujours faillible. De là sort une conséquence admise dans bien peu de codes, mais que la république de Berne a l'honneur d'avoir inscrit dans le sien : c'est que la révision des jugements soit toujours ouverte au condamné, et que, même après sa mort, sa famille puisse encore faire réhabiliter sa mémoire. Une autre conséquence de la même vérité, c'est que la peine soit réparable. Ce qui, pour dire ici en passant ce que j'aurai à développer dans la prochaine séance, condamne irréfutablement la peine de mort.

J'ai supposé l'accusé condamné. S'il est acquitté, la société ne lui doit-elle pas une réparation? C'est encore là un principe qu'a consacré le code bernois, mais qui, jusqu'à ce jour, n'a pas été, que je sache, admis ailleurs qu'en Suisse.

Il nous reste maintenant à déterminer en général les caractères que doit avoir d'abord la peine pour répondre à la mission que nous lui avons attribuée, et ceux qu'elle doit revêtir ensuite pour satisfaire le mieux possible la morale publique.

La mission de la peine est de protéger le droit en réprimant les délits contraires au droit.

Or, pour qu'elle soit répressive, il faut qu'elle soit *exemplaire*, ce qui ne veut pas dire qu'on doive exposer les condamnés sur la place publique, comme cela se pratiquait encore en France il y a peu d'années : c'est là un moyen barbare et inutile ; mais ce qui signifie que la peine doit être assez forte et assez éclatante pour produire l'effet qu'on en attend.

Par la même raison, elle doit être certaine, *inévitable*, ce qui n'exclut pas d'ailleurs, quoi qu'en pense Beccaria lui-même, le droit de grâce. Je reviendrai tout à l'heure sur ce point.

Mais si, pour atteindre son but, il faut que la peine soit exemplaire et inévitable, il faut aussi qu'elle soit *modérée*, parce que, comme l'ont si bien montré Montesquieu, Beccaria et tant d'autres, les châtiments trop rigoureux, si prodigués dans les anciens codes qu'ils semblent, comme celui de **Dracon**, avoir été écrits avec du sang, ces châtiments, outre qu'ils blessent l'humanité, manquent leur but. J'ajoute aussi avec Beccaria qu'ils doivent s'adoucir en raison de l'état de la société.

Il faut en outre — et c'est encore là un point que Beccaria, après Montesquieu, a heureusement mis en lumière, — que les peines soient exactement proportionnées aux délits et dans chaque délit aux circonstances mêmes du délit. Il est inique et contraire au but même de la pénalité d'appliquer de moindres châtiments à de plus grands crimes ou de plus grands châtiments à de moindres crimes, ou de punir de la même peine un plus grand crime et un moindre, par exemple de punir également de mort l'assassinat et le vol, ou la contrebande, ou, suivant un article du Code pénal abrogé en France, mais conservé à Genève, la fabrication de la fausse monnaie. L'échelle de proportion entre les délits et les peines est sans doute difficile à fixer, mais c'est le devoir de la législation de la fixer pour le mieux.

Je n'ajouterai pas, parce que cela va sans dire dans une démocratie, qu'il faut que les peines soient *égales*, les mêmes pour tous, ni qu'il faut qu'elles soient *personnelles*, c'est-à-dire qu'elles ne frappent que le coupable et ne rejaillissent pas sur sa famille, ce qui exclut la *confiscation*. J'ai rappelé ailleurs avec quelle ardeur Napoléon, pendant les Cent-Jours, voulait rétablir en France cette peine qu'il avait emportée avec lui dans sa première chute (1); elle est en effet l'un des instruments les plus chers au despotisme.

Tous les caractères que je viens de passer en revue, savoir, l'*exemplarité*, la *certitude*, la *modération*, la *proportionnalité*, sont essentiels à la peine, parce qu'ils dérivent de son principe même; mais il en est d'autres que la société peut et doit lui donner par respect et amour de l'humanité, en même

____

(1) *Napoléon et son historien M. Thiers*, p. 295.

temps que dans son propre intérêt. Ainsi elle doit faire en sorte que la peine serve à l'amendement du coupable, afin qu'il puisse lui être rendu un jour corrigé et inoffensif. C'est ce que demandait Platon. Sa voix, qui a devancé les siècles sur ce point, pourrait encore être aujourd'hui utilement écoutée. Le moyen sans doute est difficile : la prison en commun a le tort de réunir des coupables de diverses natures, dont les plus pervers achèvent de corrompre ceux qui le sont moins; la prison cellulaire, inventée par la philanthropie moderne pour obvier à ce danger, conduit à la folie et au suicide; la déportation, avec la faculté laissée aux déportés de se faire une nouvelle existence, n'est pas toujours praticable, et elle a d'ailleurs de graves inconvénients. Le bon moyen est peut-être encore à trouver, mais c'est ici le cas de dire : cherchez. Il faut en effet que la peine soit appliquée de telle sorte que le condamné puisse se corriger, s'améliorer, redevenir digne de la société qui l'a banni de son sein.

Une condition nécessaire pour cela, c'est que tout espoir ne lui soit pas enlevé. Il ne faut écrire sur les portes d'aucune prison ce que lut Dante sur celles de l'enfer : *O vous qui entrez ici, laissez toute espérance*, mais plutôt le mot que les prisonniers de Gênes portaient inscrit sur leurs fers: *Libertas*. La liberté doit être en effet montrée au prisonnier comme une espérance dont il dépend de lui de faire un jour une réalité.

Il suit de là que la peine doit être *rémissible*. Elle doit l'être, comme je l'ai dit plus haut, parce que la justice humaine est toujours faillible, et qu'il faut que ses erreurs puissent être réparées; mais elle doit l'être aussi parce que enlever tout espoir au condamné n'est pas en général le moyen de le pousser à s'amender, parce que la rémission de la peine doit être la récompense de l'amendement du coupable, parce qu'enfin la société, une fois ses nécessités satisfaites, ne doit pas se montrer impitoyable. Mais il ne faut pas que le

droit de grâce puisse être arbitrairement exercé, que la remise de la peine dépende de la faveur, des protections, de.la
rencontre fortuite du prince, etc. Non, il faut qu'elle soit
achetée par le repentir et l'amendement du condamné.

Une dernière observation. La pénalité, comme je le disais
en commençant, est un élément nécessaire de l'ordre public,
mais c'est toujours un élément brutal, puisque, comme menace, elle s'appuie, non sur le mobile de la moralité, mais sur
celui de la crainte ou de la contrainte matérielle, et que,
comme exécution, elle inflige le malheur, et le plus grand de
tous, la perte de la liberté, sinon de la vie, à des créatures
humaines, coupables, je le veux bien, mais trop souvent
égarées par les vices de leur éducation et par les suggestions
de la misère. La société politique — et ceci s'applique aussi
aux individus — doit donc faire en sorte que cet élément
devienne de moins en moins nécessaire, en refoulant autant
qu'il est en elle la misère et l'ignorance, ces deux principales
sources du crime, et en favorisant de tout son pouvoir le développement de l'éducation et du bien-être essentiel. Ainsi
elle préviendra de plus en plus le crime, et aura de moins en
moins à le réprimer. L'*idéal* serait un état de société où la
pénalité serait inutile. C'est ce que Platon avait admirablement
senti en traçant l'idéal de la république dans ce dialogue où,
à côté de si regrettables chimères, éclatent de si grandes vues :
dans sa république idéale, il n'y a pas de lois pénales. Cet
idéal n'est pas sans doute près d'être atteint, et sans doute il
ne le sera jamais complétement : c'est le caractère de l'idéal
de ne pouvoir jamais être entièrement réalisé; mais tel est
aussi le caractère de tout véritable idéal que nous devons et
que nous pouvons nous en rapprocher de plus en plus : autrement il ne serait qu'un mirage, et il faudrait dire que le
progrès, au lieu d'être la loi réelle de l'humanité, n'est qu'une
vaine illusion.

DOUZIÈME LEÇON

LA MORALE DANS L'ÉTAT (suite)

———

LA PÉNALITÉ (SUITE)

La peine de mort.

Mesdames, Messieurs,

J'ai réservé pour cette séance la question de la peine de
mort, parce que cette question est si grave et préoccupe
si fortement les esprits, qu'il m'a paru convenable de la
traiter à part et d'en faire l'objet d'une leçon tout entière. Je
voudrais en parler d'une manière qui répondît non-seulement
à l'importance du sujet et à l'intérêt qu'il excite, mais encore aux justes exigences du lieu où je suis appelé à la traiter.
Genève, en effet, par l'initiative d'un de ses citoyens, M. de
Sellon (dont le nom restera attaché aux efforts tentés dans notre
siècle en faveur de l'abolition de la peine de mort), Genève a
beaucoup contribué à mettre cette question à l'ordre du jour
dans les pays civilisés : c'est en partie au concours ouvert à
Genève par ce philanthrope qu'est dû l'un des plus importants ouvrages qui aient été publiés contre la peine de mort,
un ouvrage qui, après avoir été couronné ici et à Paris, a fait
le tour de l'Europe, l'ouvrage de M. Charles Lucas (1) ; c'est
au Conseil souverain de Genève, en la personne de M. de
Sellon, qu'il est dédié ; c'est à la république même de Genève qu'il s'adresse en plusieurs de ses pages. Et depuis ce

———

(1) *Du système pénal et du système répressif en général, de la peine de mort en
particulier*, par M. Charles Lucas, avocat à la cour royale de Paris. — Paris, 1827.

temps-là, les âmes généreuses n'ont point manqué parmi vous pour continuer l'œuvre entreprise par M. de Sellon. Je me sens donc par là plus obligé encore en quelque sorte à l'égard de cette grande question de la peine de mort, que l'objet même de mon cours m'amène à traiter en passant.

Jusqu'au xviiiᵉ siècle, la peine de mort a été en usage chez tous les peuples sans que personne songeât à en contester la légitimité. On cite bien dans l'antiquité l'exemple d'un prince éthiopien, Sabacos, qui, pendant les cinquante ans qu'il gouverna l'Égypte, ne fit mourir personne, pour quelque faute que ce fût : selon le crime du coupable, il le condamnait à travailler aux ouvrages publics (1). Mais c'est là, dans l'antiquité, un fait exceptionnel, et qui d'ailleurs ne prouve pas que le roi Sabacos ne reconnut pas la légitimité de la peine de mort : il ne songeait sans doute qu'à l'utilité (2). Cette légitimité, je ne la vois révoquée en doute par aucun philosophe ancien. L'un des plus grands, Platon, suivi en cela par Quintilien, ne veut pas qu'on applique la peine de mort aux criminels qui peuvent se corriger ; mais il l'admet parfaitement à l'égard de ceux qui sont regardés comme incorrigibles : « Le législateur, dit-il (3), n'a qu'une loi, qu'une peine à porter contre celui dont il voit le mal incurable. Comme il sait que ce n'est pas un bien pour de pareils hommes de prolonger leur vie, et qu'en la perdant ils sont doublement utiles aux autres, devenant pour eux un exemple qui les détourne de mal faire, et délivrant en même temps l'État de mauvais citoyens ; il se trouve, par ces considérations, dans la nécessité de punir le crime par la mort dans de semblables criminels ; hors de là il ne doit point user de ce remède. » Platon demande donc qu'on restreigne l'emploi du remède, mais non pas qu'on l'abandonne. Et c'est le philosophe de

---

(1) Hérodote, livre II, c. 137.
(2) « Par ce moyen, dit Hérodote, il haussa fort les villes. »
(3) *Les lois*, liv. IX, trad. Cousin, p. 167.

l'antiquité qui a été le plus loin sur ce point. Au moyen âge, pas une voix ne s'éleva non-seulement contre la légitimité de la peine de mort, mais même contre les horribles supplices qui en étaient alors l'accompagnement ordinaire. Et si, à partir de la Renaissance, quelques protestations se font entendre contre certaines applications de la peine de mort, nul, jusqu'au XVIIIᵉ siècle, ne songe à en contester en général la légitimité. Mais cet usage universel de la peine de mort et cette absence de contradiction ne prouvent rien en faveur de sa légitimité ; ils s'expliquent par les idées qui ont régné jusqu'à cette époque en matière de pénalité : la peine de mort satisfaisait, soit au principe de la *vengeance publique*, appuyé lui-même sur la loi du talion (sang pour sang, œil pour œil, dent pour dent), soit à celui de la *terreur*, c'est-à-dire aux deux principes sur lesquels le droit criminel reposait partout jusque-là sans contestation (1), et qui expliquent, outre cette peine, tous les raffinements de cruauté dont on l'entourait.

Au XVIIIᵉ siècle, ces principes sont battus en brèche par la philosophie dans cette grande croisade qu'elle entreprend contre la barbarie du moyen âge en faveur de la justice et de l'humanité. Alors pour la première fois la légitimité de la peine de mort est révoquée en doute ou formellement niée. C'est à Beccaria que revient l'honneur d'avoir le premier, dans son livre *Des délits et des peines* (1764), osé attaquer la peine de mort comme injuste et comme inefficace, comme n'étant appuyée sur aucun droit et comme manquant son but. Il allait en cela au delà de Montesquieu, qui l'avait admise, à la vérité, contre les assassins seulement (ce qui était déjà un grand progrès), mais qui enfin la maintenait à leur égard : « Un citoyen, avait dit celui-ci dans l'*Esprit des lois* (liv. XII, chap. IV), mérite la mort lorsqu'il a ôté la vie ou qu'il a entrepris de l'ôter. Cette peine de mort est comme le

____

(1) Voyez *Les crimes et les peines*, par Loiseleur, p. 334.

remède de la société malade. » Il allait au delà de Rousseau, qui avait consacré la peine de mort au nom de ce même pacte social en vertu duquel le livre *Des délits et des peines* la déclare contraire au droit. « Tout malfaiteur, avait dit l'auteur du *Contrat social* (liv. II, chap. LIX), attaquant le droit social, devient par ses forfaits rebelle et traître à la patrie ; il cesse d'en être membre en violant ses lois, et même il lui fait la guerre... Il doit en être retranché par l'exil comme infracteur du pacte, ou par la mort comme ennemi public ; car un tel ennemi n'est pas une personne morale, c'est un homicide, et c'est alors que le droit de la guerre est de tuer le vaincu. » En revanche, il eut la gloire d'être suivi par Voltaire : « C'est à vous, messieurs, dit le patriarche de Ferney dans les réflexions qu'il publia en 1777 sur *le prix de la justice et de l'humanité* fondé à Berne sous ses auspices et dont il avait lui-même dicté le programme (1), c'est à vous, messieurs, d'examiner dans quel cas il est équitable d'arracher la vie à votre semblable à qui Dieu l'a donnée. Vous qui travaillez à réformer ces lois, voyez avec le jurisconsulte M. Beccaria s'il est bien raisonnable que, pour apprendre aux hommes à détester l'homicide, des magistrats soient homicides et tuent un homme en grand appareil. Voyez s'il est nécessaire de le tuer quand on peut le punir autrement, et s'il faut gager un de vos compatriotes pour massacrer utilement votre compatriote, excepté dans un seul cas : c'est celui où il n'y aurait pas d'autre moyen de sauver la vie du plus grand nombre. C'est le cas où l'on tue un chien enragé. Dans toute autre occurrence, condamnez le criminel à vivre pour être utile ; qu'il travaille continuellement pour son pays, parce qu'il a nui à son pays. Il faut réparer le dommage ; la mort ne répare rien. » Ces lignes, où Voltaire semble ne vouloir que poser la question, montrent assez dans quel sens

(1) Voyez mon *Histoire des idées morales et politiques en France au* XVIIIe *siècle,* t. Ier, p. 308.

il la résout; et, pour le dire en passant, elles la ramènent à ses principes essentiels. Il est fâcheux que Kant n'ait pas été ici aussi bien inspiré. Pour défendre la peine de mort contre Beccaria, le philosophe de Kœnigsberg s'appuie sur un faux principe, celui de l'*expiation*, et il se montre en cela inconséquent avec le principe même de sa doctrine du droit. Depuis, la question n'a cessé d'être agitée et débattue en des sens divers; et si la peine de mort est condamnée aujourd'hui par la plupart des penseurs (dans le concours de 1826, sur onze concurrents, dix conclurent pour l'abolition de l'échafaud; — au congrès de l'*Association internationale pour l'avancement des sciences sociales*, qui s'est tenu à Gand en septembre 1863, un seul orateur parla en faveur de la peine de mort), elle a cependant encore des défenseurs, même parmi des esprits distingués ou éminents. Cherchons donc, au milieu de ces opinions diverses, quelle est la solution que la morale publique donne à cette grande question.

Je commencerai par écarter certaines raisons, sophistiques ou beaucoup trop absolues, par lesquelles on a prétendu démontrer l'illégitimité de la peine de mort. Il est arrivé aux adversaires de cette peine ce qui arrive ordinairement aux défenseurs des meilleures causes : c'est que, dans la persuasion où l'on est de la bonté de la cause que l'on a embrassée et dans le désir que l'on a de la voir triompher, on a recours à toutes sortes d'arguments, souvent à de fort mauvais, et l'on compromet ainsi la cause même qu'on veut servir, car on prête par là le flanc à ses adversaires et on leur fournit un trop facile moyen de triompher. Je voudrais donc, non-seulement dans l'intérêt toujours sacré de la vérité, mais dans celui même du résultat pratique qu'il s'agit d'obtenir, élaguer les faux arguments qui ont été invoqués contre la peine de mort. Ce petit travail critique nous servira d'ailleurs à bien poser la question, ce qui n'est pas chose aussi facile qu'on pourrait le croire d'abord, parce que cette question n'est pas simple, mais complexe ; et, comme on l'a dit avec raison, une question bien posée est à moitié résolue.

Je ne saurais d'abord accorder à Beccaria cet argument que la peine de mort est illégitime, parce que l'homme, n'ayant pas le droit de disposer de sa vie, n'a pu dans le contrat social céder ce droit à la nation.

Kant a réfuté cet argument d'une manière un peu trop subtile peut-être, en disant que personne n'est puni pour avoir voulu la punition, car il est impossible de vouloir être puni, mais pour avoir voulu une action punissable. Il y a quelque chose de plus simple à répondre : c'est que l'argument de Beccaria pourrait s'appliquer tout aussi bien à la prison qu'à la mort ; car l'homme n'a pas plus le droit d'aliéner sa liberté que sa vie. Il résulterait de là que la peine de l'emprisonnement ne serait pas plus légitime que celle de la mort. Que si la première est légitime en tant qu'elle peut être consentie, la seconde aussi peut l'être dans le même sens. Chacun, en entrant dans la société, peut tout aussi bien dire : je consens à être tué si je tue volontairement, que ceci : je consens à être privé de ma liberté si j'en abuse contre mes concitoyens. — On peut montrer encore d'une autre manière que l'argument de Beccaria prouve trop, et c'est ce que Kant a cette fois très-bien fait : « par la même raison, dit-il justement, nul ne serait tenu d'exposer sa vie pour sa patrie. »

Beccaria semble d'ailleurs faire lui-même assez bon marché de cet argument, car il ajoute un peu plus bas que, « si la mort était le seul frein capable d'empêcher de nouveaux crimes, ce motif, en la rendant nécessaire, l'autoriserait. » Or, si la peine de mort est en soi illégitime, il n'y a pas de nécessité qui puisse l'autoriser. Je suppose que je ne puisse sauver ma vie qu'en tuant une personne qui ne l'attaque pas, cette nécessité ne m'autoriserait nullement à commettre ce meurtre. Il y a donc là une contradiction qui a échappé à Beccaria. Quoi qu'il en soit, il fait ici dépendre la question de la légitimité de la peine de mort de celle de sa nécessité, ce qui est aussi, selon moi, comme je le montrerai tout à l'heure, le seul moyen de résoudre la question, mais ce qui suppose que l'illégitimité absolue de la peine de mort n'est pas démontrée, ou ce qui détruit le premier argument.

Je n'admets pas non plus l'argument qui se fonde sur l'inviolabilité absolue de la vie humaine. En effet, cet argument tendrait à me priver du droit de tuer celui qui en veut à ma vie, quand je ne puis la défendre autrement, ce qui est pourtant un droit naturel et incontestable : tout le monde admet le cas de légitime défense. Que si l'on répond que la société n'est plus à l'égard du meurtrier dans le cas de légitime défense, c'est une autre question qui a besoin d'être examinée ; mais supposez qu'elle soit dans ce cas, la peine de mort deviendrait alors légitime, et par conséquent l'argument général, tiré de l'inviolabilité absolue de la vie humaine, n'est pas valable. « La vie de l'homme, dit très-bien un écrivain contemporain, M. Franck, dans une *Philosophie du droit pénal* récemment publiée, n'est pas plus ni autrement inviolable que la liberté. L'inviolabilité n'existe que dans les limites de nos droits ; elle cesse aussitôt que nous sortons de nos droits pour attaquer ceux d'autrui. La liberté, quand elle est devenue un instrument d'agression, peut être suspendue ; la vie du coupable, quand elle est devenue un danger pour l'innocent, peut être sacrifiée. »

La question est donc de savoir si la peine de mort est ou n'est pas, suivant les expressions mêmes de Beccaria, « le seul frein capable d'empêcher de nouveaux crimes, » si elle est ou n'est pas nécessaire ; car, si elle l'est, elle est par là légitime ; sinon, non.

Mais, me dira-t-on peut-être (et ce n'est pas là une objection que j'imagine pour me donner le plaisir de la réfuter ; je l'ai entendu élever contre cette manière de poser la question : la peine de mort est-elle nécessaire ?), subordonner la question de légitimité à la question de nécessité, cela est anti-scientifique et souverainement dangereux. Il est très-vrai que l'on a souvent abusé étrangement de cette espèce de raisonnement qui de la nécessité conclut à la légitimité, et je me garderai bien d'accorder que tout ce qui est nécessaire est par cela seul légitime ; mais il n'en est pas moins vrai qu'il y a des cas où il est parfaitement juste de conclure de la nécessité à la légitimité. Qu'est-ce, par exemple, qui me donne le droit de tuer un homme qui attaque ma vie, sinon l'impossibilité où je me trouve de la défendre autrement contre son agression, c'est-à-dire la nécessité ? C'est la nécessité qui fait le cas de légitime défense. Qu'est-ce qui peut rendre la guerre légitime de la part d'un peuple, si ce n'est l'impossibilité pour ce peuple de repousser autrement une injuste attaque, c'est-à-dire encore la nécessité ? Et, ce qui nous ramène à notre sujet, qu'est-ce qui fait en général la légitimité de la pénalité sociale, sinon l'impossibilité de réprimer autrement les attentats contre le droit, c'est-à-dire encore une fois la nécessité ? J'ai établi dans ma dernière leçon que la pénalité sociale n'est légitime qu'autant qu'elle est nécessaire à la répression des délits et dans la mesure où elle est nécessaire. Ceci s'applique particulièrement à la peine de mort : elle est légitime si elle est nécessaire à la répression des meurtres. J'ai bien le droit de donner la mort à celui qui m'attaque, si je ne puis défendre autrement ma vie injustement attaquée : c'est le cas de légitime défense ; de même la société a le droit de mettre à mort les meurtriers, si elle ne peut réprimer autrement l'assassinat : c'est encore le cas de la légitime défense, transportée de l'individu à la société chargée de protéger sa sûreté. Supposez qu'un peuple ou un chef d'État efface la peine de mort de son code et que le nombre des assassinats augmente (comme il paraît qu'il arriva dans les États de Joseph II, après que ce prince eût supprimé la peine de mort), la nécessité de la peine capitale étant ainsi démontrée, il serait juste de la rétablir, comme le fit le prince que je viens de citer. Mais la peine de mort est-elle en effet nécessaire ? Là est la question à résoudre d'abord pour trancher celle de sa légitimité. Si elle n'est pas nécessaire, à plus forte raison si elle n'est pas même utile, elle est illégitime, quelque juste qu'elle soit en elle-même. Kant fait remarquer que jamais un homme mis à mort pour avoir commis volontairement un assassinat ne s'est avisé de déclarer ce châtiment injuste ; mais la question n'est pas là : quelque juste que puisse être la peine capitale au regard de la justice absolue, la légitimité sociale cesse dès que cette peine n'est pas nécessaire. La question est donc, je le répète, de savoir si elle est en effet nécessaire.

La question ainsi posée est une question de fait. Il faut pour la résoudre consulter l'expérience.

Or « l'expérience de tous les siècles, comme le dit Beccaria, prouve que la mort n'a jamais arrêté les scélérats déterminés à nuire ». Et pourtant la mort était naguère accompagnée des plus horribles supplices. Dira-t-on que sans la peine de mort peut-être le nombre des crimes eût été encore plus grand ? Ce n'est là qu'une supposition gratuite ; bien plus, cette supposition est renversée par les résultats acquis que je vais rapporter tout à l'heure.

Mais je voudrais d'abord chercher dans l'observation de la nature humaine, qui est aussi de l'expérience, la raison du fait affirmé par Beccaria.

Les meurtres sont en général produits par deux espèces de mobiles : la *haine* (vengeance, jalousie, etc.) et la *cupidité.*

Celui en qui la passion de la haine, de la vengeance ou de la jalousie, est poussée à ce point qu'elle ne peut se satisfaire que par le sang de son ennemi, celui-là obéit à une passion tellement violente et tellement aveugle qu'il ne peut être arrêté par la crainte de la mort à laquelle il s'expose lui-même. C'est en effet le propre des passions de ce genre de ne chercher d'abord que leur satisfaction, quelles qu'en puissent être les conséquences. Aussi bravent-elles au besoin l'échafaud. Ajoutez d'ailleurs que d'ordinaire ceux qui s'y livrent espèrent échapper au châtiment.

L'autre grand mobile qui pousse au meurtre est la cupidité : on tue pour voler, pour s'emparer sûrement du bien d'autrui. Celui qui est capable d'agir ainsi ne le fait évidemment que parce qu'il espère échapper à la peine, quelle qu'elle soit : il espère qu'il ne sera pas découvert, et, s'il tue, c'est pour être plus sûr de ne pas l'être. Pensez-vous que le scélérat dont je parle ici fasse ce calcul : si je tue, je cours risque d'être condamné à mort? Non, il fera plutôt celui-ci : si je ne tue pas, je cours risque d'être pris. La considération de la peine de mort ne peut donc l'arrêter. Ou si la considération d'une peine quelconque peut le déterminer à ne pas franchir la limite qui sépare le vol de l'assassinat, pourquoi une peine aussi grave que celle des travaux forcés à perpétuité ne produirait-elle pas sur lui le même effet? Comme on l'a remarqué avec raison, c'est moins la violence que la sûreté de la répression qui agit sur les malfaiteurs.

Des hommes que leur profession a mis à même d'observer les criminels, des avocats, objectent la profonde terreur dont ces criminels sont saisis à la pensée de l'échafaud qui les menace et les prodigieux efforts qu'ils font pour échapper à la peine capitale. Cela est naturel : c'est l'effet de l'amour de la vie, qui est un des plus vifs instincts de l'homme (1); mais, — ma réponse est bien simple, — cette peur de l'échafaud qu'ils manifestent à présent ne les a pourtant pas empêchés de commettre le crime.

Voulez-vous maintenant une preuve éclatante, tirée des faits eux-mêmes, de l'effet que produit sur les assassins, je ne dis pas seulement la menace de l'échafaud, mais le spec-

(1) Il y a pourtant des exceptions, témoin ce mot de l'assassin Dumollard, à qui l'on faisait entrevoir la possibilité d'une commutation de peine : « Oh! non, dit-il, j'aime mieux autrement. »

tacle même des exécutions capitales? Je l'emprunte à un homme qui est regardé à juste titre comme l'un des plus grands criminalistes des temps modernes et qui a passé une partie de sa vie à étudier la question de la peine de mort d'après les données de l'expérience, à M. Mittermaier, professeur à l'université de Heidelberg (1). M. Mittermaier constate que, d'après les observations très-nombreuses qu'il a pu recueillir, la plupart des criminels condamnés à la peine de mort avaient eux-mêmes assisté à des exécutions capitales. Il cite, à ce propos, la déclaration faite par un aumônier de Bristol, lequel avait accompagné sur l'échafaud 167 condamnés et avait demandé à chacun d'eux s'il avait vu une exécution capitale : sur les 167 condamnés, 161 répondirent affirmativement (2). Genève pourrait apporter son contingent à ces observations. Depuis six ans que je suis ici, deux exécutions capitales ont eu lieu ; eh bien, le malheureux qu'a frappé la seconde avait assisté à la première : Éloy avait vu le couteau de la guillotine trancher la tête de Vary.

Vous le voyez donc, la peine de mort n'est pas aussi exemplaire qu'on le suppose. Suivant la déclaration du grand criminaliste que je viens de citer, déclaration appuyée, non sur des hypothèses, mais sur des faits, non-seulement la peine de mort n'est pas nécessaire, mais elle n'est pas même utile. Peut-on dire dès lors qu'elle soit légitime ?

Ceux qui n'ont pas encore acquis cette conviction, mais qui répugnent pourtant à la peine de mort, n'osent en demander ou en voter l'abolition, de peur que la société ne soit victime de cette expérience. Mais l'expérience n'est plus à faire : elle est faite ; il n'y a qu'à consulter les résultats acquis.

Le dernier supplice, — et un supplice beaucoup plus horrible que celui qui est généralement en usage aujourd'hui, —

____

(1) *Die Todesstrafe nach den Ergebnissen der wissenschaftlichen Forschungen, der Fortschritte der Gesetzgebung und der Erfahrungen.* Heidelberg, 1862. — Cet ouvrage capital a été traduit en français par M. Leven. Paris, 1865,

(2) Trad. française, p. 102, note 2.

était autrefois appliqué à toutes sortes de délits pour lesquels la peine de mort a été depuis abolie : le vol, la fabrication de la fausse monnaie, etc., etc. ; le nombre de ces délits a-t-il augmenté ? Y a-t-il aujourd'hui plus de voleurs et de faux monnayeurs qu'il n'y en avait alors ? Certains homicides, le parricide par exemple ou le régicide, étaient punis de supplices raffinés dont le seul récit nous fait frissonner : je n'oserais, par exemple, raconter ici, devant des dames, le supplice de Damiens, de ce pauvre fou qui avait égratigné Louis XV d'un coup de canif. Eh bien, depuis que ces horreurs ont été abolies, le nombre de ces homicides a-t-il augmenté ? Enfin la peine de mort elle-même a déjà été absolument abolie dans un certain nombre de pays : dans plusieurs États de l'Amérique (le Wisconsin, le Rhode-Island, etc.); dans plusieurs États de l'Allemagne (l'Oldenbourg, le Nassau et l'Anhalt); en Toscane ; en Suisse (dans les cantons de Fribourg (1) et de Neuchâtel), etc. ; voit-on que le nombre des crimes se soit accru dans ces pays ? Le contraire est prouvé. Le publiciste que je citais au commencement de cette leçon, M. Charles Lucas, voulant engager la république de Genève à suivre sur ce point l'exemple de la Toscane, entreprit à cet effet de recueillir des renseignements précis ; et, s'étant adressé pour cela au commandant Berlinghieri, représentant de la Toscane à Paris, il en reçut cette réponse qu'il cite dans son ouvrage (p. 359) : « Il n'y a pas de doute que l'humanité de la législation pénale de Léopold, et en particulier l'abolition de la torture et de la peine de mort, n'ait été suivie pour la Toscane des résultats les plus satisfaisants. Je ne sais si sous son règne il ne s'est pas commis plus de cinq assassinats ; mais ce que je sais bien, c'est que les délits de tout genre ont été beaucoup plus rares qu'avant et qu'après (où, sous le coup de la Révolution fran-

_____

(1) Cela n'est malheureusement plus vrai du canton de Fribourg. Il vient de rétablir la peine de mort (7 février 1868), sans aucune autre raison qu'un aveugle besoin de réaction, entretenu par l'influence cléricale.

çaise, le gouvernement toscan crut nécessaire de rétablir la peine de mort). » — Et M. Lucas fait ici un rapprochement curieux : tandis que, sous le règne de Léopold, qui dura vingt-cinq ans, il n'y eut en effet que cinq assassinats commis, « celui qui nous l'atteste d'après les relevés publics, après avoir passé plusieurs années à Pise pendant que Léopold régnait, alla passer trois mois à Rome, où la peine de mort était conservée, et il y fut témoin de soixante assassinats. »

Il résulte donc de ces expériences acquises qu'on peut abolir la peine de mort et lui substituer une autre peine, sans craindre d'augmenter par là le nombre des crimes.

Et maintenant que nous avons écarté le seul argument qui puisse autoriser la peine de mort, l'argument de la nécessité, c'est-à-dire de la légitime défense, nous serons plus à notre aise pour invoquer les autres arguments qui se tirent des caractères mêmes de cette peine et démontrent invinciblement que, si elle n'est pas absolument nécessaire, toute autre lui doit être préférée.

Un des plus graves défauts de la peine de mort, un défaut tel que, son efficacité fût-elle démontrée, on hésiterait encore à prononcer sa légitimité, c'est qu'elle est *irréparable*. Or la justice humaine est toujours faillible. Je vous ai cité l'autre jour les calculs de Laplace établissant que si, dans un jury de douze membres, la condamnation est de huit voix sur douze, la probabilité de l'erreur à craindre est un peu plus grande qu'un huitième, qu'elle est encore à peu près un vingt-deuxième si cette pluralité est de neuf voix, et que, si elle diminue singulièrement dans le cas de l'unanimité, elle subsiste toujours. Les faits ne confirment que trop ces calculs. Combien d'erreurs ont été commises qui ont eu pour résultat d'envoyer ou au moins de condamner des innocents à l'échafaud! Les annales judiciaires en sont remplies. M. Charles Lucas a relevé jusqu'à huit condamnations à mort prononcées contre des innocents dans l'espace de six mois (de juillet à décembre 1826). Un autre publiciste français a constaté que, pendant une période de vingt ans, six arrêts de mort ont été cassés annuellement, et les condamnés envoyés devant un autre jury, ont été acquittés. Que serait-il arrivé s'il n'y avait pas eu une Cour de cassation pour casser les premiers jugements? Mais, malgré la Cour de cassation ,combien d'innocents n'ont-ils pas porté leur tête sur l'échafaud? Et combien n'y en aurait-il pas eu davantage encore sans l'introduction des circonstances atténuantes, et si les jurés, soit par répugnance pour la peine de mort, soit pour mettre leur conscience plus à l'aise, n'avaient pas si souvent recours à ce moyen! N'a-t-on pas vu tout récemment en France réhabiliter un homme, un instituteur qui, accusé d'un crime capital, n'avait dû qu'à l'admission des circonstances atténuantes par le jury, la fortune de conserver sa vie et de pouvoir travailler à sa réhabilitation? Mais combien d'autres n'ont pas obtenu ce bénéfice et sont montés innocents sur l'échafaud? Mittermaier a donc raison de dire que non-seulement la peine de mort n'est pas nécessaire, ni même utile, mais encore qu'elle est funeste à la sécurité publique qu'elle a pour but de protéger.

Outre que la peine de mort, étant irréparable, enlève à la justice humaine, toujours faillible, la faculté de corriger ses erreurs, elle a encore le défaut d'enlever au condamné, qu'elle retranche tout d'un coup de la société des vivants, la faculté de s'amender et de se relever. Or, si l'amendement des coupables n'est pas le principe de la pénalité sociale, il en doit être du moins une des fins. Que fait ici la société? Au lieu de s'efforcer de tourner à la correction du coupable les peines qu'elle est forcée de lui infliger, elle le tue, et tout est dit. Si cela n'est pas absolument nécessaire à la répression des attentats contre la vie, est-ce moral?

Il y a une phrase sacramentelle par laquelle les journaux ne manquent jamais de terminer leur récit d'une exécution capitale : « la justice était satisfaite », disent-ils après avoir parlé du couteau qui tombe avec un sourd roulement. Mais quelle justice, s'il vous plaît? J'ai établi que la pénalité sociale ne pouvait avoir pour but de satisfaire la justice absolue; mais est-ce que la justice absolue exige la mort du meurtrier? Est-ce qu'elle ne serait pas mieux satisfaite par toute une vie de souffrance que par une mort rapide? Et si le coupable s'amende et se corrige, est-ce que l'humanité ne devra pas s'en réjouir?

Il y a sans doute des crimes si odieux que la mort seule semble pouvoir les expier; mais je répète ce que je crois avoir démontré dans ma dernière leçon, le principe de la pénalité sociale n'est pas l'expiation, mais la répression. On pourrait dire d'ailleurs avec Victor Hugo (*lettre aux habitants de Guernesey*, du 10 janvier 1854), que, « plus le crime est grand, plus le temps doit être mesuré long au repentir. » Prenez garde aussi que les plus grands criminels sont souvent plus dignes de pitié que de haine. Je n'irai pas jusqu'à dire avec tel adversaire de la peine de mort, reproduisant ici l'opinion de Platon, que le criminel n'est qu'un malade ou que le coupable n'est qu'un ignorant; mais je rappellerai ce que je disais à la fin de notre dernière séance, que la plupart des criminels sont des malheureux égarés par leur défaut d'éducation, par les mauvais exemples au milieu desquels ils ont été élevés, par les mauvaises habitudes contractées dès leur enfance; et j'ajouterai qu'au lieu de les tuer comme des ennemis dangereux (dangereux, ils ne le sont plus), il serait mieux, il serait plus moral de tâcher de les réformer et de les ramener dans la bonne voie.

La peine de mort a encore ce défaut que, sans produire, comme nous l'avons vu, sur les âmes disposées au crime la terreur salutaire qu'on en attend, elle offre au peuple un spectacle qui a pour effet d'exciter en lui des sentiments féroces, ou tout au moins une barbare et indécente curiosité. Ceux d'entre vous qui ont lu les *Confessions* de saint Augustin n'ont pu oublier cet admirable chapitre (VIII) où il dépeint d'une manière si saisissante l'espèce d'attrait par lequel son ami Alippe se laissa vaincre un jour au spectacle d'un combat de gladiateurs auquel il assistait malgré lui : « Ébranlé tout à coup par un grand cri que poussa le peuple entier, la curiosité l'emporta.... il ouvrit les yeux.... A peine eut-il vu couler ce sang qu'il en devint comme avide ; loin de détourner les yeux de ce spectacle, il les y arrêta, buvant en quelque sorte à longs traits, et sans s'en apercevoir, la fureur et la cruauté, se plaisant à ces jeux atroces, et s'enivrant de ces voluptés sanguinaires. Ce n'était plus ce jeune homme qu'on avait traîné là par la force : c'était un de ceux dont se composait la foule au milieu de laquelle on l'avait jeté, c'était maintenant un digne compagnon de ceux qui l'y avaient amené. Que dirai-je de plus? Il se fit spectateur comme les autres; comme eux, il poussa des cris; il devint passionné comme eux; désormais plus avide de ces jeux que ces mêmes amis qui l'y avaient d'abord entraîné, et à son tour y entraînant les autres. » C'est une passion du même genre qu'excitent aujourd'hui parmi la foule, à défaut des combats de gladiateurs, les exécutions capitales où elle est conviée de temps à autre. On sait quel immense concours elles ne manquent jamais d'attirer, et quelle est trop souvent l'attitude des assistants. Est-ce ainsi, je le demande, qu'on prétend moraliser le peuple ?

On a proposé, pour obvier à l'*immoralité du spectacle*, de faire les exécutions dans l'intérieur des prisons; mais alors elles manqueront encore plus sûrement l'effet qu'on en attend, et elles auront cet autre inconvénient de paraître se cacher, comme si elles n'osaient se montrer au grand jour.

En tout cas, elles nécessitent dans la société l'entretien d'une fonction odieuse, celle du bourreau (1). On a reproché

(1) Sur ce point, et sur les précédents, voyez l'excellente brochure publiée par M. V. Schœlcher en 1848.

à l'auteur des *Soirées de Saint-Pétersbourg* d'avoir fait l'apologie du bourreau ; mais Joseph de Maistre est parfaitement conséquent avec lui-même : pour lui le bourreau est, suivant son expression, *la pierre angulaire de la société*. Lui accordez-vous que, si l'on ôte du monde l'exécuteur, tout ordre disparaît avec lui, d'où vient votre horreur pour ce personnage ? D'où vient que vous rougissez de mettre votre main dans la sienne ? D'où vient que vous fuyez à son approche ? Saluez-le donc avec respect et inclinez-vous devant lui comme devant *un être sublime*, ainsi que l'appelle encore Joseph de Maistre.

Mais faites mieux : débarrassez-vous du bourreau et de l'échafaud ; car, grâce à Dieu, l'échafaud et le bourreau ne sont nullement indispensables.

Il est vrai que je n'ai pas répondu à tous les arguments qu'on a élevés en faveur de la peine de mort. Un philosophe hégélien, qui s'est fait récemment l'apologiste de cette peine (1), a trouvé des raisons si neuves et si originales que je tiens, non pas certes à les réfuter, mais à vous les faire connaître.

Un de ces beaux arguments, c'est que sans la peine de mort l'humanité n'aurait point eu des martyrs tels que Socrate et Jésus-Christ. Il me semblait au contraire que le supplice d'un Jésus-Christ ou d'un Socrate fournissait un excellent argument contre la peine de mort, et que Victor Hugo avait eu bien raison de dire (dans la lettre que j'ai déjà citée) .

« Non, nous ne voulons plus de supplices. Pour nous la guillotine s'appelle Lesurques, la roue s'appelle Calas, le bûcher Jeanne d'Arc, la torture s'appelle Campanella, le billot s'appelle Thomas Morus, la ciguë s'appelle Socrate, le gibet se nomme Jésus-Christ. »

---

(1) Voyez dans la *Bibliothèque de philosophie contemporaine* les *Essais de philosophie hégélienne*, par A. Véra.

Un autre argument, c'est que si l'on retranche la peine de mort du code civil, il faudra la rayer aussi du code militaire. Ce n'est pas moi qui m'y opposerai. L'auteur cite l'exemple du maréchal Ney comme celui d'une autre victime qui plaide aussi en faveur de la peine de mort.

Un autre argument encore, c'est que, si l'on abolit la peine de mort, il faut aussi abolir la guerre. Ce n'est pas moi non plus qui m'opposerai à cette dernière abolition, si l'on y peut arriver, comme déjà (je devrais dire : enfin) l'on peut arriver à celle de la peine de mort. Je vous dirai bientôt tout ce que je pense à ce sujet.

Enfin, selon le même auteur, la proportionnalité et la gradation de la peine indiquent un point où la tête peut seule satisfaire la loi. Je trouve que, dans cette gradation, l'auteur ne va pas assez loin : pourquoi ne pas continuer dans la peine de mort une gradation de supplices qui corresponde à celle des crimes, comme cela avait lieu dans la législation pénale du bon vieux temps?

Un écrivain célèbre, qui ne se pique pas de philosophie hégélienne, mais qui prétend parler et a parlé en effet souvent au nom du bon sens, a dit un mot, fort répété : « Je veux bien abolir la peine de mort, mais que messieurs les assassins commencent. » J'en demande pardon à **M. Alphonse Karr**, la question n'est pas là. Il s'agit de savoir si l'on peut réprimer l'assassinat autrement que par la peine de mort. Si, comme je crois l'avoir montré, il en est ainsi, il faut l'abolir, parce que, dès qu'elle n'est pas nécessaire, elle cesse d'être légitime, et parce qu'en outre elle est irréparable, qu'elle ôte au condamné la faculté de s'amender, qu'elle offre au peuple un spectacle inhumain et barbare, et qu'enfin elle engendre le personnage du bourreau.

Aussi voyons-nous croître de jour en jour l'opinion favorable à son abolition, et la cause de cette abolition gagner de plus en plus du terrain. L'admission toujours plus fréquente

des circonstances atténuantes, même pour des crimes qu'
n'en admettent guère, témoigne de la répugnance du jury,
c'est-à-dire des citoyens, pour la peine capitale ; elle l'abolit
souvent de fait, là où la loi la maintient. D'un autre côté, des
associations puissantes se sont formées dans les pays libres
(par exemple en Belgique) pour travailler à la faire rayer du
code. Enfin, comme je l'ai déjà rappelé, elle a été abolie par
plusieurs États, en Amérique, en Allemagne, en Italie, en
Suisse, sans qu'il en soit résulté aucun danger plus grave
pour la société.

C'est là un exemple qu'il appartient surtout aux démocraties
d'imiter. Il importe à la démocratie plus qu'à aucune autre
institution politique d'écouter ici la voix de la justice et de
l'humanité, et de montrer que, comme l'Église l'a dit d'elle-
même, mais avec si peu de vérité, elle a horreur du sang.
On lui jette à la tête le souvenir des exécutions de la Terreur ;
qu'elle réponde à ces reproches en brûlant l'échafaud. Déjà
la Révolution de 1848 a aboli la peine de mort en matière politique, et l'Assemblée nationale issue de cette révolution a
effacé la mort civile du code français ; la peine capitale ne
peut tarder à disparaître à son tour.

Quant à vous, citoyens de Genève, je ne puis mieux faire
que de vous rappeler les conseils que vous adressait M. Lucas, il y a déjà près de quarante ans :

« Comme je ne pouvais guère concevoir les raisons qui
s'opposeraient à Genève à l'accomplissement de cette grande
réforme, j'ai beaucoup questionné à cet égard des personnes
très-éclairées et très-aptes à me fournir tous les renseignements désirables, et c'est d'elles que j'ai appris que le grand
argument à Genève contre l'abolition de la peine de mort se
tirait de sa situation géographique ; que le jour où la peine
de mort serait abolie, on craignait généralement que Genève
ne devînt le rendez-vous des scélérats des nations voisines,
qui s'empresseraient de venir exercer leur brigandage sous

l'empire d'une législation si douce…. Mais le crime tient à l'occasion, et l'occasion à la localité. Il n'y a pas un homme auquel il vint assurément à l'idée de faire le voyage de Genève pour y assassiner, parce qu'on n'y tue pas les assassins ; comme on va en pèlerinage à Rome pour y gagner les indulgences. Aussitôt qu'on dépouille cet argument du ton d'une discussion un peu élevée, il amène le sourire sur les lèvres… Au reste, l'autorité de l'exemple vient ici se joindre à celle du raisonnement. Lorsque Léopold opéra cette grande réforme qui l'a placé au premier rang des bienfaiteurs de l'humanité, la Toscane était entourée de pays où non-seulement la peine de mort, mais où la roue et les tortures étaient en pleine vigueur. Certes, le contraste entre la législation de la Toscane et celle des pays environnants devenait un peu plus frappant que ne le serait aujourd'hui celui produit par l'abolition de la peine de mort à Genève ; car la roue et les tortures valaient bien autant que la guillotine la peine qu'avant de commettre un crime on fît un peu de chemin pour les éviter. Eh bien ! vit-on affluer en Toscane tous les scélérats qui continuaient d'infester les contrées circonvoisines ? Le préambule du code de Léopold et l'extrait d'une lettre de M. le commandeur Berlinghieri, ministre résident de Toscane à Paris, citée page 389 de cet ouvrage (c'est celle que j'ai moi-même citée tout à l'heure d'après M. Lucas), répondent à cet égard de manière à ne plus permettre, je pense, d'espérer reproduire, dans une cité aussi éclairée que Genève, l'argument en question avec quelque succès. »

A cet avis d'un savant qui a fait de la question une si profonde étude, je veux ajouter celui que vous adressait tout récemment l'auteur du *Dernier jour d'un condamné*. Dans sa réponse à M. le pasteur Bost, qui avait réclamé son appui, Victor Hugo termine ainsi sa lettre, et c'est par là que je terminerai aussi cette leçon, car que pourrais-je ajouter à d'aussi belles paroles ?

« Il n'y a pas de petit peuple. Je le disais il y a peu de mois à la Belgique à propos des condamnés de Charleroi : qu'il me soit permis de le répéter à la Suisse aujourd'hui. La grandeur d'un peuple ne se mesure pas plus au nombre que la grandeur d'un homme ne se mesure à la taille. L'unique mesure, c'est la quantité d'intelligence et la quantité de vertu. Qui donne un grand exemple est grand. Les petites nations seront les grandes nations le jour où, à côté des peuples forts en nombre et vastes en territoire qui s'obstinent dans les fanatismes et les préjugés, dans la haine, dans la guerre, dans l'esclavage et dans la mort, elles pratiqueront doucement et fièrement la fraternité, abhorreront le glaive, anéantiront l'échafaud, glorifieront le progrès et souriront sereines comme le ciel. Les mots sont vains si les idées ne sont pas dessous. Il ne suffit pas d'être la république, il faut encore être la liberté ; il ne suffit pas d'être la démocratie, il faut encore être l'humanité. Un peuple doit être un homme, et un homme doit être une âme. Au moment où toute l'Europe recule, il serait beau que Genève avançât. Que la Suisse y songe, et votre noble petite république en particulier, une république plaçant en face des monarchies la peine de mort abolie, ce serait admirable. Ce serait grand de faire revivre sous un aspect nouveau le vieil antagonisme instructif : Genève et Rome, et d'offrir aux regards et à la méditation du monde civilisé, d'un côté Rome avec sa papauté qui condamne et damne, de l'autre Genève avec son évangile qui pardonne. — O peuple de Genève, votre ville est sur un lac de l'Éden, vous êtes dans un lieu béni ; toutes les magnificences de la création vous environnent ; la contemplation habituelle du beau révèle le vrai et impose des devoirs ; la civilisation doit être en harmonie comme la nature ; prenez conseil de toutes ces clémentes merveilles, croyez-en votre ciel radieux, la bonté descend de l'azur, abolissez l'échafaud. Ne soyez pas ingrats. Qu'il ne soit pas dit qu'en remercîment et en échange,

sur cet admirable coin de terre où Dieu montre à l'homme
la splendeur sacrée des Alpes, l'Arve et le Rhône, le Léman
bleu, le Mont-Blanc dans une auréole de soleil, l'homme montre à Dieu la guillotine ! »

TREIZIÈME LEÇON

LA MORALE DANS LES RAPPORTS DES ÉTATS ENTRE EUX

Mesdames, Messieurs,

J'ai examiné jusqu'ici la morale dans l'État, ou dans son application à la société civile, en considérant successivement les citoyens, le gouvernement et la pénalité ; mais je n'ai pas encore épuisé la morale publique. En effet, il n'y a pas seulement un État dans le monde ; mais, comme je l'ai expliqué, il y a des États divers, et par conséquent, de même que la morale règle les rapports des individus qui composent chaque État, elle règle aussi les rapports des divers États entre eux. Elle s'appelle alors la *morale internationale*. C'est cette partie de la morale publique qu'il me reste à étudier avec vous pour achever le travail que j'ai entrepris.

A voir la pratique et souvent même les maximes avouées de certains États, ou de leurs ministres, dans leurs rapports avec les autres, il semble que, s'ils veulent bien admettre chez eux une morale publique, ils n'en reconnaissent aucune par rapport aux autres États, qu'ils n'admettent à leur égard que *le droit de la force*, et que, pour peu qu'ils se sentent les plus forts, ils se croient tout permis envers eux. C'est là une immoralité qui témoigne de la barbarie où l'humanité est encore plongée, et contre laquelle la philosophie ne saurait protester trop haut en rappelant et en remettant en pleine lumière les grands principes de morale qui président aux rapports des divers États aussi bien qu'à ceux des individus qui les composent.

Qu'est-ce en effet qu'un État, un peuple, une nation? Ce n'est pas sans doute une troupe d'animaux, mais une association d'hommes, de créatures libres, formant une sorte de *per sonne morale*, laquelle représente en les unifiant les droits de tous les membres qui la constituent. Il faut donc reconnaître aux États les mêmes droits qu'aux individus, et leur appliquer les mêmes règles de morale qui gouvernent les rapports des personnes entre elles.

Chaque peuple ou chaque État étant comme une personne morale, doit être respecté par tous les autres dans tous ses droits.

Dans son droit de vivre d'abord. L'existence de chaque État et l'intégrité de son territoire doivent être, pour tous les autres, choses sacrées et inviolables. C'est donc un crime de la part d'un État que de s'emparer d'un autre, ou d'une portion de son territoire et de ses sujets, et de se l'incorporer, de se l'annexer, suivant l'expression aujourd'hui à la mode.

Il n'y a qu'un seul cas où la suppression d'un État ou au moins sa diminution pourrait être légitime : ce serait celui où l'existence de cet État deviendrait, par ses attentats contre la sûreté des autres, un danger permanent, auquel cas ceux-ci rentreraient dans le droit de *légitime défense* en le supprimant ou en le diminuant.

Hors de ce cas, la conquête d'un peuple par un autre ne repose que sur le droit de la force, c'est-à-dire sur la négation même du droit. Mais vous savez assez combien l'esprit de conquête est puissant chez certains peuples et à quel point il les aveugle sur le droit. « On respecte un moulin, on vole une province. » Ç'a été là longtemps, c'est encore aujourd'hui un des fléaux de l'humanité. On n'en est pas encore venu à bien comprendre que le *droit de conquête* n'est point un droit, mais tout simplement, suivant l'expression d'Augustin, un brigandage en grand, *grande latrocinium*.

Pour justifier ou au moins excuser la conquête, on met en avant l'intérêt de la civilisation. Comme si cet intérêt, fût-il d'une évidence éclatante, au lieu d'être obscur et incertain, comme il l'est le plus souvent, donnait à un peuple le droit d'en supprimer un autre, qui ne le menace point lui-même ! Dans un *Dictionnaire de la politique*, récemment publié, à l'article DROIT DES GENS, rédigé par un membre de l'Académie des sciences morales et politiques, un professeur au Collège de France, un esprit qui passe pour libéral et qui l'est en effet à quelques égards, M. Franck, je lis : « Quand cette suppression (d'un peuple par un autre) n'est pas justifiée par le droit de légitime défense (tout est bien jusque-là), ou quand elle n'est pas expliquée par l'ascendant naturel d'une civilisation supérieure sur une civilisation inférieure, alors elle mérite le nom que lui donne saint Augustin. » L'auteur, à la vérité, n'a plus osé appliquer à ce second cas le mot *justifier* qu'il avait à bon droit appliqué au premier : il y a substitué celui d'*expliquer*; mais, si expliquer n'est pas justifier, la conquête d'un peuple moins civilisé par un autre plus civilisé n'en est pas moins un acte de brigandage, que la civilisation même dont se vante le peuple conquérant devrait l'empêcher de commettre. Il se peut que la destruction de Troie par les Grecs, celle de Carthage par les Romains, ou, plus près de nous, la conquête du Mexique par les Espagnols, et tant de conquêtes du même genre dont l'histoire est remplie d'un bout à l'autre, l'histoire moderne aussi bien que l'histoire ancienne, il se peut que toutes ces conquêtes aient tourné en définitive au profit de la civilisation ; elles n'en ont pas moins été, pour les appeler du nom qu'elles méritent, des actes de brigandage. Mais ce n'est que dans ces derniers temps que, par un raffinement sophistique, on s'est avisé de justifier ainsi le renversement des États, passés ou présents. Le vieux Caton n'y mettait pas tant de finesse, lorsqu'il finissait chacune de ses harangues au Sénat par le cri de *delenda Carthago*. « O liberté, s'écriait madame Roland sur l'échafaud de la Terreur, que de crimes on commet en ton nom! « O civilisation, pouvons-nous dire à notre tour, que d'attentats on a commis et l'on commet encore chaque jour en t'invoquant! Que de conquêtes entreprises sous le prétexte de l'intérêt de la civilisation, mais en réalité au détriment du droit et de l'humanité! Et que l'on ne prétende pas, ajouterai-je ici avec Kant (1) qu'avec de pareils scrupules toute la terre en serait peut-être encore aujourd'hui à l'état de nature; il n'est jamais permis d'être injuste sous prétexte de préparer ainsi le règne de la justice. Le meilleur moyen d'ailleurs de le préparer n'est-il pas d'en donner soi-même l'exemple et d'agir par là sur les autres?

Outre la raison de civilisation, qui, loin de justifier la conquête, la condamne, car plus un peuple est civilisé, plus il doit respecter le droit des autres, on allègue encore un autre principe, celui des *nationalités*, c'est-à-dire, suivant l'interprétation qu'on en donne, le principe de la communauté de race et de langue. Qu'un peuple, comme les Grecs, les Romains, les Italiens ou les Polonais, invoque ce principe pour revendiquer son indépendance nationale confisquée par un État étranger, cela est parfaitement légitime; mais qu'un État prétende agir justement en s'appropriant, en tout ou en partie, un autre État sous prétexte que celui-ci appartient à la même race ou parle la même langue que lui, ce n'est là qu'un nouveau sophisme de l'esprit de conquête. Sans doute, parmi les causes qui concourent à la formation des États, la communauté de race et de langue est un des liens les plus naturels et les plus forts; mais d'autres raisons de s'unir peuvent dispenser de celle-là, comme nous le voyons, par exemple, dans la Confédération suisse, et pourquoi des hommes de races

____

(1) *Doctrine du droit*, p. 232 de ma traduction. — Cf. *Analyse critique de la doctrine du droit*, p. CXII.

et de langues diverses n'auraient-ils pas le droit de former
entre eux un État, fédératif ou unitaire? Parce que la Suisse
est composée de trois peuples appartenant à des races et parlant des langues diverses, serait-il juste de venir lui dire :
« Ton existence est une anomalie, tu n'as pas le droit d'être.
Le principe des nationalités veut que de tes États la partie
française rentre dans l'empire français ; la partie allemande,
dans l'empire allemand ; la partie italienne, dans l'empire
italien. » La Suisse aurait sans doute le droit de répondre :
« Malgré la diversité de races et de langues qui existe entre
nous, nous sommes unis par des liens communs, surtout par
un commun amour des institutions républicaines dont nous
conservons l'image au milieu de vos monarchies décrépites,
et nous sommes si bien unis que nous avons pris pour symbole
deux mains qui se serrent, et pour devise : *un pour tous, tous
pour un*, et nous voulons maintenir cette union en dépit de
votre principe des nationalités. » Quelle raison fondée en
droit pourrait-on opposer à ce langage? Il resterait, il est vrai,
ce qu'on a nommé la dernière raison des rois (*ultima ratio
regum*), l'argument du canon, et devant cet argument, la
Suisse pourrait bien succomber ; mais son partage aurait beau
se faire au nom du principe des nationalités, il n'en serait
pas moins, comme au siècle dernier celui de la Pologne, un
acte de brigandage et un malheur pour le monde.

Si j'ai choisi cet exemple, ce n'est pas pour vous signaler
un danger prochain (bien qu'à voir le cours actuel des choses
je ne puisse le regarder comme tout à fait imaginaire) ; mais
c'est parce qu'il m'a paru très-propre à dévoiler l'abus qu'on
peut faire du principe des nationalités.

Les partisans du principe des nationalités, ainsi entendu,
invoquent en même temps, pour préparer et justifier d'avance
certaines conquêtes, un autre principe qui n'est pas plus légitime, mais qui en outre s'accorde souvent très-mal avec le
précédent : je veux parler du principe des *frontières natu-*

relles. Il peut sans doute y avoir pour certains États des frontières en quelque sorte indiquées par la nature ; mais les divers États ne sont pas toujours établis et séparés les uns des autres conformément à cette disposition géographique, et il n'est pas permis à un État de s'emparer d'un territoire appartenant à autrui par la raison que ce territoire forme sa frontière naturelle. Qu'il obtienne de l'État voisin la cession du territoire qui lui convient, et des habitants de ce territoire leur consentement à passer sous ses lois, rien de mieux ; mais enlever à un État voisin, par la force ou par la ruse, une parcelle quelconque de son sol, et détacher de sa juridiction une partie de ses citoyens pour se les incorporer malgré eux, c'est ce que le principe des frontières naturelles ne saurait autoriser. Ceux qui réclament certains agrandissements au nom de ce principe et qui invoquent en même temps celui des nationalités, oublient de plus que ces deux principes ne sont pas toujours d'accord entre eux. Voici un espace de terre qui conviendrait parfaitement à tel État pour étendre son territoire jusqu'à sa frontière naturelle ; mais le peuple qui l'habite n'appartient pas à la même race et ne parle pas la même langue que lui, et ne se soucie nullement de lui être annexé. S'il se l'incorpore en vertu du principe des frontières naturelles, il viole le principe des nationalités. Comment accorder ici ces deux principes ? Et je ne suppose pas là un cas extraordinaire : il se présente souvent. Dira-t-on qu'aucun de ces principes n'est absolu ? Ce ne serait pas encore assez dire. Il faut convenir qu'aucun d'eux ne donne par lui-même à un État aucun droit sur un autre. J'ajoute d'ailleurs que les frontières naturelles ne sont pas aussi essentielles qu'on le prétend souvent à l'indépendance des peuples, que leur importance stratégique ou même leur raison d'être politique diminue chaque jour, et que ce n'est pas là que doit résider désormais la force des États.

Ainsi les trois principes dont je viens de parler, le principe de la civilisation, le principe des nationalités et le principe des frontières naturelles, fussent-ils réunis, ne sauraient justifier ce qui est injuste. Ils peuvent couvrir l'esprit de conquête d'un nouveau vernis; ils ne l'absolvent pas.

La Révolution française, qui, dès son début, posa tous les grands principes, ne manqua pas de réprouver l'esprit de conquête. Sur la proposition de Volney, elle répondit aux armements extraordinaires des puissances qui se préparaient à lui faire la guerre par un décret de l'Assemblée nationale (22 mai 1790) déclarant que la nation française renonçait à entreprendre aucune guerre dans la vue de faire des conquêtes et qu'elle n'emploierait jamais ses forces contre la liberté d'aucun peuple. Si l'on veut voir avec quelle largeur et quelle précision furent alors posés les principes qui doivent diriger les peuples dans leurs rapports entre eux, il faut lire le projet que Volney avait soumis à l'Assemblée nationale : « L'Assemblée nationale, portait ce projet, délibérant à l'occasion des armements extraordinaires des deux puissances qui élèvent les alarmes de la guerre; dans cette circonstance où pour la première fois elle porte des regards de surveillance au delà des limites de l'empire, désirant de manifester les principes qui la dirigeront dans ses relations extérieures, elle déclare solennellement : 1° qu'elle regarde l'universalité du genre humain comme ne formant qu'une seule et même société, dont l'objet est la paix et le bonheur de tous et de chacun de ses membres; 2° que dans cette grande société générale, les peuples et les États considérés comme individus jouissent des mêmes droits naturels et sont soumis aux mêmes règles de justice que les individus des sociétés partielles et secondaires; 3° que par conséquent nul peuple n'a le droit d'envahir la propriété d'un autre peuple, ni de le priver de sa liberté et de ses avantages naturels; 4° que toute guerre entreprise pour un autre objet que la défense d'un droit juste est un acte d'oppression qu'il importe à toute la grande société de réprimer, parce que l'invasion d'un État par un autre tend à menacer la liberté et la sûreté de tous; par ces motifs, l'Assemblée nationale a décrété et décrète comme articles de la constitution française : que la nation française s'interdit de ce moment d'entreprendre aucune guerre tendant à accroître son territoire actuel. » L'Assemblée consacra ces principes, qu'elle vota dans sa séance du 22 mai 1790 et dont elle fit ensuite un des articles de la nouvelle constitution. Malheureusement les agressions dont la Révolution fut l'objet de la part des souverains coalisés, jointes à la résistance perfide ou violente qu'elle rencontra à l'intérieur, la poussèrent hors de la voie qu'elle avait voulu suivre, et, en l'exaspérant, l'égarèrent. C'est ainsi qu'elle en vint à se montrer infidèle à ses premiers principes. Je ne veux point parler ici de cette ère de conquêtes qu'on appelle le Consulat et l'Empire : ce n'est plus là la Révolution, ou, si l'on veut encore nommer cela la Révolution, c'est la Révolution confisquée par le despotisme militaire. Je songe à certaines violences que, sous l'action des causes que je viens de rappeler et qu'il ne faut jamais oublier si l'on veut être juste, la République fut poussée à exercer, à l'égard d'États qu'elle aurait dû mieux respecter, soit par l'esprit de propagande révolutionnaire, soit par le besoin de pourvoir à sa défense; je songe, par exemple, à l'invasion de la Suisse et à la réunion de Genève à la France. Et ici je ne puis que souscrire aux réflexions que ces violences ont suggérées à madame de Staël dans ses *Considérations sur la Révolution française* (1), et que vous me saurez gré de rappeler ici :

« Lorsque le général Bonaparte fut à la tête de la France, il fit la guerre pour augmenter son empire, cela se conçoit; mais, bien que le directoire désirât aussi de s'emparer de la Suisse comme d'une position militaire avantageuse, son prin—

____

(1) Troisième partie, chap. XXVIII.

cipal but était d'étendre le système républicain en Europe.
Or, comment pouvait-il se flatter d'y parvenir en contrai-
gnant l'opinion des peuples, et surtout de ceux qui, comme
les Suisses, avaient le droit de se croire les plus anciens amis
de la liberté? La violence ne convient qu'au despotisme; aussi
s'est-elle enfin montrée sous son véritable jour, sous celui d'un
chef militaire; mais le directoire y préluda par des mesures
tyranniques. Ce fut encore par une suite de ces combinaisons,
moitié abstraites et moitié positives, moitié révolutionnaires et
moitié diplomates, que le directoire voulut réunir Genève à la
France; il commit à cet égard une injustice d'autant plus révoltante qu'elle était en opposition avec tous les principes qu'il
professait. On ôtait à un petit État libre son indépendance,
malgré le vœu bien prononcé de ses habitants; on anéantis-
sait complétement la valeur morale d'une république, ber-
ceau de la réformation, et qui avait produit plus d'hommes
distingués qu'aucune des plus grandes provinces de France;
enfin, le parti démocratique faisait ce qu'il eût considéré
comme un crime dans ses adversaires. En effet, que n'aurait-
on pas dit des rois ou des aristocrates qui eussent voulu ôter
à Genève son existence individuelle? car les États aussi en ont
une. Les Français retiraient-ils de cette acquisition ce qu'elle
faisait perdre à la richesse de l'esprit humain en général?
et la fable de la poule aux œufs d'or ne peut-elle pas s'appliquer aux petits États indépendants que les grands sont jaloux
de posséder? On détruit par la conquête les biens mêmes dont
on désirait la possession. »

Non-seulement chaque État doit être respecté dans son
existence nationale et dans son territoire : il n'est jamais
permis à un peuple étranger d'en détacher même une parcelle pour se l'approprier, à moins que le premier n'y con-
sente; mais chaque peuple doit aussi être respecté dans sa
liberté intérieure ou dans sa souveraineté nationale. Il suit
de là qu'un État n'a pas le droit d'imposer à un autre un

gouvernement que celui-ci a renversé ou qu'il repousse. De quel droit, par exemple, prétend-on forcer les Romains à subir le gouvernement du pape, si ce gouvernement ne leur convient pas et s'ils en préfèrent un autre? Le pouvoir temporel du pape, est, dit-on, nécessaire au catholicisme : c'est là une question que je n'ai pas besoin d'examiner; je demande seulement où les catholiques prennent le droit d'imposer ce pouvoir au peuple romain, si celui-ci n'en veut pas. A la question ainsi posée je ne vois pas ce que l'on peut répondre de solide sans s'écarter des principes fondamentaux de la politique, qui ne sont autres que ceux du droit. Il est vrai qu'un homme d'État illustre, élevant la voix du sein du protestantisme en faveur du pouvoir temporel du pape (chose qui paraîtrait bien étrange si quelque chose en ce genre pouvait étonner de la part de cet homme d'État), il est vrai, dis-je, que M. Guizot a pris soin de nous démontrer que Rome et les Romains appartiennent de droit au Saint-Père ; mais c'est là un genre de sophisme dont tout le talent de l'auteur ne peut dissimuler le vice. Je me contente de renvoyer ici M. Guizot à ce principe si justement inscrit par Kant dans son *Traité de paix perpétuelle* (dont j'aurai bientôt à vous parler) : « Aucun État ne doit s'immiscer de force dans la constitution et le gouvernement d'un autre État. » Si les puissances monarchiques n'avaient pas violé ce principe en prétendant étouffer la Révolution française, celle-ci n'aurait pas été poussée à violer à son tour le même principe chez les autres peuples, et combien de malheurs eussent été évités!

Il faut donc poser en principe qu'un État ne doit pas s'immiscer dans le gouvernement intérieur d'un autre État, et en ce sens admettre, comme une des premières règles de la morale internationale, ce que l'on appelle aujourd'hui le *principe de non-intervention*. Mais ce principe ne signifie pas qu'un État ne doit jamais intervenir dans les luttes qui peuvent s'élever entre les autres États, surtout dans les violences et les usurpations que les plus puissants peuvent exercer à l'égard des plus faibles. Le principe de non-intervention ainsi entendu ne serait plus de la morale internationale, mais ce que j'appellerais de l'égoïsme international. C'est au contraire en général un devoir pour les États d'empêcher les plus puissants de dévorer ou d'opprimer les plus faibles. A la vérité ce devoir, il n'est pas toujours possible à chacun en particulier de le remplir : il exige souvent une puissance et des alliances dont on ne peut pas toujours disposer ; mais, si la faute n'est pas à tel ou tel État, elle est à tous ceux qui pourraient s'unir dans une sainte ligue pour arracher l'opprimé aux mains de l'oppresseur, et qui manquent à leur devoir en souffrant une oppression qu'ils pourraient empêcher. Ainsi ce fut une grande faute, au XVIIIᵉ siècle, de la part des puissances qui auraient pu s'opposer à ce crime international, d'avoir toléré le partage de la Pologne, de cette malheureuse Pologne qui vient encore de lutter si héroïquement pour recouvrer son indépendance, mais qui n'a pas trouvé de nos jours plus d'appui qu'au XVIIIᵉ siècle.

Le principe qui sert de règle et de limite à la liberté des États est le même que celui qui sert de règle et de limite à la liberté des individus : c'est qu'ils n'usent pas de leur liberté pour attenter à celle des autres, et qu'ainsi la liberté de chacun s'accorde avec celle de tous. De là résulte, entre autres libertés inviolables, mais non inviolées, *la liberté de la navigation*, aujourd'hui enfin reconnue, mais longtemps niée ou confisquée à leur profit par certaines puissances maritimes, l'Angleterre en tête. Si vous me demandez sur quel droit l'Angleterre prétendait fonder sa domination sur la mer, je n'irai pas chercher dans l'ouvrage latin *Mare clausum*, opposé par son célèbre jurisconsulte Selden à celui de Grotius (*Mare liberum*), et traduit en anglais par ordre de Cromwell, les arguments qu'elle pouvait faire valoir en faveur de cette domination ; mais je me contenterai de citer les termes d'un traité de 1764, portant ceci : « L'Angleterre ayant acquis ce droit à la pointe de l'épée sur toutes les autres nations, elle ne devait pas souffrir qu'il parût sur l'Océan sans sa permission d'autre pavillon que le sien. » Cette franche revendication du droit de la force était assurément beaucoup plus claire que tous les arguments de Selden.

Je ne m'étendrai pas sur toutes les libertés qui dérivent pour chaque État du principe général que je viens de rappeler, et dont le respect est un devoir pour tous les autres ; mais je dois indiquer encore certains devoirs que la morale n'impose pas moins dans l'ordre international que dans l'ordre civil ou dans les relations privées, mais que certains États ne sont que trop disposés à transgresser à l'égard des autres, comme si la morale s'arrêtait pour eux à la frontière et qu'au delà tout leur fût permis, dès qu'ils sont les plus forts. Tel est le respect des contrats ou des traités qu'un État conclut avec un autre. Ce respect exige d'abord qu'un traité ou un contrat ne soit pas comme un piége dont on se sert pour tromper et léser ou opprimer à l'aide de ce moyen ceux avec lesquels on le conclut. Un tel usage des traités est à la vérité fort commun, mais il n'en est pas moins fort immoral. On a beau dans certains cas vouloir colorer cette immoralité en alléguant que le peuple envers lequel on agit ainsi est lui-même dépourvu de bonne foi, et que par conséquent il est permis de le tromper, sa mauvaise foi présumée ou même démontrée n'autorise pas la vôtre. Au lieu de suivre son exemple, prouvez-lui par le vôtre que vous valez mieux que lui et que la bonne foi n'est point tout à fait exilée de cette terre. Mais, dit-on encore en pareil cas, c'est un peuple barbare! Et c'est parce que vous êtes plus civilisé que lui que vous prenez plaisir à le tromper! Singulière façon en vérité de lui démontrer la supériorité de votre civilisation et de la lui faire aimer! Il faut donc flétrir avec Kant ces contrats où des peuples civilisés, sous prétexte qu'ils ont affaire à des peuples encore barbares, profitent de leur ignorance pour les tromper, se faire céder des terres et établir chez eux des colonies. « Et que l'on ne dise pas, ajoute-t-il (c'est à ce propos qu'il présente l'observation que j'ai déjà eu occasion de citer) qu'en pareil cas la ruse tourne au profit du monde, soit qu'elle ait pour conséquence d'appeler à la civilisation des peuples qui autrement seraient restés plongés dans la barbarie, soit qu'elle fournisse au peuple colonisateur le moyen de se purger des hommes qui lui sont à charge et à ceux-ci celui de se régénérer en recommençant une nouvelle vie sur une terre nouvelle. C'est une maxime immorale de prétendre que la fin justifie les moyens. »

« Le fondement de la justice est la bonne foi, disait Cicéron dans son livre *Des Devoirs*, la bonne foi, c'est-à-dire la sincérité et la fidélité dans ses discours et dans ses engagements » ; cette maxime ne s'applique pas moins aux États qu'aux particuliers. M. de Talleyrand lui-même en faisait l'aveu lorsqu'il disait au Congrès de Vienne : « L'injustice est un mauvais fondement sur lequel le monde politique ne saurait bâtir que pour sa ruine. » Il n'est donc pas vrai, ô diplomate, que la parole ait été donnée à l'homme pour déguiser sa pensée ; mais il n'est que trop vrai que les chefs d'États n'en ont guère fait jusqu'ici d'autre usage. Aussi Vauvenargues a-t-il pu dire justement : « Nul traité qui ne soit comme un monument de la mauvaise foi des souverains » ; et à cette remarque joindre celle-ci, qui n'est pas moins juste : « Quand il ne se ferait aucun traité entre les princes, je doute qu'il se fît plus d'injustices ». Vauvenargues n'a pu parler que des souverains et des princes ; que les États démocratiques ne s'exposent pas aux mêmes reproches de la part des Vauvenargues futurs !

La seconde condition exigée par le respect des traités, c'est d'observer fidèlement ceux que l'on a conclus. Le respect de la parole jurée n'est pas moins un devoir pour les États ou leurs représentants dans leurs rapports réciproques que pour les particuliers; mais nous retrouvons ici encore cette théorie des deux morales que j'ai déjà eu occasion de flétrir, et qui, après avoir dispensé les hommes d'État des règles de la morale ordinaire dans leurs rapports avec les citoyens, les en dispense à plus forte raison dans leurs rapports avec les autres États. D'après cette théorie, leur parole ne les engage à rien; la raison d'État (et l'on sait assez ce que cela signifie d'ordinaire) leur donne toujours le droit de violer leur serment. C'est là tout simplement le renversement de la morale publique et internationale. S'il y a au monde une morale, elle exige des États comme un devoir impérieux la fidélité à leurs engagements, et il n'y a pas de raison d'État, quelque forte qu'elle soit, qui puisse les en dispenser. Il y a pourtant des cas où un État peut être dispensé d'observer un traité conclu avec lui : c'est lorsque ce traité est entaché de fraude, ou qu'il porte sur un objet illicite, comme l'esclavage d'un certain nombre d'hommes, ou comme la servitude de tout un peuple, ou lorsqu'il lui a été imposé par la force. Ce sont là en effet des vices qui invalident tout traité, qu'il s'agisse d'un contrat particulier ou d'un traité public. La morale ici ne change pas : appliquée aux États ou aux particuliers, elle est toujours la même.

Tels sont les principaux devoirs qu'elle prescrit aux États dans leurs rapports réciproques : ces devoirs correspondent à des droits sacrés et sont par conséquent strictement obligatoires; mais, dans l'ordre actuel des choses, le respect de ces droits et l'observation de ces devoirs manquent en général de toute garantie efficace. On respecte les uns et on observe les autres si l'on a assez de bonne volonté pour cela ou qu'on y trouve son avantage; mais, si c'est le contraire qui a lieu et qu'on se sente le plus fort, où est la garantie du droit contre l'abus de la force? Cela revient à dire que les divers peuples sont encore, par rapport les uns aux autres, dans l'*état de nature*, puisque ce n'est pas le droit, mais la force, sous le nom de guerre, qui est appelée à décider entre eux. Il se peut que la guerre, outre ce qu'elle a en soi de barbare et d'inhumain, fasse quelquefois triompher le droit; mais le contraire aussi est possible, et l'on peut même dire sans exagération que, dans l'histoire du monde, c'est ce qui a lieu le plus souvent. Il est donc vrai de dire que les nations en sont encore en général dans leurs relations réciproques à l'état de nature. Il suit de là que c'est un devoir pour les peuples de travailler à sortir de cet état, comme les individus en sont déjà sortis, pour y substituer un état juridique qui, sans les mêler, garantisse les droits de chacun d'eux contre les entreprises des autres en réglant en commun leurs rapports réciproques, de même que l'état civil règle les rapports des individus et leur garantit à chacun leurs droits.

Cette idée si simple est pourtant toute neuve, comme tant d'autres que mon cours m'a déjà conduit à signaler; elle ne date guère que du XVIII° siècle, où ce bon abbé de Saint-Pierre, dont on s'est tant moqué, mais dont on commence à rire un peu moins, l'a le premier jetée dans le monde, où Jean-Jacques Rousseau s'en est fait l'éloquent commentateur et où Kant l'a revêtue d'une forme vraiment philosophique.

Mais il s'agit là de points si importants que je me reprocherais de les indiquer seulement à la fin d'une leçon, et que je dois en renvoyer le développement à la prochaine séance, où je traiterai spécialement la question de la guerre et de la paix.

QUATORZIÈME LEÇON

LA MORALE DANS LES RAPPORTS DES ÉTATS ENTRE EUX
(SUITE)

LA GUERRE ET LA PAIX

MESDAMES, MESSIEURS,

Je me suis arrêté, à la fin de la dernière leçon, sur cette idée que, malgré les progrès dont nous sommes si fiers, toutes les nations, même les plus civilisées, sont encore aujourd'hui, à l'égard les unes des autres, dans l'*état de nature*, c'est-à-dire dans un état où c'est, non pas le droit, mais la force brutale, sous le nom de guerre, qui est appelée à décider entre elles ; et que, puisque cet état, en consacrant le droit de la force et en entretenant un fléau aussi horrible que la guerre, est essentiellement mauvais, elles doivent travailler à y substituer un *état juridique* qui soit pour elles ce que l'état civil est pour les individus, et qui, en garantissant à chacune ses droits, fasse régner entre elles la paix avec la justice.

J'ai fait honneur de cette idée, si simple à la fois et si nouvelle, à la philosophie du xviiie siècle. Si celui-ci ne l'a pas précisément découverte, il l'a au moins mise en pleine lumière et a ainsi attiré sur elle les regards du monde, qui, tout en gémissant sur les maux de la guerre, la regardait pourtant elle-même comme une nécessité à jamais inévitable.

J'ai nommé l'abbé de Saint-Pierre comme ayant été au xviiie siècle le premier apôtre de cette grande idée.

Substituer à l'état de guerre où les peuples vivent à l'égard les uns des autres, ou aux traités de paix et d'alliance qui ne présentent aucune garantie de durée et n'établissent en réalité que des *trêves*, un véritable état de paix, en établissant entre eux un lien analogue à celui qui existe déjà entre les individus ou les familles, c'est-à-dire en les unissant en une association permanente qui garantisse à chacun ses droits et force chacun à l'exécution de ses engagements, et les arracher ainsi à l'*état de nature* pour les faire entrer dans un *état juridique* ; voilà la pensée que conçoit l'abbé de Saint-Pierre au commencement du xviiie siècle et à laquelle on peut dire qu'il a eu la gloire d'attacher son nom, en dépit de toutes les railleries dont il a été et dont il est encore l'objet de la part des hommes d'État et de beaucoup d'esprits superficiels, qui se croient profonds. Pour justifier l'hommage que je lui rends ici, je veux vous le faire entendre lui-même :

« Les familles qui vivent dans des sociétés permanentes et qui ont le bonheur d'avoir des lois et des juges armés tant pour régler leurs prétentions que pour leur faire exécuter mutuellement, par une crainte salutaire, ou les lois de l'État ou leurs conventions réciproques, ou les jugements de leurs juges, ont sûreté entière que leurs prétentions futures seront réglées sans qu'elles soient obligées de prendre jamais les armes les unes contre les autres. Elles ont sûreté entière de l'exécution de leurs traités, et que l'exécution de leurs conventions durera autant que l'État même dont elles font partie. Elles ont sûreté que, pour terminer leurs différends entre elles, elles ne seront jamais exposées aux terribles malheurs de la guerre entre familles et familles. Les chefs de ces familles savent que celui qui prendrait les armes et qui userait de violence contre son adversaire, au lieu de prendre la voie des juges commis par l'autorité de l'État, n'a point à espérer d'augmenter son revenu par la force et par la violence, et qu'il serait au contraire puni irrévocablement s'il usait de violence. Ainsi ils peuvent avoir des contestations et des procès ; mais les familles n'ont jamais à craindre entre elles des malheurs incomparablement plus grands, c'est-à-dire les meurtres, les incendies, les pillages que causent les armes. Malheureusement pour les souverains, chefs de plusieurs familles, ils ne sont point encore convenus de former entre eux ni une société permanente pour leur conservation et pour leur garantie réciproque, ni de s'ériger entre eux-mêmes un tribunal permanent, tant pour faire exécuter les conventions passées que pour régler, sans guerre, leurs prétentions futures. Ils n'ont jusqu'à présent nulle véritable sûreté, ni que leurs traités seront exécutés, ni que leurs différends se régleront ou par médiation ou par jugement, et, ce qui est de la dernière importance, ils n'ont aucune sûreté que leurs différends seront réglés et terminés sans être exposés aux funestes malheurs de la guerre. »

Dans les lignes que je viens de vous lire, au mot *souverains*, lequel trahit un vice du projet de l'abbé de Saint-Pierre que je relèverai tout à l'heure, substituez le mot de *peuples* ou de *nations*, et vous aurez, sauf l'incorrection du style, l'expression la plus lumineuse et la plus juste de l'idée d'après laquelle les États doivent transformer leurs rapports.

Il faut ajouter que si, avant l'abbé de Saint-Pierre, on avait peint en traits saisissants la folie et les horreurs de la guerre (Boileau, la Bruyère, etc.), personne n'avait fait ressortir comme lui le vice et les inconvénients inhérents à l'état de guerre : « Nul droit assuré que celui du plus fort ; — défaut de sûreté dans les engagements mutuels ; — danger continuel de la part d'un voisin puissant, si l'on est faible, et d'une ligue si l'on est fort ; — précautions et frais immenses pour se tenir sur ses gardes ; — jamais de justice à espérer d'autrui sans des frais et des pertes immenses qui ne l'obtiennent pas toujours, et dont l'objet disputé ne dédommage que rarement ; — changements continuels et inévitables de relations entre les peuples qui empêchent aucun d'eux de pouvoir fixer entre ses mains la force dont il jouit; — nécessité de prendre part, malgré soi, aux querelles de ses voisins et d'avoir la guerre quand on la voudrait le moins; — interruption du commerce et des ressources publiques au moment qu'elles sont le plus nécessaires; — enfin inutilité de la sagesse où préside la fortune, désolation continuelle des peuples, affaiblissement de l'État dans les succès et dans les revers, impossibilité totale d'établir jamais un bon gouvernement, de compter sur son propre bien et de rendre heureux ni soi ni les autres. » Personne n'avait opposé, comme l'abbé de Saint-Pierre, au tableau des maux qu'engendre l'état de guerre celui des avantages que l'état de paix procurerait aux peuples, comme la suppression de la dépense militaire, si onéreuse aux États, la liberté et la sûreté du commerce tant d'État à État que dans chaque État dans les régions éloignées, le progrès sensible de l'agriculture, des ressources publiques, de l'éducation publique, etc. Personne enfin n'avait si fortement combattu le préjugé qui élève si haut la gloire du conquérant. Il osa attaquer celle de Louis XIV et tenta de lui arracher ce titre de grand que lui avait décerné la flatterie de ses sujets : il ne voulait pas que l'on confondît *la grande puissance avec la véritable grandeur*. Cette hardiesse le fit expulser de l'Académie française.

L'abbé de Saint-Pierre ne s'en est pas tenu d'ailleurs au principe général que nous l'avons vu poser et aux réflexions sur l'état de guerre et sur l'état de paix dont je viens de vous présenter le résumé, mais il a converti ce principe en un projet de paix composé des cinq articles suivants :

« 1° Il y aura désormais, entre les souverains qui auront signé les présents articles, une alliance perpétuelle....

» 2° Chaque allié contribuera, selon ses moyens, à la sûreté et aux dépenses communes de la grande alliance ;

» 3° Les alliés renoncent à la voie des armes pour vider leurs différends présents et futurs ; ils sont convenus d'accepter toujours l'arbitrage d'un tribunal formé par les alliés eux-mêmes ;

» 4° Tout membre de l'alliance qui entreprendrait quelque chose contre elle, sera réduit par la force publique ;

» 5° Si de nouveaux articles sont jugés nécessaires pour le bien de l'alliance, ils seront arrêtés par les plénipotentiaires sans que rien ne puisse être changé à ces cinq. »

Les articles que je viens de rapporter ne font que traduire sous la forme d'une constitution internationale le grand principe si bien posé par l'abbé de Saint-Pierre ; mais, en voulant appliquer son projet aux États tels qu'ils étaient alors constitués et gouvernés, il commit un double oubli et par suite une double erreur. D'une part, en prenant l'Europe telle qu'il la trouvait constituée par le traité d'Utrecht, il négligea de se demander si elle était bien ou mal organisée, si son état était conforme ou contraire aux droits des peuples, s'il était juste et bon qu'elle restât éternellement comme elle était, si cet état enfin comportait l'alliance qu'il proposait en vue de la paix perpétuelle ; et, d'autre part, il ne songea pas non plus à se demander si la constitution intérieure des peuples, tels qu'ils étaient alors gouvernés, n'était pas elle-même incompatible avec l'état de paix qu'il voulait fonder : ici encore il ne vit pas qu'en donnant pour base à son projet l'état présent des choses, la constitution despotique des peuples, il le frappait par là même de nullité. C'est ce que son éloquent commentateur Jean-Jacques Rousseau a très-bien montré (1).

Malgré les vices que je viens de relever dans le projet de l'abbé de Saint-Pierre, cet écrivain n'en a pas moins rendu un immense service à l'humanité en mettant en lumière le principe qui doit ici servir de guide aux États ; et Rousseau a eu bien raison de dire de son livre : « Il est très-important qu'il existe ».

____

(1) Voyez, pour le développement de tout ce qui précède, mes leçons sur l'abbé de Saint-Pierre, dans le tome premier de l'*Histoire des idées morales et politiques en France au* XVIIIe *siècle.*

L'idée lancée et relancée par l'abbé de Saint-Pierre (de 1712 à 1736) tombait dans un siècle bien fait, non pas sans doute pour la mettre en pratique, mais pour la comprendre et la propager. Le plus éloquent écrivain de ce temps, Rousseau, s'en fit l'interprète ; d'autres la reprirent et la développèrent sous de nouvelles formes : elle devint une des questions à l'ordre du jour. Voltaire, tout en décochant quelques légères épigrammes contre la paix perpétuelle de l'abbé de Saint-Pierre et l'exposition qu'en fit Jean-Jacques Rousseau, tout en la déclarant à regret *impraticable* et tout en tenant la guerre pour un fléau inévitable, n'en a pas moins dirigé contre cette barbarie et la futilité des causes qui l'engendrent d'ordinaire, des traits qui se ressentent certainement de l'action exercée sur son esprit par les idées que le bon abbé avait mises en circulation. Sans l'abbé de Saint-Pierre, l'article *Guerre* du *Dictionnaire philosophique* aurait-il été écrit ?

Transportons-nous maintenant vers la fin de ce siècle dont l'abbé de Saint-Pierre fut l'un des promoteurs, et nous allons voir son idée adoptée, épurée et élevée en quelque sorte à sa plus haute puissance par le plus grand philosophe du xviii° siècle, par le plus grand moraliste des temps modernes, par Kant. Formulée par ce vigoureux esprit, elle devient une théorie d'une admirable précision et d'une vérité philosophique incontestable ; et je m'étonne qu'on n'en ait pas mieux tiré parti et qu'on ne lui ait pas rendu un plus éclatant hommage dans les travaux qui ont été faits depuis sur le même sujet. Je m'étonne particulièrement que les derniers écrivains qui ont traité ce sujet, comme M. Larroque et Proudhon, n'aient tenu aucun compte du travail de Kant, qu'ils paraissent ignorer, comme si le philosophe de Kœnisberg n'était pas notre maître à tous sur ce point. Arrêtons-nous donc un instant sur cette partie de son œuvre, afin d'en relever l'importance et d'en faire jaillir la vérité.

L'idée fondamentale de Kant est celle même que j'ai indiquée à la fin de la dernière leçon et que j'ai rappelée au commencement de celle-ci : c'est que les peuples en sont encore dans leurs relations réciproques à l'état de nature, c'est-à-dire à l'état de guerre, — ce qui ne veut pas dire qu'ils se fassent toujours réellement la guerre, mais qu'ils sont forcés d'être toujours sous les armes ; — qu'un tel état est en soi souverainement inique, puisque, quand même les plus puissants n'abuseraient pas de leur force pour opprimer les plus faibles, comme ils le font d'ordinaire, il dépendrait toujours du droit de la force et non de la force du droit, et que, quand même ce serait le droit qui triompherait par le moyen de la guerre, ce qui est loin d'être le cas ordinaire, il ne triompherait qu'au prix du sang versé (d'un sang qui le plus souvent n'en peut mais), et de toutes les calamités qu'engendre la guerre ; qu'ainsi c'est un devoir pour les peuples, un devoir de justice en même temps qu'un devoir d'humanité, de travailler à sortir de cet état de nature et de guerre dans leurs relations internationales pour y substituer un état juridique au moyen d'une alliance par laquelle ils se garantiraient réciproquement leurs droits et termineraient leurs différends par des moyens pacifiques, de manière à faire régner entre eux la paix, au lieu de la guerre. Et que l'on n'objecte pas que cet état de paix ne pourra jamais être réalisé sur la terre : devant le véto absolu que la raison oppose à l'état de guerre, il n'y a plus lieu de s'inquiéter de savoir si la paix universelle et perpétuelle est une chose qui doive ou non être réalisée un jour ; il faut agir comme si cette chose, qui peut-être ne sera jamais, devait être, et se la proposer pour but. Ce but ne dût-il jamais être entièrement atteint, toujours serait-ce un devoir pour les États de le poursuivre et de travailler à s'en rapprocher de plus en plus. Il est le *but final* du droit des gens.

Mais Kant ne s'est pas contenté de signaler ce but comme l'idéal que les peuples doivent poursuivre dans leurs relations internationales; il a entrepris de leur indiquer aussi les moyens qui seuls peuvent les y conduire ou au moins les en rapprocher.

Parmi ces moyens, il en est d'abord qui doivent servir à préparer le règne de la paix entre les États et qui en sont ainsi les *conditions préliminaires*. Les voici, sinon d'après le texte même de Kant, du moins d'après l'analyse que j'en ai faite moi-même dans un travail déjà publié (1) :

« Ces articles préliminaires, ou destinés à préparer la paix qu'il s'agira ensuite de régler d'une manière définitive, statuent :

1° Qu'il n'y a pas de véritable traité de paix là où l'on se réserve de recommencer la guerre à l'occasion, puisqu'un traité dont les auteurs feraient quelque restriction mentale de ce genre, ne serait plus vraiment un traité de paix, mais un simple armistice ;

2° Qu'on ne peut acquérir, par voie d'héritage, d'échange, d'achat ou de donation, un État indépendant, grand ou petit ; car, outre qu'un État est comme une personne dont nul ne peut disposer qu'elle-même, et qu'il est contraire au droit de l'humanité d'en faire une sorte de fief transmissible ou échangeable, un pareil abus met en péril la paix entre les nations, dont il trouble l'équilibre ;

3° Que les armées permanentes doivent disparaître entièrement avec le temps ; car, indépendamment de l'atteinte portée ici encore au droit des hommes, que l'on traite comme des machines, et qui pis est, comme des machines meurtrières, les armées permanentes sont à la fois pour les autres États comme une menace qui les tient incessamment sur le qui-vive, et pour ceux qui les entretiennent une charge qui les pousse eux-mêmes à la guerre ;

4° Qu'on ne doit pas contracter de dettes nationales en vue

____

(1) *Analyse critique de la doctrine du droit*, p. CXIV.

des intérêts extérieurs de l'État, parce que ce moyen, en rendant la guerre facile à l'un, troublerait la sécurité des autres, et, en produisant tôt ou tard une inévitable banqueroute, pourrait compromettre ainsi la fortune des autres peuples ;

5° Qu'aucun État ne doit s'immiscer de force dans la constitution et le gouvernement d'un autre État, non pas même dans le cas d'un scandale donné par une nation ; car, à moins qu'elle ne se déchire en deux parties, et que l'une des deux parties ne réclame secours et protection contre l'autre, un scandale, si grand qu'il soit, n'autorise pas l'intervention armée d'un autre État, dont il ne lèse pas les droits, et qui doit se contenter d'en faire son profit comme d'une leçon salutaire, sans prétendre réprimer ce qui ne le regarde pas. »

Notez que Kant posait ce principe (1795) en face de la coalition qui s'était formée contre la France révolutionnaire, et dont la Prusse, sa patrie, avait été la première instigatrice, mais dont elle se détacha cette même année, à la grande satisfaction du philosophe.

Il y a encore un article préliminaire ; le voici :

« 6° Que nul État ne se permette, dans une guerre avec un autre, des hostilités qui rendraient impossible, au retour de la paix, la confiance réciproque, comme par exemple l'emploi d'assassins ou d'empoisonneurs, l'espionnage, la violation d'une capitulation, l'excitation à la trahison, etc. Avec de pareils stratagèmes, la guerre, au lieu d'être un moyen d'établir un droit qu'on ne peut faire triompher autrement, tend à l'extermination des hommes, et il n'y a plus désormais de paix sérieuse et durable à espérer. »

Ce ne sont là que les conditions préliminaires qui doivent préparer le futur règne de la paix ; mais il en est d'autres qui sont en quelque sorte les conditions constitutives de ce règne, et que Kant a érigées en articles définitifs de son projet de paix perpétuelle.

Ici le projet du philosophe allemand corrige heureusement

le vice capital de celui de l'abbé de Saint-Pierre. Kant a parfaitement vu que, pour rendre possible l'établissement et la durée de la paix entre les États, il fallait commencer par réformer leur constitution intérieure suivant les principes républicains, c'est-à-dire suivant ces principes de liberté et d'égalité, proclamés par la Révolution française, qui font de tous les membres de la société des citoyens et placent tous les citoyens sur le même pied.

« Lorsque, dit-il, — il faut le citer ici textuellement, — lorsque, comme cela doit être nécessairement dans une constitution républicaine, la question de savoir si la guerre aura lieu ou non ne peut être décidée que par le suffrage des citoyens, il n'y a rien de plus naturel qu'ayant à décréter contre eux-mêmes toutes les calamités de la guerre, ils hésitent beaucoup à s'engager dans un jeu si périlleux ; car il s'agit pour eux de combattre en personne, de payer de leur propre avoir les frais de la guerre, de réparer péniblement les dévastations qu'elle laisse après elle ; enfin, pour comble de maux, de contracter une dette nationale, qui rendra amère la paix même et ne pourra jamais être acquittée, parce qu'il y aura toujours de nouvelles guerres. Au lieu que, dans une constitution où les sujets ne sont pas citoyens et qui, par conséquent n'est pas républicaine, une déclaration de guerre est la chose la plus aisée du monde, puisque le souverain, propriétaire et non pas membre de l'État, n'a rien à craindre pour sa table, sa chasse, ses maisons de plaisance, ses fêtes de cour, etc., et qu'il peut la décider comme une partie de plaisir, pour les raisons les plus frivoles, et en abandonner avec indifférence la justification, exigée par la bienséance, au corps diplomatique, qui sera toujours prêt à la fournir. »

La première chose à faire pour établir la paix parmi les hommes serait donc de donner à chaque État une constitution républicaine, ou, en d'autres termes, un libre gouvernement (1).

(1) Kant repousse, il est vrai, la démocratie comme contraire au gouvernement

La seconde condition, c'est de former de tous ces libres États une fédération. Ici encore je ne puis mieux faire que de reprendre mon analyse :

« Cela ne veut pas dire, ce qui serait contradictoire, qu'il faudrait les fondre tous en un seul et même État, mais les unir par une libre alliance qui, sans détruire le lien de la société civile, lui servît de supplément. En effet, tant que cette alliance n'existera point entre les divers peuples, ils ne sortiront point, dans leurs relations réciproques, de l'état de nature, c'est-à-dire que chacun restera juge en sa propre cause et que ce sera toujours la force au lieu du droit qui décidera entre eux. Or c'est là le règne de l'injustice. Sans doute, dans l'état actuel des choses, la guerre est l'unique ressource des États qui veulent défendre leur droit, puisqu'il n'y a point de juridiction internationale où ils puissent porter leurs plaintes ; mais, comme c'est toujours en définitive la force qui décide, cet état de choses est souverainement injuste. Aussi paraît-il étonnant que l'état des sauvages vivant en dehors de toute loi inspire aux nations civilisées tant de mépris et d'horreur, et qu'elles ne voient pas qu'elles-mêmes vivent entre elles dans un état aussi triste ; car, dans leurs relations, reconnaissent-elles quelque contrainte légale, et les princes qui les gouvernent ne mettent-ils pas leur gloire à entretenir, sur le pied de guerre, des milliers d'hommes, dont ils disposent comme de machines et qui leur deviennent au besoin des instruments de conquête ? On n'a pas encore songé, il est vrai, à bannir le mot *droit* du vocabulaire de la politique internationale ; nul ne s'est montré jusqu'ici assez hardi pour professer ouvertement la doctrine de la force brutale, et c'est de quoi il y a plutôt lieu d'être surpris, quand on songe à la méchanceté de

<hr>

républicain ; mais cela vient de ce qu'il définit la démocratie d'une manière beaucoup trop étroite : il l'identifie avec cette espèce de souveraineté populaire qui confond le pouvoir législatif et le pouvoir exécutif, et engendre ainsi le despotisme. Voyez mon *Analyse critique de la doctrine du droit*, p. cxviii.

la nature humaine, qui montre ici toute sa laideur ; mais, quelque souci que les peuples semblent prendre de justifier leurs déclarations de guerre, il est sans exemple qu'aucun d'eux ait jamais consenti à se désister de ses prétentions sur des raisons purement juridiques. Toutefois ce langage est déjà un hommage rendu à une idée que l'on est forcé d'invoquer, alors même qu'on la viole ; et, puisqu'il est impossible de la rejeter tout à fait, peut-être finira-t-on par la suivre réellement, en renonçant définitivement à un état de choses qui en est au fond la négation. Le mot *droit*, en effet, n'offre plus aucun sens, appliqué à l'état de guerre, puisqu'il n'y a plus de droit là où chacun est juge en sa propre cause et où la force seule décide. C'est là du moins ce qu'exige la raison, et le seul moyen à suivre pour arriver au but qu'elle nous prescrit, c'est de travailler à substituer à ces traités de paix qui ne tendent qu'à terminer les guerres actuelles, mais non l'état de guerre lui-même, une alliance qui unirait tous les peuples en vue de la paix perpétuelle, et garantirait la liberté et les droits de chacun. Une union qui ferait de toutes les nations comme une république universelle ne peut sans doute être établie d'un seul coup ; mais supposez quelques peuples libres donnant l'exemple d'une alliance de paix, telle que la raison la demande, elle s'étendrait peu à peu et finirait par embrasser tous les peuples de la terre. Quelques difficultés d'ailleurs que présente la réalisation de l'idéal proposé ici par la raison, il est du devoir de chaque État d'y concourir autant qu'il est en lui ; et, si la république universelle est encore bien loin de nous, il y a une chose immédiatement praticable et que tout peuple est coupable de ne pas faire : c'est de travailler à établir entre les nations une alliance durable et susceptible de s'étendre toujours davantage, qui puisse, en fournissant un moyen pacifique de terminer les différends, détourner le fléau de la guerre. »

Kant n'a point traité d'ailleurs la question de la paix uni-

quement au point de vue de la *raison pure :* il a cherché aussi
à montrer, dans les dispositions prises par la nature et dans le
mécanisme même des penchants intéressés qu'elle a mis en
nous, les signes du concours et de la garantie qu'elle nous
offre relativement à la réalisation de cette idée de la paix
entre les États, que la raison nous fait un devoir de poursuivre ; mais, quelque pénétrantes que soient ici ses observations, je n'ai pas à le suivre sur ce terrain, qui n'est plus
proprement celui de la morale (1).

Comme vous venez de le voir, la philosophie du xviii° siècle
avait fait la guerre à la guerre et prêché la paix universelle et
perpétuelle. La paix, ce fut là en quelque sorte son premier
mot, jeté dans le monde dès 1712 par l'abbé de Saint-Pierre,
et ce fut aussi son dernier, prononcé en 1795 par le génie qui
la couronne, par Kant, et élevé cette fois à la hauteur d'une
doctrine morale, lumineuse et irrésistible. Mais, malgré cette
grande croisade entreprise par la philosophie du xviii° siècle
contre la guerre, l'Europe n'en vit pas moins se rouvrir, dès
le début du siècle suivant, une ère de conquêtes guerrières
qui la désolèrent sans interruption pendant douze ans (de
1803, date de la rupture de la paix d'Amiens, à 1815, date
de la bataille de Waterloo). C'était là, ainsi que je l'ai écrit
quelque part (2), comme une sanglante ironie jetée par le
démon des batailles aux théories du philosophe ; mais, en y
regardant de plus près, on voit que ce nouveau déchaînement
de la guerre dans le monde, de la guerre pour la guerre,
c'est-à-dire de ce que M. Schérer, parlant de Napoléon, appelle si justement la chose la plus insensée et la plus barbare
qui se puisse imaginer, on voit, dis-je, que ce nouveau déchaînement de la guerre n'a fait que confirmer ces théories, en
prouvant une fois de plus que la guerre est l'un des fruits
naturels du despotisme et que la paix ne peut fleurir qu'au

____

(1) Voyez *Analyse critique de la doctrine du droit,* p. cxxii.
(2) *Revue de Paris,* 15 mars 1856. — Kant et la Révolution française.

sein de la liberté. Si la France ne s'était pas laissé confisquer au dix-huit brumaire toutes ses libertés par un chef militaire, elle n'aurait pas été entraînée, malgré elle, dans ce tourbillon de guerres qui fut le cortége nécessaire du Consulat et de l'Empire, et qui dévora tant de millions d'hommes, uniquement pour satisfaire l'ambition et les fantaisies d'un despote. Il fut donc démontré par là encore une fois (il semble pourtant que les peuples n'auraient plus dû avoir besoin d'une telle démonstration) que le despotisme appelle naturellement la guerre, et que le *césarisme* et le *militarisme* sont deux fléaux inséparables ; Napoléon donna raison à Kant et à tous ces *idéologues*, philosophes et économistes, qu'il détestait si fort et à si juste titre.

Mais, d'un autre côté, notre temps a vu des écrivains illustres tenter de relever la guerre de l'anathème dont l'avait frappé la philosophie du dix-huitième siècle au nom de la justice et de l'humanité. Au premier rang de ces apologistes de la guerre, il faut citer l'auteur des *Soirées de Saint-Pétersbourg*, Joseph de Maistre. L'écrivain qui a fait une si magnifique apologie du bourreau, qui l'a appelé *un être extraordinaire, sublime*, sur qui repose *toute subordination, toute puissance, toute grandeur*, et qui ne saurait exister dans la famille humaine qu'en vertu d'un décret, d'un *fiat* de la puissance créatrice, cet écrivain ne pouvait manquer de faire de la guerre une apologie analogue, de la déclarer aussi *divine*, comme accomplissant *une grande loi du monde spirituel* (t. II, p. 29), *une loi occulte et terrible qui a besoin du sang humain* (p. 19), et en vertu de laquelle *l'homme*, couronnant cette longue chaîne de carnages que nous offre le vaste domaine de la nature vivante (p. 30), *est chargé d'égorger l'homme* (p. 32), et, pour remplir cette sainte mission, *saisi tout à coup d'une fureur divine, étrangère à la haine et à la colère, s'avance sur le champ de bataille sans savoir ce qu'il veut ni même ce qu'il fait, et fait avec enthousiasme ce qu'il a en horreur* (p. 33).

Est-il besoin de réfuter cette théorie qui, au lieu de voir dans la guerre tout simplement ce qu'elle est, une barbarie, en fait *quelque chose de divin* (p. 29 et p. 30) ; et, au lieu de regarder simplement ce fléau comme l'effet d'une brutalité et de préjugés qui ont dominé jusqu'ici chez les peuples faute de culture et de lumières, mais qui, si la perfectibilité humaine n'est pas une illusion, ne sauraient conserver toujours le même empire, prétend l'expliquer par un principe surnaturel d'expiation, et fait ainsi de Dieu une sorte de Moloch ayant soif de sang humain ? Non, c'est là une de ces théories qu'il suffit d'exposer pour en montrer l'erreur et la laideur. Je veux seulement, pour achever cette exposition, indiquer encore un des caractères où Joseph de Maistre reconnaît la divinité de la guerre, et qui répond en effet à une conséquence nécessaire de sa doctrine. « La guerre, dit-il (p. 39), est divine par l'indéfinissable force qui en détermine le succès. » C'est-à-dire que cette force indéfinissable qui détermine le succès étant en définitive la force divine, le succès est toujours juste et la défaite toujours méritée. *Væ victis !* Ce n'était vraiment pas la peine de prétendre s'élever si haut (p. 38) pour retomber si bas !

Malheureusement, ce n'est pas seulement du camp de la théocratie qu'est partie l'apologie de la guerre, et, comme conséquence, celle de la force et du succès ; elle est sortie aussi d'une certaine philosophie. N'a-t-on pas vu, par exemple, en 1828, un professeur illustre, et dont la parole avait alors une grande autorité, M. Victor Cousin, déclarer que la guerre a des racines indestructibles (*Introduction à l'histoire de la philosophie*, éd. 1841, p. 275), absoudre dans tous les cas la victoire, non-seulement comme nécessaire, mais comme bienfaisante (p. 281), non-seulement comme bienfaisante, mais comme juste, juste dans le sens le plus étroit du mot (p. 281) ; et entreprendre de *démontrer la moralité du succès* (ce sont les propres expressions du professeur) ? Quand je lis dans les leçons de M. Cousin que la guerre n'est pas autre chose que le prononcé du jugement de Dieu sur l'humanité, que les batailles en sont la promulgation éclatante, que les défaites et les victoires sont les arrêts de Dieu même sur un peuple, que, malgré cette sorte de sympathie morale qui nous entraîne vers le vaincu, le vaincu est toujours celui qui doit l'être, c'est-à-dire qui *a mérité de l'être*, et que le vainqueur est toujours meilleur et plus moral que le vaincu, je suis tenté de préférer la théorie du théocrate à celle du métaphysicien : au moins M. de Maistre, tout en déclarant la guerre divine, la tient pour un fléau, non pour un bienfait; et, tout en regardant toute défaite comme une légitime expiation, il ne proclame pas pour cela la supériorité morale du vainqueur. Il y a, dit-il au contraire (p. 38), des guerres où « vous pouvez voir le vainqueur même dégradé, appauvri et gémissant au milieu de ses tristes lauriers, tandis que, sur les terres du vaincu, vous ne trouverez, après quelques moments, pas un atelier, pas une charrue qui demande un homme ». La théorie de M. de Maistre n'a pu faire d'ailleurs de prosélytes que parmi les esprits hostiles à l'idée du progrès de l'humanité; celle de M. Cousin, au contraire, s'adressant au public libéral, a ouvert une voie qui n'était propre qu'à l'égarer (1). Faut-il s'étonner après cela de tant de lâchetés dont nous avons été témoins ! Quand on a pour système que le succès est nécessairement le triomphe de la justice, comment ne s'inclinerait-on pas devant le vainqueur, et ne jetterait-on pas la pierre aux vaincus, surtout si, comme cela ne peut manquer d'arriver, pour peu qu'on le veuille, on y trouve son propre avantage ?

(1) Quand je parlais ainsi (1865), M. Cousin, qui fut mon maître au début de ma carrière universitaire, mais dont je m'étais depuis longtemps éloigné pour marcher dans ma liberté, M. Cousin vivait encore, et j'étais loin de prévoir sa fin prochaine. Sa mort ne peut être pour moi un motif de retirer les paroles par lesquelles j'ai cru devoir réprouver publiquement sa fausse et funeste doctrine du succès. J'ai trouvé très-souvent excessives les attaques dirigées contre sa mémoire; mais ce n'est pas moi qui me chargerais de la défendre contre les trop justes griefs des amis de la philosophie.

Dans un ouvrage publié en 1861 sous ce titre : *La guerre et la paix*, par un écrivain dont la mort récente ne saurait m'empêcher de dire que, s'il montra un grand talent critique et polémique, il s'enivra trop souvent d'une subtile et fausse dialectique. dans ce livre de Proudhon je retrouve une apologie de la guerre et une amnistie de la victoire qui ne le cèdent point à la théorie de M. Cousin. Proudhon va même plus loin : retournant jusqu'à Hobbes, il proclame ouvertement le *droit de la force* (t. Ier, p. 287), et en déduit directement le *droit de la guerre* et la légitimité de la victoire. « C'est en vain, dit-il, en appliquant ses principes à la campagne de Lombardie (note de la page 399), que, pour réfuter *cette raison souveraine de la victoire*, vous essayez, à force de si, de mais, de la faire passer à droite ou à gauche : *pourvu qu'elle reste l'expression des forces, elle est infaillible.* » — « Les alliés, avait-il déjà dit plus haut, étaient dans leur droit, *et la preuve, c'est qu'ils étaient en force.* » Ainsi Proudhon accepte comme l'expression d'un droit cette maxime que le fabuliste ne cite que comme l'expression d'un fait trop fréquent, l'histoire du loup et de l'agneau : *La raison du plus fort est toujours la meilleure.* Il est vrai que pour lui cette apologie de la guerre et de la victoire n'est qu'une thèse, qu'il se plaît ensuite, suivant les procédés ordinaires de sa dialectique, à transformer dans son antithèse, la paix, et que le dernier mot de son livre est que *l'humanité ne veut plus la guerre ;* mais ce sont là des jeux d'esprit où je n'ai pas ici le loisir de le suivre. J'aime du moins à constater que pour lui la guerre n'a point, comme pour M. Cousin, de racines indestructibles, et que, si la guerre a eu sa mission dans le passé, c'est à la paix qu'appartient l'avenir de l'humanité.

Telle n'est pas la pensée du philosophe hégélien dont je vous ai dernièrement rapporté la singulière argumentation en faveur de la peine de mort. Il faut dire que la philosophie hégélienne est la source commune d'où sont sorties ces apologies métaphysiques de la guerre et de la victoire, de la force et du succès, dont je viens de vous entretenir. M. Cousin avait fidèlement suivi la théorie du maître ; Proudhon s'en est écarté ; M. Véra nous y ramène. « De même, dit ce pur disciple de Hegel (*Essais de philosophie hégélienne*, p. 17), de même que la lumière et l'ombre, ou le sec et l'humide, ou le mouvement et le repos sont des moments nécessaires dans la sphère de la nature, de même la guerre et la paix sont des moments nécessaires dans la sphère de l'esprit et dans cette sphère qui constitue la vie nationale et les rapports des nations entre elles. Cette vie et ces rapports résident précisément dans la succession incessante et alternée de la paix et de la guerre. La guerre n'est pas seulement un droit, mais un droit et un devoir, *droit et devoir inhérents à la constitution intime de la vie des nations.* » Ainsi c'est un droit et un devoir inhérents à la constitution intime de la vie des nations de continuer à se massacrer jusqu'à la fin des siècles ! Ce n'est qu'à cette condition que la dialectique hégélienne peut être satisfaite.

Heureusement que, malgré les leçons de cette dialectique, la pensée de notre siècle n'a pas laissé de suivre la voie que lui avait ouverte la philosophie morale du dix-huitième siècle, et où le spectacle même des guerres du Consulat et de l'Empire ne pouvait que la confirmer. Je n'oserais affirmer avec Proudhon que l'humanité ne veut plus la guerre ; mais il est certain que l'idée de travailler à substituer entre les nations l'état de paix à l'état de guerre, que cette grande idée du dix-huitième siècle a fait de nos jours de notables progrès ; que déjà elle n'est plus regardée comme une vaine utopie, et qu'en dépit de l'apparence contraire elle attire les peuples à elle. On comprend aujourd'hui de plus en plus que, si la force peut être nécessaire pour défendre le droit, elle ne fait pas le droit ; que la guerre, même légitime, est toujours une chose barbare et inhumaine ; que l'état de guerre où les peuples

vivent entre eux est un état violent et contraire à tous les
intérêts de la société, à ses intérêts économiques comme à ses
intérêts moraux, et que par conséquent il faut tendre à en
sortir.

Depuis la fin des guerres de l'Empire, de nombreuses
sociétés se sont établies en Amérique, en Angleterre, à Paris,
à Genève, pour travailler à propager l'idée de la paix; de
grands meetings ont eu lieu à Londres (1843), à Bruxelles
(1848), à Paris (1849), à Francfort (1850), de nouveau à
Londres (1851), où les sociétés des deux mondes se sont trou-
vées réunies; des travaux importants ont été provoqués et
couronnés par ces sociétés, comme par exemple le livre de
M. Patrice Larroque : *De la guerre et des armées permanentes*,
couronné par le comité du congrès de la paix de Londres
en 1856 (1).

Malheureusement, les amis de la paix ont parfois compromis
par leur exagération la cause qu'ils défendaient. C'est ainsi
que certains d'entre eux refusent d'admettre aucune distinction entre la guerre offensive et la guerre défensive, et affir-
ment que la dernière est aussi illégitime que la première.
Sans doute, par les raisons que Kant a si bien indiquées,
l'état de guerre est un état injuste en soi, *anti-juridique;*
mais ce n'est pas à dire pour cela que, dans l'ordre, ou, pour
mieux dire, dans le désordre qui règne encore aujourd'hui,
la guerre ne soit parfois légitime, comme étant le seul moyen

<hr>

(1) Un nouveau congrès de la paix vient d'avoir lieu à Genève (9-12 septembre 1867). Ce congrès s'est distingué des précédents en ce qu'il a posé, comme
principes fondamentaux du règne de la paix, la liberté dans la démocratie et la confédération des peuples libres. Les débats de ce grand meeting de quatre jours ont
été, à la vérité, par des causes qu'il est inutile d'indiquer ici, plus tumultueux qu'il
n'aurait convenu ; mais il n'en a pas moins servi la cause de l'humanité en réunis-
sant dans une pensée commune de liberté démocratique et de fraternité internationale
d'illustres et nombreux représentants des diverses parties de l'Europe et du monde,
particulièrement de la France, de l'Allemagne, de l'Italie ; et il y a lieu d'espérer
qu'en dépit des calomnies et des railleries dont il a été accablé, il n'aura point passé
sans laisser après lui des fruits durables.— Voyez, à la fin de ce volume, le discours
que j'ai prononcé à l'ouverture du congrès de Genève, le programme adopté pour ses
délibérations et les résolutions votées dans la dernière séance.

de défendre son indépendance, ou même de défendre celle d'un autre peuple, plus faible, injustement attaqué par un plus puissant. C'est ici le cas de légitime défense, qui peut s'appliquer aux nations aussi bien qu'aux individus. On allègue que cette distinction a l'inconvénient de fournir des prétextes aux agresseurs, qui ne manquent presque jamais de mettre en avant la nécessité d'une juste défense; mais l'abus que l'on peut faire d'une chose ne prouve nullement que cette chose ne puisse être fondée en droit; et, comme le dit très-bien M. Larroque, « la distinction entre l'agresseur et celui qui l'attaque est une réalité indépendante de leurs affirmations et de leurs négations. Si l'agresseur se dit attaqué, qu'est-ce que cela prouve? Qu'il est de mauvaise foi et qu'il ment; mais son mensonge ne fait pas qu'il cesse d'être l'agresseur, et par conséquent ne détruit pas le droit de légitime défense de celui qu'il attaque injustement. » Il faut donc bien, au risque de fournir des prétextes aux agresseurs, — ce qui vaut encore mieux que de leur faire la partie belle en leur déclarant qu'on ne se croit pas le droit de se défendre contre leurs attaques, — il faut donc bien admettre, comme Kant n'a pas manqué de le faire, la légitimité de la guerre dans certains cas, en attendant qu'une autorité commune et souveraine ait été établie pour garantir à chaque peuple ses droits; mais il faut en même temps rappeler aux peuples que, si, dans l'état actuel de leurs rapports, il peut leur être permis de recourir à ce moyen extrême, ils doivent aussi travailler à transformer ces rapports de manière à le rendre inutile, et se servir de la guerre même, quand elle est nécessaire, comme d'un moyen pour tendre à ce but.

En vue de ce but, tout peuple qui se voit réduit à faire la guerre y doit montrer la plus parfaite loyauté et toute l'humanité qu'elle comporte. Cela est d'ailleurs un devoir en tout cas, mais un devoir trop longtemps méconnu ou violé. En attendant que la guerre puisse être définitivement supprimée, il faut la *moraliser* et l'*humaniser*.

Humaniser la guerre, c'est à quoi un de vos concitoyens, M. Henry Dunant, a voulu travailler en proposant la création dans tous les pays de sociétés internationales et permanentes de secours pour les militaires blessés en temps de guerre, et en provoquant sur ce point un congrès officiel, qui a eu lieu récemment à Genève. C'est là sans doute une très-louable pensée : tant que la barbarie de la guerre subsistera entre les hommes, il est bon de s'efforcer d'en adoucir le plus possible les horreurs, et tout le monde sait combien il y avait à faire du côté des secours que réclament les blessés (1). Dieu veuille que les efforts tentés par M. Dunant et ses collègues portent leurs fruits dans les guerres que les nations de l'Europe et du monde auront encore à subir (2) !

Mais cela ne suffit pas encore, il y a quelque chose de plus à faire : c'est d'attaquer la guerre elle-même dans les causes qui l'engendrent fatalement et qui s'opposent à l'établissement de la paix entre les États.

Au premier rang de ces causes, il faut placer celle que Rousseau et Kant ont si bien signalée : le despotisme, l'omnipotence attribuée à un homme, qui dispose en maître absolu de l'État. Malheureusement, cette cause, au lieu de disparaître depuis Rousseau, Kant et la Révolution française, n'a fait que croître en prenant une forme nouvelle, ou renouvelée des Romains, qui la rend plus funeste encore, la forme du césarisme. Le césarisme a besoin d'une armée pour se soutenir à l'intérieur, et il a besoin de la guerre pour entretenir cette armée. Voilà pourquoi je disais tout à l'heure que le césarisme et le militarisme, par conséquent la guerre, sont deux fléaux

(1) Voyez *La guerre et la charité*, par Moynier et Appia (Genève et Paris, 1867), chap. 1er : Insuffisance des secours officiels.

(2) Une courte mais terrible guerre a, depuis ce temps, ensanglanté l'Italie et l'Allemagne, et les comités de secours, organisés sous l'impulsion du congrès de Genève, ont été appelés à exercer leur bienfaisante mission. Malheureusement, l'ouvrage cité dans la note précédente ne nous fait pas connaître les résultats qui leur sont dus.

inséparables. Il faut donc, pour détruire le second, commencer par attaquer le premier ; et, comme le demandait Kant, travailler à substituer à la constitution despotique des États une libre constitution, une constitution qui fasse de chaque membre de l'État, au lieu d'un sujet, un *citoyen*.

Avec le despotisme tombera cette institution qui est sa création : *les armées permanentes*, et qui, outre qu'elle est onéreuse à l'État, outre qu'elle est attentatoire aux droits et aux intérêts des individus, qu'elle arrache à leur pays, à leur famille et à leur carrière pour les retenir durant de longues années dans des casernes ou des camps ; outre qu'elle encourage toutes sortes de vices funestes, la paresse, l'ivrognerie, le libertinage, etc. ; outre qu'elle est un instrument d'oppression, est encore un perpétuel aiguillon de guerre. Une telle institution est incompatible avec une libre constitution : sous une constitution de ce genre, chaque citoyen, comme le demandait Diderot, doit avoir deux habits : l'habit de son état et l'habit militaire. Mais, comme l'ajoute cet écrivain, aucun souverain n'établira jamais cette éducation. Le souverain sait trop bien que « celui qui n'est pas maître du soldat n'est maître de rien », tandis que celui qui est maître du soldat est maître de tout. Aussi a-t-il pour maxime de *tout sacrifier à l'état militaire*.

Un autre puissant obstacle à l'établissement du règne de la paix parmi les nations, obstacle soutenu lui-même par le précédent, ce sont les haines et les jalousies des races et des peuples entre eux. Ces vices sont d'autant plus dangereux qu'ils prennent aisément la couleur d'une vertu, du patriotisme. Il faut combattre par tous les moyens ces restes de l'ancienne barbarie et les préjugés qui y ont leur racine, afin de préparer le terrain sur lequel pourra fleurir l'arbre de la paix. Il faut faire comprendre aux peuples que leur intérêt, comme leur devoir, est de lutter entre eux, non par la guerre, mais par la paix, et de substituer au sanglant et stérile antagonisme qui les a divisés jusqu'ici un antagonisme pacifique et fécond, qui n'exclut pas, mais appelle au contraire la concorde et la paix.

Une autre cause encore, qui tient aussi aux précédentes, c'est le préjugé encore si vivace qui exalte si fort la gloire militaire au-dessus de toute autre. Sans doute, il y a un héroïsme guerrier qui est digne d'admiration : je ne songe à rabaisser rien de ce qui est vraiment grand; mais, s'il faut applaudir à cet héroïsme, il faut combattre énergiquement ce travers qui consiste dans le culte de la gloire militaire poursuivie indépendamment et au préjudice de tout mobile moral. On a reproché, non sans raison, au peuple français ce funeste travers; mais il faut reconnaître, pour être juste, que ce qu'on nomme en France le chauvinisme n'est pas exclusivement propre à ce pays.

Voilà les fléaux qu'il faut attaquer pour attaquer la guerre elle-même et rendre possible ce que Kant demandait à la fin du dernier siècle, et ce que n'ont cessé de demander depuis tous les philosophes et tous les économistes qui ne sont point égarés dans une fausse métaphysique ou dans une fausse politique : une fédération d'États libres destinée à garantir à chaque nation ses droits et à régler les différends qui peuvent survenir entre elles au moyen d'un arbitrage suprême.

Si l'on objecte que c'est là une *utopie,* je réponds avec Kant que c'est un *idéal* que la raison nous fait un devoir de poursuivre, quand même nous ne pourrions espérer de le réaliser jamais complétement. « La perfection , pourrait-on dire en empruntant ces paroles à l'auteur des *Soirées de Saint-Pétersbourg,* n'est pas absolument nécessaire sur ce point, ce serait déjà beaucoup d'en approcher; » Joseph de Maistre pense, à la vérité, que toute tentative en ce genre est condamnée d'avance par cette *loi occulte et terrible qui a besoin du sang humain;* mais nous, qui n'admettons pas une telle loi, nous n'avons aucune raison de déclarer impraticable cette alliance des nations que la raison exige, et nous pensons que, si elle n'a pas été tentée jusqu'ici, ce n'est pas à cause de la loi dont parle de Maistre, mais parce que l'humanité n'était pas encore mûre pour cela, et que, pour cette même raison, l'idée ne lui en avait pas encore été proposée par les penseurs. Aujourd'hui que l'idéal lui est clairement tracé, qu'il brille devant elle comme un phare lumineux, comment ne marcherait-elle pas vers ce but ?

Nous trouvons d'ailleurs dans les progrès qu'elle a accomplis jusqu'ici, d'une manière en quelque sorte inconsciente, un sûr garant de ceux qu'elle ne manquera pas de faire à l'avenir, maintenant surtout qu'elle a la claire conscience de son devoir en ce sens. Et, à ce sujet, permettez-moi de vous citer une page, que je n'emprunte à aucun ouvrage de philosophie, mais à un roman, qui est un des meilleurs livres de notre temps, et dont l'immense succès est lui-même un signe éclatant du progrès qui se fait dans les esprits, *Le Conscrit de* 1813. Voici les réflexions communiquées, au retour de la campagne, par le soldat Joseph au soldat Zébédée, et qui servent de conclusion à l'ouvrage :

« Moi je lui réponds que toutes les guerres doivent finir, que les Français, les Anglais, les Allemands et les autres peuples de l'Europe ne forment qu'une seule et même famille, et qu'au lieu de chercher les occasions de s'exterminer, ils feraient beaucoup mieux de licencier la moitié de leurs troupes et de vivre en frères. Je lui dis qu'autrefois les Alsaciens, les Lorrains, les Gascons, les Bretons bataillaient toujours les uns contre les autres, et que, malgré cela, par les progrès du bon sens et de la liberté, ils se soutiennent maintenant et s'enrichissent par le commerce. Zébédée comprend très-bien mes raisons; mais chez lui le naturel est plus fort que le reste, et il revient toujours à ses vieilles idées. Ces graves questions nous aident à passer le temps. Le soir, nous rentrons chez nous en toussant comme de pauvres vieux que nous sommes. Espérons que tout cela changera... et que les peuples finiront par s'entendre. »

Oui, espérons-le ; mais faisons mieux encore : travaillons, autant qu'il est en nous, à nous rapprocher de cet idéal que la raison nous propose. C'est surtout aux démocraties qu'il appartient ici encore de donner l'exemple, puisqu'elles sont constituées (je parle des vraies démocraties) sur les principes que la philosophie a déclarés essentiels, non-seulement à la dignité des citoyens, mais à la paix des nations. Je disais l'autre jour qu'elles devraient abolir la peine de mort, afin de témoigner par là de leur supériorité sur les systèmes théocratiques, autocratiques et aristocratiques qui n'ont point eu horreur du sang ; elles en témoigneront bien mieux encore en travaillant à détruire cette peine de mort en grand qu'on appelle la guerre, et qui, frappant aveuglément, fait tant d'innocentes victimes. Si la suppression de la guerre, si l'établissement du règne de la paix est l'idéal international des États, si c'est le devoir des peuples de le poursuivre, pour qui ce devoir est-il plus impérieux et plus aisé à la fois que pour les peuples qui, au lieu d'être les sujets passifs d'un souverain, se gouvernent eux-mêmes librement ?

Ceci m'amène à la conclusion même de tout ce travail. Quelques mots me suffiront pour vous rappeler, avant de nous séparer, le but et l'esprit de ces leçons.

La société moderne appartient à la démocratie. Elle y tend de tous côtés, et elle y arrivera certainement. C'est là un fait dont les partisans de l'ancien régime peuvent s'affliger, mais qu'ils ne sauraient empêcher. Mais quel sera le caractère de cette démocratie ? Là est la question.

Il y a en effet deux systèmes démocratiques : l'un qui tend à l'oppression de l'individu par l'État et mène en fin de compte à l'absorption de l'État dans un individu, ce qui est tout simplement un retour à l'autocratie ; l'autre qui, au lieu de l'égalité dans la servitude, assure la liberté dans l'égalité.

Si c'est à la première espèce de démocratie, à la démocratie césarienne, que doit aboutir la révolution qui travaille l'Europe depuis la fin du dernier siècle, je serais tenté, pour ma part, de partager les regrets qu'éprouvent les partisans de l'ancien régime en voyant monter le flot démocratique. Il n'y a que le triomphe de la seconde qui puisse réjouir le cœur de ceux qui aiment d'un amour sincère le droit et l'humanité.

Mais, pour que cette démocratie, la seule qui soit vraiment digne de ce nom, puisse se fonder et durer, il faut que les membres de la société civile apprennent à se gouverner eux-mêmes, soit dans la sphère purement individuelle, soit dans le cercle de la famille, soit dans le cercle plus étendu de l'ate-lier, soit dans leurs rapports de citoyens, soit enfin dans leurs relations avec les autres États, et que, dans toutes ces rela-tions, ils prennent pour principes de leur conduite le *respect de la dignité humaine*, qui comprend le respect de la *liberté* et de l'*égalité* de l'*homme* et du *citoyen*, et l'*amour de l'huma-nité*, qui contient la *fraternité*. Voilà les mœurs que chacun de nous doit s'appliquer à donner pour base aux institutions démocratiques, s'il veut que la démocratie reste conforme à ses vrais principes et qu'elle ne dégénère pas en démagogie ou en césarisme. C'est le modèle de ces mœurs individuelles, sociales et politiques que je me suis efforcé de retracer dans ces leçons, au terme desquelles me voici arrivé. Je n'ai plus qu'à vous remercier de votre attention, si soutenue et si sym-pathique. Elle m'atteste que je ne me suis point adressé en vous à des oreilles ingrates. Mais je voudrais plus encore : je voudrais que mes paroles fussent assez retentissantes pour sortir de cette enceinte et porter au loin les vérités morales dont je me suis fait ici l'organe. Tant je suis convaincu que l'avenir de la démocratie est attaché à l'intelligence et à la pratique de ces grandes et simples vérités !

APPENDICE

I

DISCOURS

PRONONCÉ A L'OUVERTURE DU CONGRÈS INTERNATIONAL
DE LA PAIX, LE 9 SEPTEMBRE 1867.

Messieurs les membres du Congrès international de la paix,

Nous voici rassemblés, de divers points de l'Europe, sur le libre sol de la Suisse, pour discuter l'une des plus grandes questions pratiques que les hommes puissent se proposer. Si, comme l'a enseigné la philosophie du xviii° siècle par la grande voix de Kant, l'état de guerre ou, ce qui est à peu près la même chose, de paix armée, où les nations vivent entre elles, est un état barbare que condamne la raison et que le progrès de la civilisation doit détruire ; si c'est le devoir non moins que l'intérêt des peuples de travailler à substituer à cet état de barbarie un état légal qui règle leurs relations internationales comme l'état civil règle en chacun d'eux les relations individuelles ; si le règne de la paix entre eux est ainsi le but qu'ils doivent poursuivre, comment parviendront–ils à l'atteindre, ou tout au moins à s'en rapprocher de plus en plus ?

L'énonciation même de cette question et la réunion de ces grandes assises de la démocratie européenne, appelées ici à la débattre, ce fait nouveau dans l'histoire de l'humanité est déjà le signe du progrès qui s'est accompli dans les idées, en attendant qu'il passe dans la réalité. On rit moins aujourd'hui qu'il y a un siècle des rêves du bon abbé de Saint-Pierre, et l'on commence à reconnaître que l'idéal tracé par le philosophe Kant (une confédération d'États républicains) n'était pas absolument chimérique. Je trouve un autre symptôme du même progrès dans les protestations qui ont éclaté récemment au sein des peuples contre la détestable guerre qui les menaçait, et à ce propos contre toute guerre d'oppression et de conquête en général. Publicistes indépendants, industriels, étudiants, ouvriers, cette matière jusque-là trop docile de la chair à canon, ont pour la première fois poussé en commun, au nom du droit et de la civilisation, un cri de réprobation contre la guerre. C'est cette manifestation même qui a suggéré la première idée du Congrès que nous inaugurons aujourd'hui.

Malheureusement, pendant que ce progrès s'opère dans un grand nombre d'esprits et se traduit dans le Congrès international qui nous réunit, un mouvement en sens inverse se propage en Europe et menace d'y perpétuer l'état de guerre. Je veux parler du développement du césarisme ou de ce régime de monarchie militaire qui sacrifie les libertés de tous au pouvoir d'un chef d'armée, mesure la puissance de l'État au nombre des soldats qu'il peut entretenir et cherche à étendre sans cesse les agglomérations d'hommes qu'il courbe sous ses lois. De quelques voiles que se couvrent les envahissements de ce régime, principe des nationalités, ou principe des frontières naturelles, ou principe de l'unité, son triomphe, qui serait la ruine de tout ce qui reste en Europe de liberté constitutionnelle ou républicaine, rendrait toute paix à jamais impossible, si ce n'est la paix des tombeaux. Prenons donc garde que ce fléau ne frappe de stérilité et de mort la société moderne, comme il a tué la société antique. Travaillons à opposer à l'esprit césarien l'esprit républicain, à l'esprit militaire l'esprit civique, à l'esprit de centralisation l'esprit de fédération, en un mot, à l'esprit de despotisme et de guerre, l'esprit de liberté et de paix.

La paix est, en effet, inséparable de la liberté, comme le despotisme enfante nécessairement la guerre. Le souverain qui a besoin d'une armée à ses ordres pour soutenir son omni-potence, a besoin de la guerre pour soutenir cette armée; et comme il est le maître de la déclarer à qui il veut et quand il veut, il engage ses sujets, pour satisfaire ses intérêts ou ses caprices, en des expéditions où ils sont forcés de le suivre, alors même qu'ils les désapprouvent. Telle a été, par exemple, la cause des guerres qui ont ensanglanté l'Europe pendant tant d'années sous l'Empire (pour ne parler que du passé). Alors même que le césarisme ne fait pas la guerre, il en tient en quelque sorte la crainte toujours suspendue, comme une épée de Damoclès, sur la tête des peuples qui restent ainsi constamment sur le *qui vive*, chaque jour incertains du len-demain et chaque jour se demandant, au réveil, si c'est la guerre ou la paix qui va sortir des résolutions de leur souve-rain. De là une paix qui, par l'effet de cette incertitude et par l'entretien d'une armée permanente et d'armements for-midables, n'est pas beaucoup moins onéreuse que la guerre même. De là, guerre ou paix, le développement de ce détes-table esprit qui marie la licence à la discipline, et pour qui le comble de la gloire est le massacre des hommes : l'esprit militaire, le militarisme, ce compagnon du césarisme. Voilà le mal qu'il faut combattre en travaillant à restituer aux peu-ples les libertés vitales dont les dépouillent les gouvernements despotiques, de telle sorte que leur sort ne dépende plus du caprice d'un homme, en provoquant l'abolition des armées permanentes et en minant ainsi le militarisme.

Dira-t-on que les peuples sont souvent les complices de leurs souverains? Je ne le nie pas : il ne reste dans l'huma-nité que trop de vestiges de la vieille barbarie et trop de pré-jugés de toute sorte qui divisent les hommes et les poussent à se ruer les uns sur les autres comme des bêtes féroces. Mais, plus ces préjugés sont encore vivaces, plus il importe de les attaquer jusque dans leurs racines, et de travailler à y substituer toutes les idées d'économie politique et de morale qui rapprochent les nations.

Une fois les peuples rendus à eux-mêmes, délivrés de la plaie des armées permanentes et affranchis des préjugés qui les tournent les uns contre les autres, il ne sera pas impossible de les unir en une vaste confédération, analogue à la Confédération suisse, qui instituerait entre eux un tribunal suprême chargé de régler leurs différends, comme les tribunaux de chaque État règlent aujourd'hui les différends des particuliers, et qui substituerait ainsi l'état de paix, c'est-à-dire le droit international, à l'état de guerre, c'est-à-dire à la barbarie.

Est-ce là un rêve chimérique ? Je ne me dissimule pas les difficultés qui s'opposent à la réalisation de cette grande idée. Je sais combien sont puissantes les étreintes du despotisme et combien les peuples élevés ou jetés dans la servitude manquent du courage nécessaire pour s'en affranchir ; je sais combien le militarisme fait aisément illusion, en prenant la couleur du patriotisme ; je sais combien sont encore vives les jalousies et les haines internationales ; mais je sais aussi qu'un grand progrès s'est déjà produit dans les idées et dans les faits depuis le siècle de la Renaissance et de la Réforme jusqu'au siècle de la Philosophie et de la Révolution, que l'idéal est aujourd'hui clairement tracé et qu'il ne se peut pas que sa lumière frappe en vain les yeux des peuples.

C'est cette lumière que vous aurez, messieurs les membres du Congrès de la paix, à propager à travers l'Europe. Nul foyer ne lui convenait mieux que la Suisse républicaine et la libre cité de Genève, cette Rome de l'intelligence, comme l'appelait hier Garibaldi, en venant répondre à notre appel. Recueillons-en ici les rayons épars au moyen d'une discussion élevée, puissante, calme pour être forte, et répandons-les partout où ils ont besoin d'éclairer, en y joignant (dans les limites tracées par la neutralité suisse) tous les moyens d'action en notre pouvoir, car l'idée sans l'action n'est qu'une oisive et stérile contemplation.

Telle est notre tâche. Nous vous l'avons préparée et nous la remettons avec confiance entre vos mains. Faites en sorte que le Congrès de Genève marque sa place dans les plus glorieuses pages des annales de l'humanité. — C'est déjà pour lui un immense honneur d'avoir réuni un aussi grand concours, tant d'hommes éminents venus des diverses parties de l'Europe, et à leur tête celui qui s'appelle lui-même le milicien et que nous appelons, nous, le héros de la démocratie et de la liberté : *Garibaldi*.

II

PROGRAMME

ADOPTÉ PAR LE CONGRÈS INTERNATIONAL DE LA PAIX.

Première question.

Le règne de la Paix, auquel aspire l'humanité, comme au dernier terme de la civilisation, est-il compatible avec ces grandes monarchies militaires qui dépouillent les peuples de leurs libertés les plus vitales, entretiennent des armées formidables et tendent à supprimer les petits États au profit de centralisations despotiques? Ou bien la condition essentielle d'une paix perpétuelle entre les nations n'est-elle pas, pour chaque peuple, la liberté, et, dans leurs relations internationales, l'établissement d'une confédération de libres démocraties constituant les États-Unis d'Europe ?

Deuxième question.

Quels sont les moyens de préparer et de hâter l'avénement de cette confédération des peuples libres ? Retour aux grands principes de la Révolution, devenant enfin des vérités ; revendication de toutes les libertés, individuelles et politiques ; appel à toutes les énergies morales, réveil de la conscience ; diffusion de l'instruction populaire ; destruction des préjugés de race, de nationalité, de secte, d'esprit militaire, etc. ; abolition des armées permanentes ; harmonie des intérêts économiques par la liberté ; accord de la politique et de la morale.

Troisième question.

Quels seraient les meilleurs moyens de rendre permanente et efficace l'action du Congrès international de la paix ? Organisation d'une association durable des amis de la démocratie et de la liberté.

La principale tâche du Congrès de Genève devra être d'arrêter le plan et de jeter les premières bases de cette association.

III

La quatrième et dernière assemblée du Congrès de la paix, tenue le 12 septembre 1867, a pris les résolutions suivantes :

« Considérant que les gouvernements des grands États d'Europe se sont montrés incapables de conserver la paix et d'assurer le développement régulier de toutes les forces morales et matérielles de la société moderne ;

» Considérant que l'existence et l'accroissement des armées permanentes constituent la guerre à l'état latent ; — sont incompatibles avec la liberté et avec le bien-être de toutes les classes de la société, principalement de la classe ouvrière ;

» Le Congrès international, désireux de fonder la paix sur la démocratie et sur la liberté ;

» Décide :

» Qu'une Ligue de la paix et de la liberté, vraie fédération cosmopolite, sera fondée ;

» Qu'il sera du devoir de chaque membre de cette Ligue :

» De travailler à éclairer et à former l'opinion publique sur la véritable nature du gouvernement, exécuteur de la volonté générale, et sur les moyens d'éteindre l'ignorance et les préjugés qui entretiennent les diverses causes de guerre ;

» De préparer, par ses constants efforts, la substitution du système des milices nationales à celui des armées permanentes ;

» De faire mettre à l'ordre du jour, dans tous les pays, la situation des classes laborieuses et déshéritées, afin que le bien-être individuel, en général, vienne consolider la liberté politique des citoyens.

» Décide, en outre :

» Qu'il sera institué un Comité central permanent, dont l'organisation est confiée aux soins du Comité directeur. »

FIN.

TABLE DES MATIÈRES.

Paris. — Imprimerie de E. Martinet, rue Mignon, 2.

www.ingramcontent.com/pod-product-compliance
Ingram Content Group UK Ltd.
Pitfield, Milton Keynes, MK11 3LW, UK
UKHW021015140726
13695UKWH00001B/282

Adoption de l'Université,
pour la Géographie de la France.
MÉDAILLE D'OR
ACCORDÉE PAR L'INSTITUT AU CONCOURS DU PRIX
MONTHYON, POUR LES OUVRAGES LES PLUS
UTILES AUX MOEURS.

BIBLIOTHÈQUE POPULAIRE,

ADOPTÉE

Par la Société pour l'instruction élémentaire,

OU

L'INSTRUCTION

MISE A LA PORTÉE DE TOUTES LES CLASSES
ET DE TOUTES LES INTELLIGENCES,

PAR

MM. ARAGO, ARSENNE, AUBERT DE VITRY, A. BARBIÉ DUBO-
CAGE, BALLANCHE, E. DE BASSANO, BOBLAYE, J.-P. DE BÉRAN-
GER, S. BÉRARD, E. DE BEAUMONT, BERGERON, A. DE LABORDE,
H. BOULAY DE LA MEURTHE, BONVALOT, BORY DE SAINT-VIN-
CENT, BRESCHET, BRIERRE DE BOISMONT, TH. BURETTE, CAU-
CHOIS-LEMAIRE, CHAMPOLLION-FIGEAC, CHANUT, A. CHARDIN,
CHATEAUBRIAND, CHELLE, J. CHENU, A. CHEVALIER, CHEVET,
CLERMONT, L. COUAILHAC, F. CUVIER, P.-J. DAVID, DARCET,
DARTHENAY, DOUY, E. DUCHATELET, CASIMIR DELAVIGNE, DES-
VAUX, ESTÈVE DEVILLE, DOCHEZ, FAZY, FERDINAND DENIS, DE
GÉRANDO, DROUINEAU, CHARLES DUPIN, FLEURY, FRANÇAIS DE
NANTES, GALLE, GASC, GAY-LUSSAC, GEOFFROY-SAINT-HILAIRE,
VICTOR HUGO, L'ABBÉ HUNKLER, HUOT, HUZARD, JOMARD,
DE JOUY, ADRIEN ET LAURENT DE JUSSIEU, LAS-CASES, LECOMTE,
LOURMAND, DOMINIQUE ET VICTOR LENOIR, H. MARTIN,
MESNARD, FRANCISQUE MICHEL, DE MIRBEL, E. DE MONGLAVE,
ORFILA, LOUIS ET PAULIN PARIS, PARISOT, PIROLLE, DE PRONY,
RÉAL, SAINTE-BEUVE, SAVAGNER, B. SIMON, SÉNANCOUR, AD-
LEDHUY, VILLERMÉ, Mme WALDOR.

AJASSON DE GRANDSAGNE,

CHARGÉ DE LA DIRECTION,

ET DEVILLE (PÈRE), *Sous-Directeur.*

LISTE DES FONDATEURS.

MM.

Le Marquis AGUADO, fondateur principal.
AJASSON DE GRANDSAGNE.
AUBERTOT père (de Vierzon).
BARING.
Le Duc de BASSANO.
BEAUNIER.
S. BÉRARD.
Le Général BERTRAND.
H. BOULAY (de la Meurthe),
BOULLAY.
CAIGNET.
DE CHATEAUGIRON.
CHAULET.
Le Duc de CHOISEUL.
Le Maréchal CLAUZEL.
COLLOT.
DARCET.
P.-J. DAVID.
Ambr.-Firmin DIDOT.
Le Général DROUOT.
DURIEZ.
DURIS-DUFRESNE.
FERRÈRE-LAFFITTE.
FRANÇAIS de Nantes.

MM.

GALLE aîné.
GANNERON.
GASC, officier de l'Université.
GAY-LUSSAC.
Le Général GOURGAUD.
JOMARD.
Le Baron DE LADOUCETTE.
J.-B. LAFFITTE.
Le Comte DE LA ROCHEFOU-
  CAULT.
LEMAIRE aîné.
Dominique LENOIR.
LETELLIER.
Le Duc de LIANCOURT.
MATHIEU DUMAS.
ODIOT père.
PANCKOUCKE.
Le Comte DE PRONY.
QUÉNOT.
Le Comte RÉAL.
Le Comte A. DE RICHEBOURG.
Lord SEYMOUR.
C.-A. TESSIER D'ALTROFF.
A. VIGIER.
Mlle JULIETTE DE VILLENEUVE.

ÉVERAT. Imprimeur, rue du Cadran, nᵒ 16.